国家出版基金项目
NATIONAL PUBLICATION FOUNDATION

舰船现代化

舰船供电系统和装置

章以刚　编

哈尔滨工程大学出版社

内容简介

本书综述了国外海军舰船供电系统和装置的发展，详细论述了舰船供电系统的特征、400 Hz 中频系统、供电系统的电压调整和频率调整、尖峰过电压、Ⅰ型电力供电的发电机组以及Ⅱ型和Ⅲ型电力供电的发电机组、静止变频器和线路电压调节器的性能要求，并对舰船交流配电系统和短路电流的计算和保护装置的选择作了介绍，也从技术发展的角度对外国海军近期正在研制的舰船综合电力系统和高新武器的脉冲供电作了展望。

本书可供从事舰船电力系统和设备的研究设计与运行的工程技术人员参考，也可作为舰船电气专业的本科生和研究生的学习参考书。

图书在版编目(CIP)数据

舰船供电系统和装置/章以刚主编. —哈尔滨：哈尔滨工程大学出版社，2012. 12
ISBN 978 - 7 - 5661 - 0499 - 1

Ⅰ. ①舰…　Ⅱ. ①章…　Ⅲ. ①军用船 - 供电系统 ②军用船 - 供电装置　Ⅳ. ①U674. 7

中国版本图书馆 CIP 数据核字(2012)第 297420 号

出版发行　哈尔滨工程大学出版社
社　　址　哈尔滨市南岗区东大直街 124 号
邮政编码　150001
发行电话　0451 - 82519328
传　　真　0451 - 82519699
经　　销　新华书店
印　　刷　哈尔滨市石桥印务有限公司
开　　本　787mm × 1 092mm　1/16
印　　张　14. 75
字　　数　350 千字
版　　次　2012 年 12 月第 1 版
印　　次　2012 年 12 月第 1 次印刷
定　　价　80. 00 元
http ：//press. hrbeu. edu. cn
E - mail：heupress@ hrbeu. edu. cn

前　　言

众所周知，世界上船电专业的著作为数不多，论述军用舰船电气，特别是反映国外海军舰船供电系统和装置内容的书籍更是空白。

作者在从事舰船电气的工程实践中，长期研究国外海军舰船供电系统技术的发展，从国外海军解密公开的 PB 报告、AD 报告、美国军用标准、政府出版物以及期刊搜集的资料中，经过去粗取精、由表及里和由此及彼的分析、整理和加工，编辑成本书。

本书内容在编排上参照了舰船工作分解结构，以 MIL-STD-1399 300 章规定的三型电力供电系统为主线展开。其中不少内容是国内船电界较少涉及到的领域，例如，尖峰过电压、精密品质的 400 Hz 系统、燃气轮机发电机组、线路电压调节器以及带静止变频器的 400 Hz 系统的短路电流与保护装置的应用和协调，对于当前的工程实践具有一定的指导意义和参考价值。

21 世纪的战争将是采用高新武器的战争。舰船综合电力系统适应了高新武器对舰船平台的要求。为此，本书对舰船综合电力系统作了初步的介绍和展望，并编入高新武器的基本概念和原理、脉冲功率需求等有关内容，供读者参考。

唐石青研究员对本书进行了审阅，提出了许多宝贵意见。在本书的编写和出版过程中，还得到了焦侬、任明其、杨平西、施聪，刘莉飞，阎涛等有关领导和同志的大力协助和支持，特此，一并表示衷心的感谢。

由于作者水平有限，谬误和不当之处在所难免，敬请读者批评指正。

章以刚

2012 年 3 月

目　录

绪 论

电最早在美国海军舰船上的应用是在1883年“特伦顿”号巡洋舰上的13.2 kW、110 V的直流并激发电机。交流电在美海军中的第一次应用是在1913年“木星”号运煤船的交流推进试验装置上，该船的一台交流汽轮发电机供电给带动螺旋桨轴的线绕式感应电动机，通过改变电动机转子回路的电阻来调速。这个试验装置的成功导致交流电力推进装置广泛应用于美海军的早期舰船上。

美国早在1775年就建立了海军，以后，随着其统治集团的军事需要，开始推行炮舰政策。1915年美国就提出建立“第一等海军”，并要超过英国。当时，用于海战的武器主要是大炮和鱼雷，以大炮为主的重装甲战列舰为第一次世界大战至第二次世界大战期间美海军舰队的主要舰种。自从1918年“新墨西哥”号战列舰采用交流推进装置以来，在“田纳西”号、“科罗拉多”号、“加利福尼亚”号、“马里兰”号和“西弗吉尼亚”号战列舰上和在“列克星敦”号与“萨拉托加”号航空母舰上交流推进装置也相继得到应用。值得注意的是，在这些舰上使用大量的交流电力推进装置的同时，舰上的辅机和照明仍然采用直流电，这是由于恒速的交流鼠笼式电动机一般不适用于要求调速的场合，如舵机、锚机等。对于船内通信、射击指挥电路和无线电设备等用的交流电，由直流电源供电的电动发电机组供给。

美海军在交流推进装置上取得的经验表明，交流系统与直流系统相比具有一系列的优点，例如，交流发电机和电动机没有换向器，维护保养的工作量大为减少；交流鼠笼式电动机结构坚固，运行可靠；大多数电动机可以采用简单的直接启动等。因此，于1932年美海军决定从“法拉格特”号驱逐舰上开始对辅机和照明采用交流供电。当时认为450 V电压太高，过于危险，而采用230 V。为避免使用降压变压器，将发电机每相抽头，以提供115 V对照明电路供电。为了解决变速电动机和探照灯等的电源，另外装了二台30 kW、120 V直流发电机。在一些要求调速的场合，是在恒速电动机和有关设备之间采用液力变速驱动予以解决。次年，由于采取了一些措施，减少了采用较高电压的顾虑，美海军决定在“波特”号驱逐舰上采用440 V的配电系统。紧接着在“昆西”号重型巡洋舰和“约克城”号航空母舰上也采用交流供电系统。这些交流供电系统和装置的研制成功，导致所有的美海军舰船将交流电作为标准电制，潜艇和某些辅助船除外。

第一次世界大战中航空兵的出现，给大型水面舰船的活动带来了困难。但是直到第二次世界大战前，美海军仍相信大炮加重装甲的战列舰的“威慑力量”，仍以战列舰作为海军舰队的主力。当时典型的战列舰上总共有695台电动机，总的安装功率为10 865马力(1马力=735 W)，加热和照明设备的容量为895 kW，电站供电的总负载大约为9 000 kW，停泊负载为2 000 kW、正常的巡航负载为2 500~3 000 kW，战斗负载大约为5 000 kW。交流发电设备由八台3相，60 Hz，450 V，1 250 kW，3600 r/min的汽轮发电机和两台3相，60 Hz，450 V，250 kW，1 200 r/min的应急柴油发电机所组成，总的交流电站功率为10 500 kW。直流发电设备由二台125 kW，120 V供探照灯用的电动发电机，二台12 kW，40 V为焊接用电动发电机和一台5 kW，120 V为船内通信用电动发电机所组成。八台汽轮发电机安装在四个独立的水密机舱中，每二台位于一个机舱。断路器和母线联线构成一个闭环，允许八台发电机中的任意二台并联运行。发电机短路比不低于 0.9，其结构型式为带水冷却器的封闭式通风系统。二台应急柴油发电机组位于独立的隔舱中，一台在主机舱的前部，另一台在主机舱的后部。当系统电压下跌到预定值时，柴油发电机组自动启动。机组采用空气启动，从静止状态到满载、满速小于 10 s。

1941 年 12 月 7 日，日本海军用从航空母舰起飞的飞机成功地偷袭了珍珠港，这一下打破了美海军以往将战列舰作为海战中主要兵力的思想，从此美国航空母舰获得了迅速的发展。海军战争发生了很大的变化，广泛使用飞机来轰炸、扫射、布放水雷、发射鱼雷。第二次世界大战初期美海军的一个重要的发展计划，就是研制和应用能承受舰船由于水雷、鱼雷、深水炸弹和船体附近的炸弹等爆炸所引起的强烈冲击的电气设备。在开始设计这种耐冲击的舰用电气设备时，美海军借鉴了英国海军的经验。不久，一批耐冲击的发电机、电动机、断路器、配电板、电压调节器、变压器便装舰使用了。与此同时，为了防止在强烈冲击情况下电气设备的故障，美海军也对电气设备的安装进行了大量的试验和研究，增加了电气设备安装螺栓的尺寸和数目。

第二次世界大战中，由于在舰船上安装了高射炮和其他的武备、附加的无线电和水声设备、新研制的雷达设备、消磁装置以及艇员生活条件的改善，美舰船电站的功率有明显的增加，电气设备的作用也迅速增长。例如，第一次世界大战期间，美驱逐舰的发电设备是二台 25 kW 的汽轮发电机，1934 年完工的 DD349“杜威”号驱逐舰上发电设备为二台 100 kW 发电机，1942 年完工的 DD449“尼古拉斯”号驱逐舰上发电设备为二台 250 kW 发电机，而 1944 年完工的 DD742“诺克斯”号驱逐舰上发电设备为二台 400 kW 发电机，与第一次世界大战期间驱逐舰相比，电站功率增加了 16 倍。同时，在第二次世界大战期间美舰船上的应急供电范围也大大地扩大了。例如：第一次世界大战时，美海军舰船上由蓄电池提供应急电力的仅仅是数目有限的照明灯和几台重要辅机，而在第二次世界大战时，美海军舰船上的高射炮、无线电、雷达、舵机、船内通信、水声设备和数目增加的照明灯都由自动启动的柴油发电机组提供应急电力。在这期间建造的巡洋舰上就设有二台 850 kW 的应急柴油发电机组。

战争期间，美海军船舶局从战斗的舰船上收到许多故障和损坏报告，因此美舰用供电系统和装置在战时又有许多发展。根据战斗损坏报告，为了防止事故情况下舰船断电，美海军船舶局对于发电机组的配置给予更多的考虑。将发电机组设置在二至四个独立的机舱中，在驱逐舰上分布于二个独立的机舱中，在航空母舰上分布于四个独立的机舱中。在战斗情况下，这些单独的发电机组分区供电，以防止当一台设备损坏时在其他设备中引起扰动。在战斗舰船上，例如驱逐舰、巡洋舰、战列舰上，应急发电设备由二台发电机组成，这两台应急发电机间也尽可能远离，并远离舰用主发电机。一般情况下，一台应急发电机位于舰的首部，另一台位于舰的尾部。为了防止由于隔舱浸水造成应急发电机断电，尽可能将它们安装于水线以上。美海军船舶局在战时又着手另一种发展计划，以改善在配电板和电气设备接线盒中所采用的电绝缘材料的耐火性和耐弧性，同时，在不可避免的出现火灾的情况下，减少由这些材料释放出来的毒性气体量。这种计划实施的结果是，成功地研制出了耐火性得到改善的绝缘材料。除了上述的战时发展项目外，美海军船舶局的一般改进设计项目在战争期间也取得进展，研制成功一种旋转放大机型的电压调节器、发展成一个完整系列的耐冲击型断路器，与此同时，进一步改进配电板结构，将大型断路器彼此分开，配电板各屏内部分室。采用抽屉式断路器，以便可以快速调换，而无须接触带电部分或使配电板断电。

在第二次世界大战期间，通过努力，美海军基本上完善了以航空母舰为代表的水面舰船交流供电系统的设计。直至1945年，美舰船供电装置具有如下特征：舰船电站功率为计算的最大电力负载的2倍。在用蒸汽或者蒸汽－电力推进的舰上，由汽轮发电机供电，柴油发电机用于应急电源。在用柴油机推进的舰上，由柴油发电机供电。交流汽轮发电机组的功率范围为200～1 500 kW，汽轮机转速为8 000～10 000 r/min、发电机转速为1 200 r/min。直流汽轮发电机组的功率范围为60～750 kW、汽轮机转速为6 000 r/min，发电机转速为1 200 r/min。交流柴油发电机组的功率范围为30～850 kW，机组转速为600～1 200 r/min。直流柴油发电机组的功率范围为10～500 kW。发电机除符合舰用环境工作条件外，还要求其参数保持在一定的限度内。例如凸极式交流发电机的短路比大于1，瞬变电抗标幺值不超过0.17～0.27，超瞬变电抗标幺值应符合在0.10～0.132以上的要求，逆序电抗标幺值的平均值为0.15。由于当时断路器的分励脱扣线圈是由励磁机供电的，因此要求发电机励磁电压保持在一定的范围内。当时典型的配电系统是一个形成闭环的径向系统，它是用主配电板之间的母线连接电路来互连主电源。除舰用主电源和配电系统外，也提供应急电源，这是由一台或几台柴油发电机、应急配电板和配电系统所组成的。应急配电系统是由来自主电源系统的正常馈电线和替换馈电线通过母线转换开关来供电的。当这两个主电源中有一个断电时，应急柴油发电机自动启动和接至应急母线上。配电时将重要负载和非重要负载分开。接至非重要负载的馈电电路为一般电路，接至重要负载的电路为战斗电路。所有重要的电负载至少由两个电源供电，这是用来自一个主配电板的正常馈电线和另一个主配电板的替换馈电线或者一个应急配电板的应急馈电线来实现的。由于应急电站的容量较小，一些大的重要负载和主炮塔、弹射器和飞机升降机总是用一个替换馈电线从另一个主配电板得到应急电力。除正常馈电线和替换馈电线外，舵机还可以由应急馈电线供电。

战后，美舰船电站的装置功率、主发电机和应急发电机的数目及负载又有急剧增长。航空母舰上电站功率增长的原因是由于为适应喷气式飞机的启动和电子服务要增加17台电动发电机组、为增加升降机容量附加675 kW电功率以及其他新式武备与新型损管措施要求增加的电功率，这样在1955年的航空母舰上电站功率比1932年增长达4.5倍。如果用发电机功率（kW）与舰的标准排水量（t）之比来表征舰的电气化程度，那么，在超级航空母舰“福莱斯特”号上为0.23 kW/t。驱逐舰上电站功率增加的原因是由于吸取了第二次世界大战的教训，为避免战斗情况下辅机蒸汽管道损坏而造成的麻烦，所有的机械都采用电力驱动，此外，火炮装置、无线电通信与雷达、射击指挥仪等又要求很大的功率，这样在1955年的驱逐舰上电站功率比1932年增长达5.7倍。“福·谢尔曼”级驱逐舰上发电机装置功率为2 000 kW，电气化程度达0.83 kW/t。

电站装置功率的增长使得美海军船舶局重新考虑电压与电流的参数，为此，对于600，800，1 000与2 300 V级的电压参数和180，240与400 Hz的频率参数进行了广泛的研究认为，当时美国工业上已经标准化的2 300 V，60 Hz的电能参数虽然能使电气设备的质量减小，但需要发展新的舰用电缆和配电板，而且电压太高对于舰船也不安全。同时试验表明，当时的舰用电缆已能承受住1 000 V级的介电强度试验，因此，美海军船舶局认为较实际的电压等级是1 000 V。这样，美通用电气公司于1953年就为“福莱斯特”级航空母舰提供了1 000 V，60 Hz、功率为1 200 kW的发电机，其质量和尺寸都有所减小。

当然，高于 60 Hz 的任何频率都可以在减小电气设备的质量上得到好处，但由于 400 Hz 电力在美航空、射击指挥设备和雷达上早已得到应用，1948 年起，美舰船上就有集中的变换机组提供 400 Hz 电力，为飞机服务和射击指挥用，若主电站发 400 Hz 电力，则取消这些变换机组可以直接获得减小质量的好处。因此，美"蒂默曼"号试验驱逐舰上将供电系统的电压提高到 1 000 V，频率提高到 400 Hz，这样在电站装置功率增加 40% 的情况下，质量反而减小一半。采用一般电气参数的美驱逐舰"基林"号上电气设备质量达 137.6 t，而"蒂默曼"号的电气设备总质量才 61.5 t。其中，通过提高电压达 1 000 V 的方法可使电缆、整流设备和配电板的质量减少 1/3 ~ 1/2；提高频率至 400 Hz 可使发电机和电动机的质量减少 44% ~ 54%，变压器质量减少 50% ~ 60%。1955 年"蒂默曼"号驱逐舰试验时暴露的电机轴承、接岸电等一系列问题，使得 1 000 V，400 Hz 的电能参数未被成批建造的"福·谢尔曼"级驱逐舰所采用。但在"蒂默曼"号驱逐舰上取得的经验，使它的 600 kW，1 000 V，400 Hz 的燃气轮机发电机用于"福莱斯特"级航空母舰的飞机起飞和服务的中频电源中。

除提高电能参数外，美海军解决电站装置功率增大与舰船空间尺寸限制之间矛盾的另一个措施，就是尝试在舰用电机中采用硅有机材料绝缘，因为，硅有机材料绝缘耐热性高，可以使电机体积减小 35%，质量减轻 20%。由于硅有机绝缘在高温下会逸出一氧化碳，美海军在应用硅有机绝缘电机的潜艇内发生过中毒事故。为此，美海军部责成海军卫生研究院进行试验研究。研究表明，在体积为 20 000 英尺^3（566.366 m^3）的潜艇模拟体中 500 kW 的硅有机绝缘电机在 230 ℃以下运转 96 h，无中毒现象。但美海军船舶局发现在潜艇中采用硅有机绝缘的封闭式直流电机内炭刷磨损加剧，因此，后来规定在封闭式直流电机或集电环封闭在内的交流电机禁用硅有机绝缘材料。

值得注意的是，美舰船电站功率的增长使得过载和短路保护变得更加重要，但也更加困难了。例如，对于大规格的框架式断路器的分断能力，美海军船舶局就要求从 75 000 A 提高至 100 000 A，甚至连最小的 25 ~ 50 A 的塑壳式断路器也要求经得起 50 000 A 的短路电流。

在 1948 年，美海军就十分重视磁放大器在舰船上的应用，认为在发电机电压调节、速度与频率调节以及线路电压调节器等方面，磁放大器有广泛的前途。1952 年以来，美舰船成功地应用了带磁放大器的自激系统以代替旋转励磁机，在"福·谢尔曼"级驱逐舰和"勇敢"号扫雷艇上装备的发电机就是采用带有磁放大器的自激系统。该系统（西屋公司的型号为 WSN－10）的试验表明：它能保证静态电压精度 ±1%，在突加、突卸 100% 额定负载的情况下动态压降 ±10%，电压恢复时间为 0.3 s。与此同时，20 世纪 50 年代金属整流器的发展也促进了磁放大器的广泛应用。因为磁放大器与饱和电抗器一般要采用整流器作为电路元件，金属整流器反向电流小，可提高放大回路的增益。同时金属整流器的发展，使得它从 1951 年起取代舰上的电动发电机组，作为舰上的直流电源供电给消磁、蓄电池充电、探照灯、发电机励磁、断路器控制电路、阴极保护、飞机起飞和服务等应用场合。

战后，美海军发展攻击型核潜艇，以作为对付苏海军潜艇的主要兵力。1952 年，美开始建造第一艘"魟鱼"号核潜艇，1954 年建成。与此同时，美海军船舶局完成核潜艇交流供电系统与装置的研制与设计。

第二次世界大战中，航空母舰的主要威胁不是来自水面舰船，而是来自空中，因而舰船的防空问题引起美海军的重视。在 1944 ~ 1945 年，美海军就提出发展舰对空导弹，从 20 世纪 50 年代中期起，舰对空导弹开始装备美海军，这种由大炮到导弹的变化，对美舰船供电系统产生了新的附加要求。在导弹系统出现之前，美舰船上除舰载飞机外，使用400 Hz电力的负载只有电罗经、消磁用自动定向调节器和同步系统。这些负载所需电力平均为11至14 kW，对这些负载供电的是一台25 kW，400 Hz的电动发电机组。由于在舰船航行时，电罗经需要连续使用400 Hz电力，故美舰船上还设置一台备用机组。25 kW的机组容量比实际需要稍大一些，是考虑到今后负载的增加。导弹系统出现后，400 Hz电力负载的数量大大增加，而且它们要求各种不同的电压和频率调整，但有的设备如导弹及其附属的射击指挥仪、计算机、导向雷达等对电源参数的变动范围限制极严，例如要求稳态电压调节在±0.5%内、最大电压瞬变不超过1%、电压瞬变的恢复时间为(1/10)s。这就使得美海军船舶局通过各种控制的电动发电机组来满足不同的电源要求。电动发电机组的台数由DD692驱逐舰的二台增长到DDG2导弹驱逐舰的11台，电动发电机组的不断增长引起了空间、质量和经济上的一系列问题。为了解决这些问题，美海军船舶局对舰用交流系统的电能参数作了统一的规定，将舰上交流电力划分为三类，对不同要求的用电设备区别对待。1963年制定了“MIL－STD－761 舰上交流电力的特性和利用”，通过实践不断修订，1970年被“MIL－STD－1399(海军)船舶系统界面标准103章·交流电力”所代替。

20世纪60年代，前苏联导弹核潜艇的出现，使得美海军致力于发展反潜探测设备，特别是水面舰船和潜艇的主动式和被动式声呐。AN/SQS－26型声呐是美海军当时装备核动力导弹驱逐舰、3 000 t以上护卫舰及“斯普鲁斯”级新型驱逐舰等水面舰船的最先进的声呐设备。它的作用距离和以前的声呐相比有了大幅度的提高，其中采取的一个主要措施是增加发射功率。由于声呐发射机是脉冲负载，大的脉冲功率不能直接取自舰船主电站。AN/SQS－26声呐电源最初是660 kW，1 000 V，400 Hz的汽轮发电机、变压器与整流装置的组合。从生产SQS－26Ax开始，由于发射机采用固体组件需要的功率减小，以及可控硅逆变技术的发展，电源采用了大功率静止变流器和旋转电机组合的联合装置，它直接与440 V、3相、60 Hz舰船电网连接，从电网中得到平均功率为70 kW，经120 V、3相、1 200 Hz发电机以5－2的载空因数向发射机提供240 kW的直流电功率。可以说，AN/SQS－26声呐电源是美海军在20世纪60年代末期新型可控硅变流器与旋转电机相结合的装置在舰船上应用的典范。

随着无线电及电子技术日新月异的发展，美舰船又获得了体积小、效能高的电子设备。对操纵舰船和导弹、火炮的自动综合系统均由电子计算机统一控制，这样高速计算、数据处理、火箭发射及跟踪、通信等应用场合对其供电质量的要求又有进一步提高。不仅要求电压和频率极其精密，而且要求供电不间断，就是所谓不停电电源的出现。一般的精密电源是通过对发电机组的调速和调压达到的，而不停电电源不完全是通过对发电机组的调速和调压达到，而是将机组附加一些装置，例如同步电动机、变频器和储能装置等，以达到它工作时连续提供优质电能的目的。美海军在1966年研制了60～200 kW的精密不停电电源，后来这种电源的容量增大到600 kW。

由于近代舰船电子设备功率的增大和装备的多样化，为了充分发挥电子设备的功能以及改善艇员的居住条件，使他们能适应长期的海上活动，就必须增强舰上装配空调的能力，这样对美舰船电站功率的增长又发生了很大的影响。DE1040“加西亚”号护卫舰和DEG1“布鲁克”号导弹护卫舰的电气化程度达0.947 kW/t。1975年起DD963“斯普鲁恩斯”级驱逐舰的电气化程度达11.5 kW/t。

由于美潜艇与战后新建的大型航空母舰已核动力化的缘故，在20世纪50年代末期只作为舰用应急发电机之原动机的燃气轮机此时获得了很大的发展，因为燃气轮机具有对功率指令反应迅速、功率大、质量轻、独立性高、操作简单、便于实现自动化与遥控等一系列优点。随着对舰用燃气轮机研制工作的进展，到20世纪70年代，DD963“斯普鲁恩斯”级驱逐舰就实现了全舰动力装置的燃气轮机化，舰上采用三台2 000 kW的燃气轮机发电机作为电源。电站由集中控制台和机旁控制进行控制。控制设备可以实现自动或手启动、停车、并联运行，并对辅机设备实行控制与监视，以及对电气参数的数字显示。在DD963级舰上另一个独特的设计，是400 Hz供电系统采用了静止变频器，而不是用电动发电机组，海上试验证明，它们很好地满足了负荷的要求。

舰上武备、电子设备质量的增加和居住条件的改善，必然导致舰上容积或排水量的增加，因此减小舰船电站的质量成为20世纪70～80年代美舰船供电系统与装置设计的主要目标。在研究20世纪80年代的反潜水面舰船时，认为以下的措施将有助于降低电站总质量：

（1）提高发电机转速；

（2）改变电站型式；

（3）调整战斗部署时的电力负荷与电站总功率的比例数；

（4）将电压440 V改为4 160 V；

（5）将频率由60 Hz改为400 Hz；

（6）用铝质电缆代替铜质电缆；

（7）将设备的控制电路改为固体电路。

但认为，对于驱逐型舰船，船上的电缆线路较短以及电动机额定功率相对地比较小，使用4 160 V的高压配电系统是无意义的。使用400 Hz电力系统也不能减轻电机的有效质量，因为其本身的噪声使得电机与辅机的转速不能提高，电动机只能是多极电机。研究表明，通过降低安全系数或采用强度较高的材料从而提高许用应力，预计可使汽轮发电机组的质量减少13.5%，还可以通过提高汽轮机排气的绝对压力，提高发电机转速等进一步减轻质量。通过用铝质电缆代替铜质电缆、广泛使用固体电路于设备的控制系统，预计能节省15%的质量。对于20世纪80年代的驱逐舰，功率为4 000 kW的汽轮发电机组的电站，估计质功比为43.45 kg/kW；对于功率为4 000 kW的燃气轮机发电机组的电站，质功比为41.9 kg/kW；对于功率为4 000 kW的带超导发电机的燃气轮机组的电站，质功比为39.33 kg/kW。比战后驱逐舰电站的平均57.6 kg/kW可减少14%～42%。

上述可见，由于超导电机具有极限功率大、功率损耗低和质量尺寸小的优点，带超导发电机的燃气轮机组的电站质功比仅为39.33 kg/kW，因此，美海军在大力发展超导电力推进的同时，很有希望将超导电机用于舰船电站中，这可能是未来美舰船电站的主要发展趋势。

近来，美海军对舰船电站又提出了更高的要求：

1. 增加电站装机容量

未来舰船的电站在考虑25%～40%的余量时，每台机组的容量增加到3 000 kW，甚至3 500 kW。美驱逐舰用的3 000 kW发电机组由于质量和空间的限制，又在研制用四台容量较小的发电机组取代这三台较大发电机组的方案，但存在如下设计问题：

（1）发电机组的容量和台数的最佳方案；

（2）频率控制；

（3）油耗；

(4)转速(1 800 r/min 或 3 600 r/min);

(5)频率;

(6)冷却方式(是气冷还是液冷);

(7)对负荷或转速突然变化的响应。

英格尔斯船厂研究过驱动 3 000 kW 发电机的燃气轮机的选型问题,是用双轴的 LM - 500 燃气轮机、单轴的 990 型燃气轮机、中冷和回热的 990 型燃气轮机还是双轴的 570 型燃气轮机;也研究了用柴油机驱动的问题(包括柴油机的降噪、减振以及采取的措施,同时还研究了对船体结构的影响问题)。

2. 轴带发电机

轴带发电机的优点在于:

(1)由于发电机直接由推进主轴带动,因此省略了发电机的原动机,而推进用的燃气轮机可在更佳的工况下运行,从而提高了主机的经济性;

(2)可节省滑油和维护保养费用;

(3)简化了装置的管理,减少了机舱人员。

美海军对轴带发电机的效率进行了研究,计算表明,装有四台 LM - 2 500 燃气轮机的驱逐舰,在用每轴一机航行 6 000 n mile,并用二台单独的燃气轮机发电机发电时,其总油耗为 1 646 t,而使用一台(或二台)轴带发电机发电时,其总油耗为 1 440 t,节约了 12.5%。

不久的将来,美海军可能在舰上使用逆变器式的轴带发电机。

3. 微机控制系统

随着舰上用电量的不断增加,同时又考虑到需要节能,因此,应对舰上的发电和用电加以控制。另外舰上设备品种、数量的增加,使系统更加复杂化,因此,也需进行控制。

美海军致力于将微处理机应用于舰船电力系统。使用微处理机除能改进性能和提高可靠性外,还能减少元件的数量。微处理机还由于硬件通用,故费用较少,修理也可简化。现在有些仍不能获得的故障探测情况也可以由微处理机提供。微处理机可定期处理/控制传感信号,并能自动打印和显示出来。

美海军研制的微机电力控制系统将用于某些目前正在英格尔斯船厂建造的舰船上。英格尔斯船厂的舰船电力控制台与现有的电力装置控制台相比有如下特点:

(1)能进行随机分析;

(2)彩色图形显示;

(3)音响信号;

(4)能进行电力控制。

此外控制台能接收 50 个信号,它能显示:舰船用电站发电机装置、不停电电源、重要的断路器。当压力、温度等参数超过正常工作极限时,它也能报警。

随着电力电子技术和微型计算机技术的发展,电力推进系统技术也得到了快速的发展,其优势得到进一步的发挥。美国海军在 20 世纪 70 年代末提出了舰船日用供电和电力推进一体化的供电系统。

1986 年美国海军针对当时的水面舰船提出"海上革命"计划,考虑将来只建造一种称为"舰队主力战舰"多用途水面舰船,舰上将采用综合电力驱动 IED(Integrated Electric Drive),其目的是发展具有最大能购性的推进系统,满足迫切的声特性指标。1988 年美国海军与通用电气公司 GE 签订了研制 IED 的合同,研制的系统采用中冷回热燃气轮机驱动交流发电机，经过直接变频器供电给高速电动机，电动机经过行星齿轮和联轴节驱动螺旋桨。随着冷战结束，美国海军在远洋地区与前苏联海军对抗的作战方向改变了，声特性要求也不复存在。受海军预算的约束，这个综合电力驱动 IED 方案被修改成“先进的水面舰船机械”ASMP 中的一部分——综合电力系统 IPS(Integrated Power System)，力图解决设备的高性能和低成本之间的矛盾。

1992 年夏季，美海军海洋系统司令部调查并描绘了 DD－51 后一代驱逐舰(DD－21)的技术范围，“先进的水面舰船机械”项目完成了机械推进舰船和综合电力系统舰船的比较。通过八个创新措施：扩展系统结构上的优点，鼓励通用性，利用可生产性，减少基础设施，降低组件成本，减少人员配备，降低能源费用和降低作战系统费用，证明综合电力系统能集中反映这些创新的要求。研究表明：采用综合电力系统后舰船采办费节省 1280 万美元，年燃油费用减少 24%，满载排水量减少 14%，轮机部门人员配备减少 13%。

美国海军开发 IPS 分三个阶段：小尺寸预研阶段、全尺寸预研阶段和全尺寸工程研制阶段。

小尺寸预研阶段的目的在于结合仿真和物理模拟，开发试验硬件、系统和部套技术。推进电动机样机定位在 20 000 kW。该阶段研制内容有：

(1)永磁电动机和发电机；

(2)建造一艘用燃气轮机驱动永磁发电机和永磁电动机推进系统的巡逻艇；

(3)舰船日用电逆变技术；

(4)区域配电系统。

1995 年 2 月，美海军与洛克希德·马丁为首的产业集团签订了建造陆基试验用的主力战舰的全尺寸综合电力系统 IPS 的预研合同。

主要内容：

(1)确定综合电力系统模块、设计过程和模块接口标准的系统工程；

(2)开发并制造综合电力系统的机电设备，并进行全尺寸原型的部件和系统试验。

全尺寸预研阶段的主要设备为：

一台 25 000 SHP，150 r/min，15 相鼠笼式推进电动机；

一台推进电动机用 IGBT 绝缘栅极双极晶体管变流器；

一台 LM2 500 简单循环燃气轮机(后期用 WR21 中冷回热燃气轮机)带动 21MW4 160 V 交流二极发电机；

一台 200 kW 舰用日用电逆变模块；

一台 100 kW 常规变压器和整流器的舰用日用电模块。

1999 年，在位于费城的美海军水面舰船中心的、先进的推进和发电机试验场 APPCTS 对综合电力系统全尺寸设备进行了试验，试验包括：稳态性能、系统和设备效率与速度/功率的关系、动态性能、声学试验、电磁干扰和电力管理。试验结果是良好的，但总的谐波畸变 THD 达 18.5%，超过目标值 10%。

冷战结束后，美海军的作战由在远洋与前苏联海军展开对抗转变为如今在指定区域或内陆发挥作战能力，要求与沿海的海军陆战队、内陆的陆军部队以及空军的战斗机交换情报，进一步加强舰队的联合作战能力。在这种背景条件下，再加上作为冷战时期的主力驱逐舰“斯普鲁恩斯”和“佩里”级导弹护卫舰都已到退役年限，这样就形成了美海军 21 世纪水面舰船系列研究计划，就是 SC21 计划。其中包括一个驱逐舰级(DD21)和一个巡洋舰级

(CG21)。DD21 为对陆攻击型驱逐舰。经历了数年的概念设计和论证研究以后,2001 年 3 月 2 日,美国海军正式宣布建造适应未来海上作战的 DD21 舰。

2001 年 11 月 1 日,美国海军宣布 DD21 改名为 DD(X),以便更准确地反映新计划的研制目标——能担负海军海上火力支援和对陆攻击作战任务的一级驱逐舰。

诺斯罗普·格鲁曼舰船系统公司已被美海军授予为 DD(X)工程的设计开发项目合同的总承包商,其中包括综合电力系统。2007 年开始建造 DD(X)首舰。

DD(X)驱逐舰排水量为 12 000 t,最大航速大于 30 节。设计重点是美海军指定的 IPS 系统。发电装置为 2 台 35 MW 的 MT－30 燃气轮机发电机组和 2 台 4MW 燃气轮机发电机组。推进电动机采用 150 r/min,38 MW 的先进感应电动机。为减小电流谐波,采用多电平变频器拓扑结构。

作为 DD(X)的后续工程,新一代巡洋舰 CG(X)的开发即将展开,它也将采用效率和生命力更高的 IPS 综合电力系统。

航母作为美国海军战略的核心力量,在进入 21 世纪以后,面临着新的挑战和机遇。美国海军研制的新型非核动力航母 CVX－13A 首先方案采用燃气轮机的综合电力系统,适应了 2 台电磁弹射器和战术高能激光武器的脉冲功率需求。综合电力系统方案为 4 轴推进功率 160 MW,4 台 GE 公司的 LM－6000 燃气轮机发电机组。发电机和电动机均为低温冷却的高温超导电机,带有直流区域配电系统。

第1章　舰船供电系统的特征

由于舰船上的舵机、辅机、武备、电子、照明、通风和消磁都需要使用电力，因此美海军舰船供电系统两个最重要的设计准则是使用的可靠性和供电的连续性。供电设备必须在战斗航行中发生破损的情况下，仍能维持对这些设备的供电。

在可靠性方面，除舰用电气设备必须满足冲击、振动、噪声、湿热、盐雾、无线电干扰以及爆炸性气体等环境条件的要求外，美海军船舶局认为主要应考虑电站的配备与供电方式、电缆的走线、操作的简单性以及设备设计的简易性。

此外，在舰船的使用寿命内，由于电力负载在数量上和位置上有变化，因此认为电站容量必须足够和配电系统应能适应随时间而增长的电力负载需要。

1.1　舰船供电系统的线制

按美"MIL-STD-1399(海军)船舶系统界面标准300A章交流电力"的定义，不接地电气系统是不有意接在船舶金属结构或接地系统上的系统；接地电气系统是至少一根导体或一个点(一般是变压器或发电机绕组的中线或中点)有意地并有效地接地的系统。

美海军一致接受不接地的配电系统，也就是采用三相三线绝缘的配电系统。在讨论不接地的三相三线系统的优点与缺点时，美海军考虑到下列因素。

1.1.1　过电压

不接地系统在某些情况下会使设备受到很高的对地过电压，经分析造成过电压有下列几种状况：

(1)永久性接地故障造成的稳态过电压

当系统中一点碰地时，其他二相全相对地电压将升高到线电压，即对地绝缘的稳态电压可以从260 V增加至450 V。

(2)谐振造成的瞬态过电压

例如接触器线圈、发电机绕组或者变压器线圈的电感与线路的分布电容形成串联谐振(在某些情况下可能接近稳态)。引起这种瞬态反应的外加因素是：①对地燃弧；②由于未接地相的突然接地而发生线电压的阶梯变化；③发电机60 Hz的基本线频率。

美海军船舶局对某舰船400 kW电站进行了计算，假定电容为1 μF、电感为100 H、得出非阻尼线性谐振频率为17 Hz，理论上的过电压可能为系统工作电压的6倍。但由于系统的电阻变化很大，考虑到阻尼，这种预示的过电压实际上不可能达到这样高的程度，对于带有变压器接地的空载系统的过电压见表1-1。

(3)操作造成的瞬态过电压

在发生短路故障时，在开关、断路器和熔断器的封闭或半封闭的容积内，短路电流的高温作用，使得气体压力增加，在这种情况下电弧的电压降近似地随压力的平方根增加，典型的数值是在气体压强为 1 000 lbf/in^2(1 lbf/in^2 =6 894.76 Pa)时,每英寸的电弧长度的电压降为 1 000 V。

表 1-1　在不带载的电气系统中由于空载变压器的碰地引起的铁磁共振过电压

最大过电压(相电压)(额定电压 260 V 的标幺值)	变压器定额/kVA	系统电容/μF
1.8	37.5	1
3.8	37.5	8
2.0	7.5	1
3.8	7.5	8
3.8	0.1	1
1	0.1	8

假定:①变压器的饱和水平为 130%;
②线路的对地漏电阻为 18 000 Ω;
③变压器损耗为平均水平。

由于理论上可以有许多造成瞬态过电压的因素,为了寻找过电压,美海军船舶局于 1954 年在"大黄蜂"号航空母舰上用自动记录仪进行了为期六个月的对地过电压测量(见表 1-2)。该舰的电站是由四台 1 250 kW 的汽轮发电机组组成,有四台主配电板。

表 1-2　在"大黄蜂"号航空母舰上测定的对地过电压值

日期,1954 年	所显示的瞬态电压值/V	等效的电压有效值/V
4 月 15 日	记录仪投入运行	
4 月 15 日	1 500	1 060
4 月 16 日	1 000	707
4 月 22 日	1 000	707
6 月 17 日	1 000(六次单独的时刻)	707
6 月 18 日	1 500(二次单独的时刻)	1 060
6 月 19 日	1 000	707
6 月 28 日	1 000	707
7 月 16 日	1 500	1 060
7 月 27 日	2 500	1 770
7 月 30 日	1 000	707
8 月 2 日	2 500	1 770
9 月 1 日	1 000	707
9 月 2 日	1 000	707
10 月 15 日	2 500(二次单独的时刻)	1 770

①电站运行记录所表明的瞬态发生时间与作出电站变化的时刻相同。

②与发电机单极隔离开关操作同时发生的过电压是由于偶然在负载下断开造成的。

美海军船舶局认为450 V电气设备的介电强度试验是仅仅在2 200 V的电压有效值下进行，舰用电气设备绝缘的实际介电强度是每毫吋厚的绝缘可以承受2 000 V，决定电气设备绝缘厚度的是机械因素而不是电气因素。450 V电气设备中的对地绝缘可以承受的电压是任何记录到的瞬态过电压的许多倍。同时，由于一般0.010英寸厚的对地绝缘能承受得住20 000 V约20年，因此认为讨论因电压增加对电气设备绝缘老化的影响是无意义的。但是随着半导体技术的发展和它在美舰用电气设备中的广泛应用，美海军船舶局不得不对过电压问题给予更多的重视和考虑。

1.1.2 寻找故障

在不接地的系统中第一点碰地并不引起对地故障电流。通常的办法是在接地指示灯表明有碰地之后，找出碰地的位置并加以消除。寻找碰地的位置可以用相当小的阻抗人为接地来确定，将系统适当协调，使得对地故障电流将引起线路碰地部位的开关脱扣。美海军船舶局承认寻找这种线路碰地故障有时是很费时的。

1.1.3 安全性

由于在不接地系统中很少发生单相对地短路，不可能出现大的故障电流，因此就设备的安全性而言，不接地系统有更多的优点。

就操作人员的安全性来说，接地和不接地系统中都有足够的电压和相当低的阻抗，只要操作人员触及到任一相线，通过人体的电流都能使操作人员有致命的危险。虽然美海军船舶局采用绝缘的三相三线制，认为在不接地系统中线路的分布电容造成阻抗极低，仍然有致命的危险。但优点是，接地系统在操作中螺丝刀容易产生短路电弧，灼伤人员，而绝缘系统短路电流小，认为不会有危险。

1.1.4 供电的连续性

在绝缘系统中第一点碰地并不引起线路碰地部位的开关脱扣，除非电容电流导致二相或三相故障，或者万一这种偶然的碰地引起如上所述的过电压故障。在不接地系统中，一相碰地时，故障的泄漏电流很小，各相相电压实际上维持不变，仍能保证三相负荷与相间负荷使用，只有在两个不同相的接地故障才会引起供电中断，因此从供电的连续性来看，不接地系统优越于接地系统。

1.1.5 脱扣元件的数量

接地系统为分断单相短路电流，断路器和电动机启动器的三个极均需带有脱扣元件，在不接地系统中只需两个极带脱扣元件以分断二相短路电流。

1.1.6 正确接地的困难

美海军船舶局认为，如果全用接地的配电系统，预计有下列困难：

(1)目前尚无保护船用发电机免受内部短路的合适差动保护装置。对于不接地系统，船用发电机内部发生不同相的对地故障极为稀少。然而，如果在接地系统中无差动保护装置，那么发电机内部一次对地故障就导致发电机毁坏，所以必须备有差动保护装置。

(2)采用接地系统时，发电机必须是中性点引出的 Y 形接法，这对发电机的设计人员来说，限制了可选用槽的数目和绕组的组合数，使得发电机质量增加。

(3)在接地系统中，△接地的变压器可以感应零相序电流，导致过热。

(4)接地系统中线对地故障的概率增加了，故障电流产生的电弧有可能造成燃烧。

(5)费用。考虑到接地系统需要差动保护装置、故障限流阻抗、较大的发电机和变压器，美海军船舶局认为接地系统的费用略微要大一些。

1.2　舰船交流电力的界面要求

美海军海上系统司令部考虑到电子、飞机勤务和武备系统对可精密调节的交流电力需求逐年增加，在“MIL－STD－1399 300 章 · 交流电力”的基础上进行修订，于 1987 年 10 月 13 日颁布了“MIL－STD－1399 300A 章 · 交流电力”，使用多年后，于 2008 年颁布了 MIL－STD－1399 300B 章修订版。为了确保用电设备和电力系统之间的兼容性，该标准确立了使用交流电力的舰上设备的电气界面特性。定义了电力系统特性，并确立了容差。用电设备应运行在具有这些特性的电力系统上，用电设备的设计应受到约束，以减小用电设备对电力系统的不利影响。由电力系统供电的舰船电力按照低压范围分为以下类型：

Ⅰ型——Ⅰ型电力为 440 V 或者 115 V、60 Hz、不接地，是舰船标准电力系统。应该采用Ⅰ型电力。

Ⅱ型——Ⅱ型电力为 440 V 或者 115 V、400 Hz、不接地，只有有限的应用。

Ⅲ型——Ⅲ型电力为 440V 或者 115 V、400 Hz、不接地，与Ⅱ型电力相比，Ⅲ型电力具有更精密的容差。Ⅲ型电力的采用受到严格的限制。

仅针对航空电子设备车间和飞机勤务的特殊电力类型如下：

Ⅰ型——Ⅰ型电力为 115 V/200 V、60 Hz、3 相、4 线、Y 接地。该型电力仅向航空电子设备车间提供。

Ⅲ型——Ⅲ型电力为 115 V/200 V、400 Hz、3 相、4 线、Y 接地。该型电力仅向航空电子设备车间和飞机勤务提供。

仅针对北约负载要求的舰船电力分类如下：

Ⅰ型——Ⅰ型电力为 230 V、60 Hz、3 相、不接地，或者 230 V、60 Hz、单相、接地或不接地。其容差与表 1－3 中描述的Ⅰ型电力相同，除了电压尖峰峰值将会为 1 400 V。

针对 120/208 V 负载，非标准电力应该遵从Ⅰ型电力的容差。

与界面相关的基本特性和限制范围以符号的形式表示，如图 1－1 所示。此界面是电力系统和用电设备之间的位置。此界面位于电缆标示从电力或者照明标示变化到其他标示的连接处或者在没有电缆标示变化时为用电设备电力输入端。从功能上讲，此界面是指施用电力系统特征和用电设备限制的地方。

1.2.1　定义

1.2.1.1　电力系统

电力系统是发电和配电系统的总称(不包括电力推进系统)，包括用电设备界面之前的

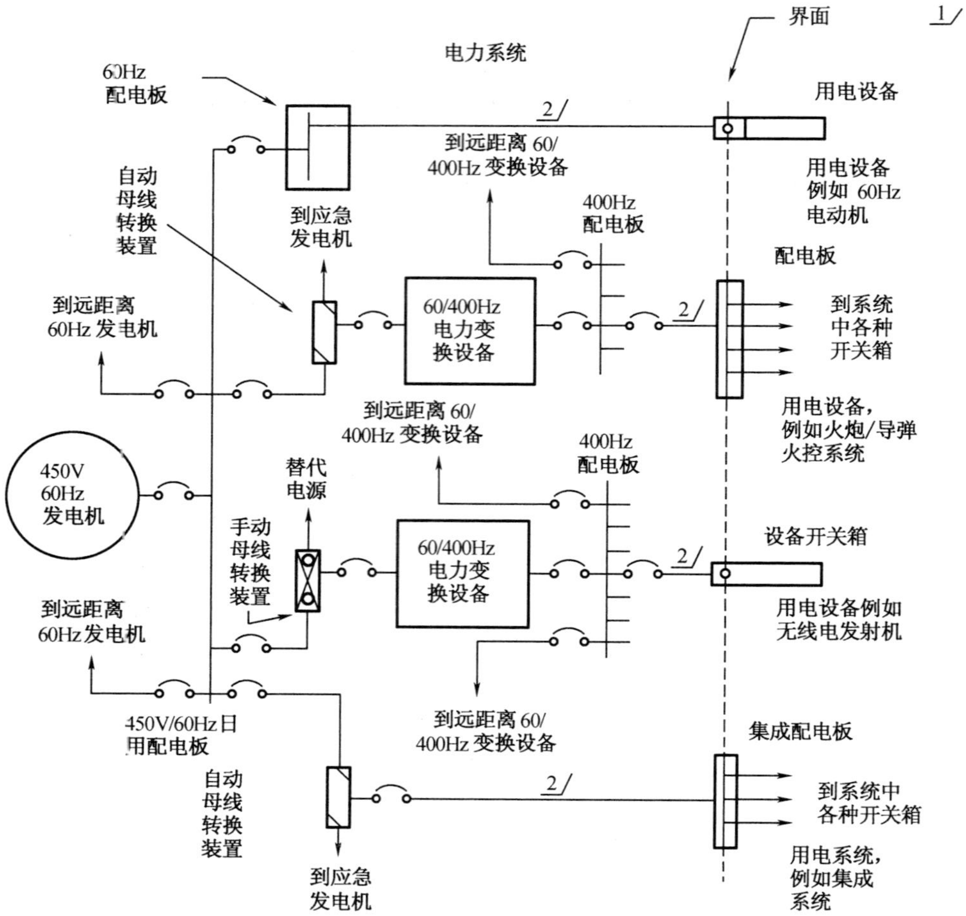

图1-1 电力系统和用电设备的典型界面

典型电力系统特性:电压、频率和应急状态

典型用电设备约束:电力类型、功率因数、电力中断、接地、负载不平衡、脉冲负载、输入电流波形和浪涌电流

1—参见对界面的描述;2—具有有电力/照明表示的电缆

发电、电缆、配电板、开关、保护装置、变流装置、变压器和调节器。电力界面是指电力系统和用电设备之间的边界,在该边界处应用电力系统特性和用电设备兼容性要求。

1.2.1.2 电力系统的地

地是指电力系统用作公共参考以确立零电位的平面或表面。通常,这个表面是船舶的金属壳体。在一艘壳体为非金属材料的船舶上,需要为同样目的而安装一种特殊的接地系统。

(1)不接地电力系统

不接地电力系统是指除了用于测试目的外,有意不连接到船舶金属结构或接地系统的系统。如果一条线导体直接接地,不接地电力系统可以持续正常运行。然而,由于单线和地之间感应电弧接地的结果,不接地系统可能承受超过标称电压5倍的过电压。

(2)高电阻接地电力系统

高电阻接地电力系统是指在电力系统中点和地之间有意采用高电阻接地的系统。高电阻接地具有与不接地系统相同的优势(例如,在一相导线接地时,系统可以持续正常工作),却限制了与不接地系统相关的严重的短时过电压。

(3)直接接地电力系统

直接接地电力系统是指至少有一个导体或一个点(通常为变压器或者发电机绕组的中点)有意和有效地连接到系统地的电力系统。从一相导线到地的单相接地故障会产生很高的故障电流,将会导致保护电路断路器的选择性动作,使得供电持续性中断。

1.2.1.3 频率

频率的单位为赫兹(Hz)。

(1)标称频率

标称频率($f_{标称}$)是指以 Hz 表示的设计频率。

(2)频率容差

频率容差是指在正常运行期间偏离标称频率的最大允许值,不包括瞬变和调制的频率变化,如由负载变化、环境因素(温度、湿度、振动、倾斜)和漂移等导致的频率变化。容差以标称频率的百分比表示。

(3)频率调制

频率调制是指在正常运行期间所允许的周期性变化。从定义的角度出发,频率调制的周期可考虑为大于1个周期但是不超过10 s。

$$频率调制(\%) = \frac{f_{最大} - f_{最小}}{2 \times f_{标称}} \times 100\%$$

(4)频率瞬变

频率瞬变是指超出频率容差限值,并在初始扰动后的规定恢复时间内(大于1 ms)恢复且保持在上述限值的频率突然变化。

频率瞬态容差是指在瞬变条件下,偏离用电设备标称频率的最大允许值。频率瞬变容差附加于频率容差限度。

频率瞬变恢复时间是指从扰动开始直至频率恢复且保持在其容差限值范围内所经历的时间。

1.2.1.4 电压

电压单位为伏特(V)。电压是均方根值(rms)。容差用用电设备标称电压的百分比表示。

(1)用电设备标称电压

用电设备标称电压($V_{标称}$)是指界面处所设计的电压。

(2)用电设备电压容差

用电设备电压容差是指除了瞬变和调制外,在正常运行期间偏离用电设备标称电压的最大允许值。用电设备电压容差包括由负载变化、环境因素(温度、湿度、振动、倾斜)和漂移等导致的电压变化。容差以标称电压的百分比表示。电压全部为均方根值或者全部为峰值(正弦波峰)。

$$平均线电压容差(\%) = \frac{平均电压 - 用电设备标称电压}{用电设备标称电压} \times 100\%$$

其中，平均电压是指线电压之和除以线电压的数量，标称电压在表 1－3 中规定。

$$线电压容差(\%)=\frac{线电压-用电设备标称电压}{用电设备标称电压}\times 100\%$$

其中，线电压是每个线电压，标称电压在表 1－3 中规定。

（3）电压不平衡（线电压）

线电压不平衡是指 3 个线电压中的任何一个相对于平均电压的最大偏离值被平均电压相除。电压或者全部为均方根值或者全部为峰值（正弦波峰）。

$$线电压不平衡(\%)=\frac{相对于平均电压的最大偏离}{平均电压}\times 100\%$$

其中，平均电压是指所有线电压之和除以线电压的数量。

（4）电压调制（幅值）

电压调制是用电设备单个线电压的周期性电压偏离（波峰到波谷）。电压调制的周期被认定为在标称频率下超过 1 个周期时间，但短于 10 s。下面的方程中采用的电压全部是均方根值或者峰值（正弦波峰）。$V_{标称}$在表 1－3 中提供。

$$电压调制(\%)=\frac{V_{最大}-V_{最小}}{2\times V_{标称}}\times 100\%$$

（5）电压瞬变

电压瞬变（不包括电压尖峰）是指超出用电设备电压容差限值，并在初始扰动后的规定恢复时间内（大于 1 ms）恢复且保持在上述限值的电压突然变化。

电压瞬变容差是指在瞬变条件下，偏离用电设备标称电压的最大允许值。电压瞬变容差附加于电压容差限度。

电压瞬变恢复时间是指从扰动开始直至电压恢复且保持在其容差限值范围内所经历的时间。

（6）电压尖峰

电压尖峰是指持续时间非常短（短于 1 ms）的电压变化或者脉冲，如图 1－2（a）所示。电力系统电压尖峰一般具有振荡的性质，且并不是测试中所用的那种单向的。脉冲波形如图 1－2（b）所示，是用于测试目的的特征电压尖峰。

（7）电压波形

电压波形是电压对时间的函数。

电压单次谐波是指电压周期波形的一个正弦分量，其频率是基波频率的整数倍。

电压波形的电压单次谐波含量是指该次谐波电压的均方根值与基波电压的均方根值之比，以百分比表示。

电压波形的总谐波畸变是指其余分量（除去基波电压后）的均方根值与基波电压的均方根值之比，以百分比表示

$$电压\ \mathrm{THD}(\%)=100\%\times\sqrt{\sum_{h\neq 1}\left(\frac{V_h}{V_{基波}}\right)^2}$$

其中，V_h 是指单次谐波电压，$h\geq 2$；$V_{基波}$是指 60 Hz 电压。

电压波形的偏离系数是比值 a/b，其中 a 是指波形与等效正弦波对应纵坐标的最大偏离值，b 是等效正弦波的最大纵坐标，此时两条波形曲线应以相互之间差值为最小值叠加。注意：等效正弦波定义为与实际测试波形具有相同的频率和均方根值。

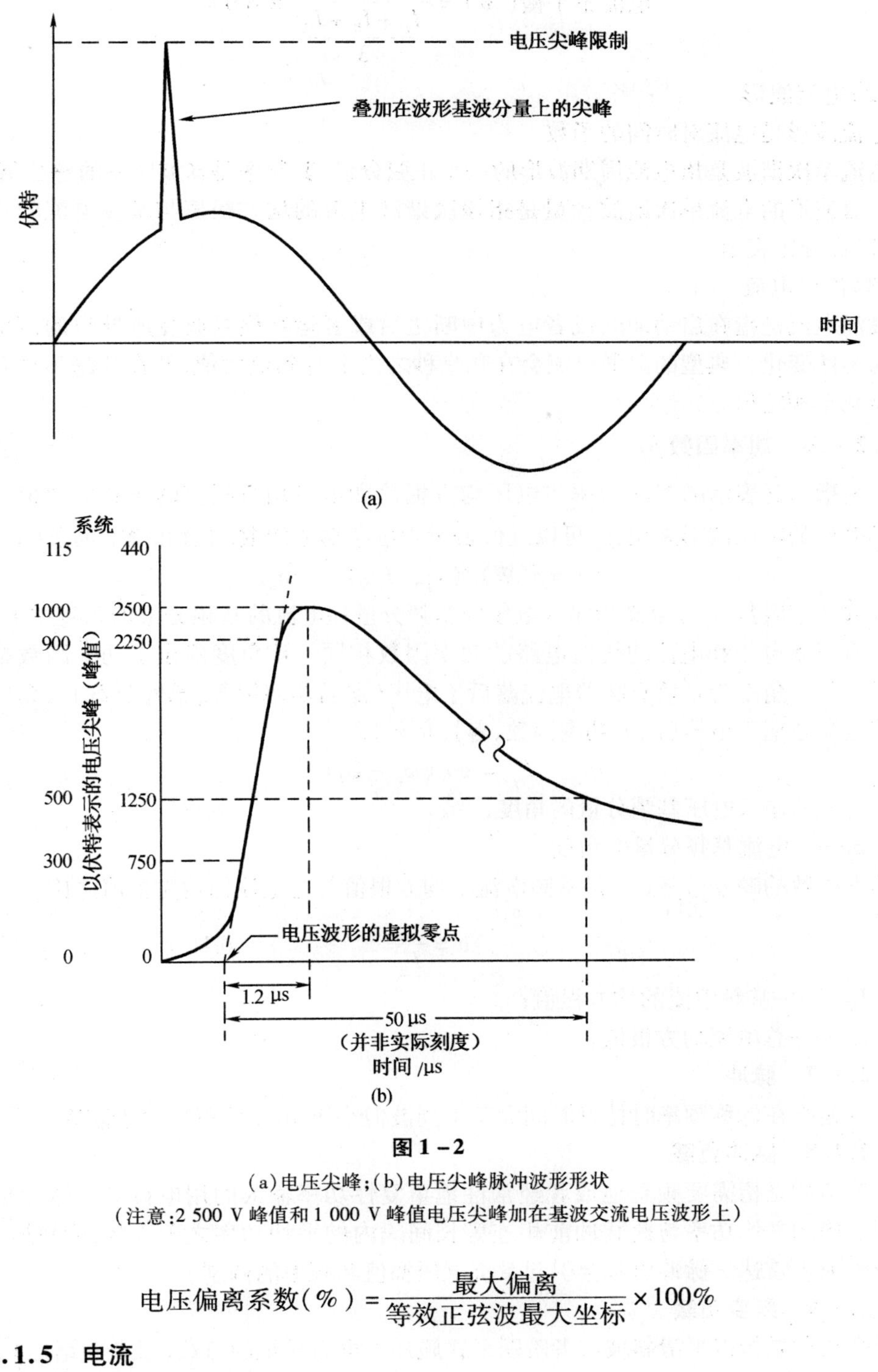

图 1－2

(a)电压尖峰;(b)电压尖峰脉冲波形形状

(注意:2 500 V 峰值和 1 000 V 峰值电压尖峰加在基波交流电压波形上)

$$\text{电压偏离系数}(\%)=\frac{\text{最大偏离}}{\text{等效正弦波最大坐标}}\times 100\%$$

1.2.1.5　电流

单位为安培(A)。电流是均方根值(rms)。

(1)电流不平衡

三相负载的电流不平衡度是指以安培表示的最大线电流和最小线电流之间的差值与三相线电流的平均值之比。下面方程中所用到的电流均为均方根值。

$$电流不平衡(\%)=\frac{I_{线最大}-I_{线最小}}{\frac{I_A+I_B+I_C}{3}}\times 100\%$$

(2)电流波形

电流波形是电流对时间的函数。

电流单次谐波是指电流周期波形的一个正弦分量,其频率是基波频率的整数倍。

电流波形的电流单次谐波含量是指该次谐波电流的均方根值与基波电流的均方根值之比,以百分比表示。

(3)浪涌电流

浪涌电流是指在启动期间或者电力中断之后或者运行模式改变所导致的用电设备线电流的突然变化。典型的浪涌电流会在几毫秒之内上升到最大值,并在几毫秒至几秒的时间内衰减至额定值。

1.2.1.6 功率因数 p_f

p_f 是指以瓦表示的有功功率与电压均方根值和电流均方根值的乘积的比值。对于具有最小畸变的电压波形来说,p_f 可以近似表示为位移功率因数(d_{p_f})和畸变因子(u)的乘积。

$$p_f=p(\mathrm{W})/(V_{\mathrm{rms}}\cdot I_{\mathrm{rms}})=u\cdot d_{p_f}$$

位移功率因数(d_{p_f})定义为输入电压的基频分量和电流的基频分量的角度差的余弦值。d_{p_f}与具有正弦电压和电流的线性电路的功率因数相同。该角度确定了功率因数是超前的还是滞后的。角度为正值意味着电流落后于电压(滞后功率因数,感性负载)。角度为负值意味着电流超前于电压(超前功率因数,容性负载)。

$$d_{p_f}=\cos(\varphi_v-\varphi_I)$$

式中 φ_v——输入电压基频分量的角度;

φ_I——电流基频分量的角度。

功率因数的畸变分量(u)是基频电流的均方根值与总电流的均方根值之比。

$$u=\frac{I_{基波}}{I_{总}}$$

式中 $I_{基波}$——基频电流的均方根值;

$I_{总}$——总电流均方根值。

1.2.1.7 脉冲

脉冲是指在标称频率时持续时间大于 1 周波但小于 10 s 的短暂功率偏移。

1.2.1.8 脉冲负载

脉冲负载是指需要频繁地或者经常性地重复性功率输入的用电设备。脉冲负载是指脉冲间隔内的平均功率与此脉冲前相连等长间隔内的平均功率之差。脉冲负载的一个例子为声呐或者雷达。脉冲负载会引起系统电压幅值和频率的调制。

1.2.1.9 跃变负载

跃变负载是指以平滑斜坡或者阶跃形式施加到电力系统的负载(总负载增加)。

1.2.1.10 用电设备

用电设备是指从船舶电力系统获取电力的任何一个系统或者设备。

1.2.1.11 应急状态

应急状态是可能导致电力系统发生应急状态下所规定的偏离的严重的事件非预期地

发生。应急状态包括但是不限于战斗损坏和设备故障或失效。

1.2.1.12　有限间断电源

有限间断电源是指与电源故障自动检测装置组合在一起的，用于在规定时间内将用电设备接至另一电源上，由一个或者两个或者多个独立电源构成的电源。

1.2.1.13　不间断电源

不间断电源是指当电网电力不可用时，通过从一个独立电源取电而保持向所连接设备持续供电的装置。

1.2.2　界面要求

1.2.2.1　电力系统特性

舰船电力系统要向诸如飞机升降平台、空调装置、通信设备、武器系统和计算机等用电设备供电。电力集中地产生并分配到整艘舰船，从主配电板到分配电板，并最终到达用电设备的入口端。船舶设计要求尽量少用变电设备，因而大多数用电设备需要设计为运行在Ⅰ型 60 Hz 电力系统下。通过对Ⅱ型、Ⅲ型 400 Hz 电力要求的最小化处理，可使舰船性能得到最佳的利用。舰船界面电力系统特性如表 1－3 所示。对于 115/200 V 四线制接地系统，表中的特性适用于线对中点的电力，除非参数不适用；例如，线间不平衡就不能适用。在电压没有下降时，频率不会减小至 0(负 100%)。

表 1－3　舰船电力系统特性

特性	Ⅰ型	Ⅱ型	Ⅲ型
频率：			
1. 标称频率	60 Hz	400 Hz	400 Hz
2. 频率容差	±3%（对于潜艇，±5%）	±5%	±0.5%
3. 频率调制	±0.5%	±0.5%	±0.5%
4. 频率瞬变容差	±4%	±4%	±1%
5. 由 2,3 和 4 项导致的相对于标称频率的最坏情况频率偏移，不包括应急状态	±5.5%	±6.5%	±1.5%
6. 从 4 或 5 项的恢复时间	2 s	2 s	0.25 s
电压			
7. 用电设备标称电压	440 V rms、115 V rms、115/200 V rms	440 V rms、115 V rms	440 V rms、115 V rms、115/200 V rms

特性	Ⅰ型	Ⅱ型	Ⅲ型
8. 线电压不平衡	3%(对于潜艇,440 V rms 为 0.5%,115 V rms 为 1%)	3%	2%
9. 用电设备电压容差			
a. 相对于标称值的平均线电压	±5%	±5%	±2%
b. 相对于标称值的线电压,包括 8 和 9a 项	±7%	±7%	±3%
10. 电压调制	2%	2%	1%
11. 由 8,9a,9b 和 10 项共同导致的最大电压偏差,瞬变或者应急状态除外	±8%	±8%	±4%
12. 电压瞬变容差	±16%	±16%	±5%
13. 由 8,9a,9b,10 和 12 导致的相对于标称电压的最坏情况电压偏移,不包括应急状态	±20%	±20%	±5.5%
14. 从 12 项或 13 项的恢复时间	2 s	2 s	0.25 s
15. 电压尖峰(±峰值)	2.5 kV(440 V rms 系统) 1.0 kV(115 V rms 系统)	2.5 kV(440 V rms 系统) 1.0 kV(115 V rms 系统)	2.5 kV(440 V rms 系统) 1.0 kV(115 V rms 系统)
波形(电压)			
16. 最大总谐波畸变	5%	5%	3%
17. 最大单次谐波	3%	3%	2%
18. 最大偏离系数	5%(3%对潜艇)	5%	5%
应急状态			
19. 频率偏移	100%到+12%	-100%到+12%	100%到+12%
20. 频率偏移时间	2 min	2 min	2 min
21. 电压偏移	-100%到+35%	-100%到+35%	100%到+35%
22. 电压偏移时间			
a. 上限值(+35%)	2 min	0.17 s	0.17 s
b. 下限值(-100%)	2 min	2 min	2 min

(1)电力类型

电力类型如下:

①Ⅰ型 60 Hz 电力

由舰船发电机供电的船舶日用配电系统为三相、60 Hz、440 V、不接地系统;由舰船日用配电系统通过变压器供电的舰船照明配电系统和其他用电设备,例如电子设备的电力为三相、60 Hz、115 V、不接地系统。从 440 V 和 115 V 系统均可以得到单相电力。船舶日用配电系统和照明配电系统被设计为Ⅰ型电力。Ⅰ型 230 V、60 Hz、单相或者三相、接地或者不接地电力可以用于北约(NATO)负载设备。

②Ⅱ型和Ⅲ型 400 Hz 电力

由 400 Hz 电动发电机组或静止变流器供电的舰船日用电力是三相、400 Hz、440 V、不接地系统。400 Hz 电力有两种类型,分别被称作为Ⅱ型和Ⅲ型。Ⅱ型电力的使用优先于Ⅲ型电力,只有在必须使用具有更佳特性的电力时,才可以使用Ⅲ型电力。Ⅲ型、115 V/200 V、400 Hz、三相四线、Y 形接地电力适用于航空电子设备车间和飞机勤务。

(2)系统接地

除了 1.2.2.1(6)②(c)和(d)规定的之外,电力系统不应接地。为了接地检测设备的运行,可以瞬时有意地接地。高电阻接地仅在批准的情况下安装。在不接地的情况下,在电力系统中由电缆的容性耦合及设备的接地滤波器所引起的最大线对地电流不超过 20 A。

①不接地系统

在不接地系统情况下,如果单相线导体直接接地,那么不接地电力系统应继续正常运行。

②接地系统

从单相线到地之间的单相接地故障将会产生很高的故障电流,这将仅保护断路器脱扣,将故障隔离。

③高电阻接地系统

该系统在电力系统中点和地之间有意地连接一个电阻。该电阻分流了系统对地电容,降低了可能的对地过电压。电阻降低了线对地故障电流,因此如果单相线导体直接接地的话,电力系统应持续正常运行;地通过被减小的故障电流来指示。

(3)电力中断

电力中断的时间范围可从不到 1 ms 到几分钟。电力中断可能是设备的严重故障、培训练习或操作失误所致。为了保证在各种工况,例如停泊、巡航、功能和应急状态等下供电的可靠性和连续性,在可能的情况下,部分负载采用有限间断电源供电。有限间断电源的供电范围随着舰船的不同设计、电站的不同装机容量以及特殊的用电设备的数量而变化,在某些情况下,因需要在断电后控制供电周期,不向用电系统和设备提供有限间断电源。在另一些情况下,舰船日用或应急发电机的容量可能限制有限间断电源的使用,在这种情况下,用电设备将通过手动转换开关由两种可选电源供电。

①有限间断电源

有限间断电源由来自一块舰船日用配电板的正常馈线和来自另一块舰船日用配电板的替换馈线或者一块应急配电板的应急馈电线构成。当正常电源断电时,靠母线转换开关将负载转换至替换电源或者应急电源。从正常电源断电到用电设备转换至替换电源,期间的延时应有要求,以避免因残余电压而导致过大的瞬态电流。当正常电源转接至应急电源时,还需经历一个自动启动备用应急发电机的附加延时。从一个电源转换到另一个电源的转换时间为 0.05 s 到 2 min。

②不间断电源(UPS)

不间断电源靠一种由一个或者多个独立电源馈送电能的供电方式实现,电源之间的转换时间为0,且供电特性连续保持在规定的限制范围之内。在特殊情况下,不间断电源对电源之间的转换可规定一个有限的延时。舰船电力系统通常并不提供不间断电源。若要求提供不间断电源,此电源应作为用电设备的一个组成部分。

③ I 型 60 Hz 电力中断

在 I 型 60 Hz 电力系统中,发电机组失去动力、设备故障或操作开关都有可能导致电力中断。电力中断可能发生在并未出现危险的正常工作期间,如发生在训练过程中,或者发生在机械或者电力试验过程中。图 1-3 给出了汽轮发电机组失去原动力后的电压和频率的衰减特征。在机组失去动力后的 5~20 s 内,频率衰减至 40 Hz,衰减的速度取决于初始负载和机组的惯性。当频率衰减到 40 Hz 时,电压开始衰减。在电力中断状态下,电压可能要超过 2 min 才会衰减到 0。

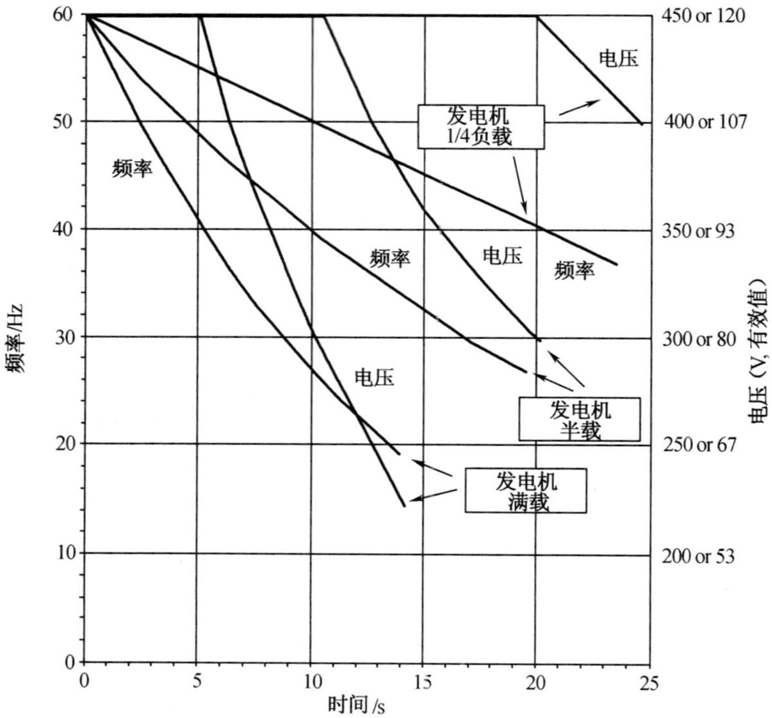

图 1-3 I 型 60 Hz 电力系统中典型的汽轮发电机组失去原动力后的电压和频率衰减特征

④ II 型和 III 型电力中断

当 60 Hz/400 Hz 电动发电机组失去输入电力时,将启动电动机组的控制电路,使得该机组的断路器脱扣。它将使得 400 Hz 负载在数毫秒内断电。当静止变频器的 60 Hz 输入电力失电时,安装在变频器内的控制器将在 2 ms 内切断 400 Hz 负载。当输出电压或者频率达到电力系统保护所规定的电力类型的限值时，与转换设备控制器分设的电压和频率监视器将触发电动发电机组的 400 Hz 输出电路断路器断电。

(4)相序

美国海军舰船三相交流系统的标准相序顺序为 AB，BC 和 CA。对于接地系统，相序为 AN，BN 和 CN。

在平衡的负载条件下，三相不接地电源应该具有 120 度相角关系。如果电源是接地的四线制系统(带中点)，相与相之间的角度位移在平衡的负载条件下应不超过 120 ±1 度。

(5)电力系统保护

保护是为电力系统提供的，而不是为用电设备提供的。

①Ⅰ型 60 Hz 电力系统

电力系统保护应是断路器和/或者熔断器，其容量按照过流和故障电流保护而设计。

②Ⅱ型 400 Hz 电力系统保护

如果电压和频率的偏移超过下列限值时，则应提供在 100 ~ 170 ms 内切断Ⅱ型电力系统的保护装置，且这种保护装置与可能设在一体化设备中的保护装置是分开的。

(a)过压　测得的任意一相线电压高达标称电压的 120%~130%；

(b)欠压　任意一相线电压低至标称电压的 70%~80%；

(c)过频　高于 425 ~ 435 Hz；

(d)欠频　低于 365 ~ 375 Hz。

③Ⅲ型 400 Hz 电力系统保护

如果电压和频率的偏移超过下列限值时，则应提供在 100 ~ 170 ms 内切断Ⅲ型电力系统的保护装置，且这种保护装置与可能设在一体化设备中的保护装置是分开的。

(a)过压　在三角接系统中测得的任意一相线电压和 115/200 V rms Y 接系统中测得的任意一相线对中点电压高达标称电压的 110%~120%；

(b)欠压　在三角接系统中测得的任意一相线电压和 115/200 V rmsY 接系统中测得的线对中点电压低至标称电压的 84%~90%；

(c)过频　高于 415 ~ 425 Hz；

(d)欠频　低于 375 ~ 385 Hz(水面舰船)。

④不保护状态

在下列情况下，电力系统的保护不应切断用电设备的电力。

(a)短时间的高电压偏移(电压尖峰)；

(b)小于 100 ms 的电力瞬时中断和恢复；

(c)采用兆欧表进行 500 VDC 绝缘电阻试验；

(d)有源接地检测器试验(潜艇)，其中，150 VDC 加到 440 V rms 波形上和 50VDC 加到 115 V rms 波形上。注意：以往的系统可能采用 500 VDC 加到 440 V rms 波形上和 150 VDC 加到 115 V rms 波形上。

(6)电力系统参数

①系统频率

系统频率为 60 Hz。

(a)Ⅰ型 60 Hz 频率瞬变

在初始扰动后频率达到最低或者最高瞬变值的时间在 0.1 ~ 1.0 s 的范围内变化。频率将在 2 s 内恢复到频率容差带以内。

(b) Ⅱ型 400 Hz 频率瞬变

在初始扰动后频率达到最低或者最高瞬变值的时间在 0.01 ~0.1 s 的范围内变化。频率将在 2 s 内恢复到频率容差带以内。

(c) Ⅲ型 400 Hz 频率瞬变

在初始扰动后频率达到最低或者最高瞬变值的时间在 0.01 ~0.1 s 的范围内变化。频率将在 0.25 s 内恢复到频率容差带以内。

②系统电压

系统电压如下:

440 V rms,三相不接地系统。

115 V rms,三相不接地系统。

特殊供电,为机库和飞行甲板上的飞机和航空电子设备车间供电的 115/200 V rms、三相四线制、中点接地、400 Hz 电力。

特殊供电,为航空电子设备车间供电的 115/200 V rms、三相四线制、中点接地、60 Hz 电力。

特殊供电,230 V rms、60 Hz、三相、不接地或者 230 V rms、60 Hz、单相、接地或者不接地。该型电力仅根据北约负载设备提供。

特殊供电,120/208 V rms、60 Hz、三相四线制、中点接地或者 240/120 V rms、60 Hz、单相、中点接地。

(a) Ⅰ型 60 Hz 和Ⅱ型 400 Hz 电压瞬变

10% 或者更小的电压瞬变可能每小时出现几次;10%~16% 的电压瞬变可能每天出现几次(百分比的基值为用电设备的标称电压)。在Ⅰ型和Ⅱ型电力系统中,根据发电机的额定值以及所用调节器和励磁装置的类型不同,达到瞬变最大值的时间可在 0.001 ~0.03 s 的范围内变化;达到瞬变最小值的时间可在 0.001 ~0.06 s 的范围内变化。在Ⅰ型或Ⅱ型电力系统中,用电设备的突然启动可能导致电压在 0.001 ~0.06 s 内降至瞬变电压的最低值。而后,电压可能以每秒 20%~75% 标称电压的速度增加到最高值,此最高电压值与标称电压之差约为最大瞬变电压跌落的 1/3 ~2/3。电压将在 2 s 内恢复到用电设备的电压容差包络线内。用电设备从电力系统的突然切断可能导致电压在 0.001 ~0.03 s 内增至瞬变电压的最高值。而后,电压可能以每秒 20%~75% 标称电压的速率降至最低值,标称电压与此最低电压值之差为最大瞬变电压升高的 1/3 ~2/3。电压将在 2 s 内恢复到用电设备的电压容差包络线内。

(b) Ⅲ型 400 Hz 电压瞬变

5% 或者更小的电压瞬变可能每小时出现几次;达到瞬变最大值的时间可在 0.001 ~0.1 s 的范围内变化。在Ⅲ型 400 Hz 型电力系统中,用电设备的突然启动可能导致电压在 0.001 ~0.1 s 内降至瞬变电压的最低值。而后,电压可能以每秒 50%~100% 标称电压的速度增加到最高值,此最高电压值与标称电压之差约为最大瞬变电压跌落的 1/3 ~2/3。电压将在 0.25 s 内恢复到用电设备的电压容差包络线内。用电设备从电力系统的突然切断可能导致电压在 0.001 ~0.1 s 内增至瞬变电压的最高值。而后,电压可能以每秒 50%~100% 标称电压的速率降至最低值,标称电压与此最低电压值之差为最大瞬变电压升高的 1/3 ~2/3。电压将在 0.25 s 内恢复到用电设备的电压容差包络线内。

(c)电压尖峰特征

在 440 V rms、230 V rms 和 115 V rms 电力系统的线对线和线对地(中点)之间中可能分别存在 2 500 V 峰值和 1 000 V 峰值的电压尖峰。电力系统每周将近出现 50 次电压尖峰。电压尖峰的幅值和波形将随系统参数而变化。应注意的是,在设备 20 年的设计寿命期内,将近 5 000 次不同幅值的电压尖峰会出现。设备在经历电压尖峰之前、其中和之后应保持运行。设备不应有任何运行中断,损失任何数据或者需要系统重启。

③系统功率因数

船舶电力系统的功率因数被设计成在 0.8(滞后)~0.95(超前)(对 60 Hz 系统)和 0.8(滞后)~0.9(超前)(对 400 Hz 系统)。

1.2.2.2 用电设备界面要求

用电设备应满足下述规定的所有要求,以确保与表 1-3 中规定的电力系统特性的兼容性。

(1)兼容性

采用电力的用电设备的建造应与规定的电力系统特征相兼容。

(2)用电设备电压

电压应按照下列顺序优先选择:

(a)定额大于 5 kVA 的用电设备应采用三相交流 440 V 电力;

(b)定额小于等于 5 kVA 的用电设备应运行在三相交流 440 V 电力。在无法实现的情况下,应按照以下顺序优先选择:

115 V,三相;

115 V,单相;

440 V,单相。

(c)特殊设备——机库中和飞行甲板上的飞机勤务以及航空电子设备车间应提供 115/200 V rms、三相四线制、中点接地、400 Hz 电力。

(d)特殊设备——230 V rms、60 Hz、三相、不接地或者 230 V rms、60 Hz、单相、不接地或者接地。该类电力仅根据北约负载要求而提供。

(e)特殊设备——120/208 V rms、60 Hz、单相、中点接地或者 240/120 V rms、60 Hz、单相、中点接地。120 V 单相中点接地负载应限制在 5 kVA 以内。

(3)应急状态

用电设备应承受电力中断、突然恢复供电和应急状态以及测试而不出现损坏。

(4)接地

除特殊电压的设备外,所有用电设备均不应与电力系统的地相接。在用电设备要求接电力线滤波器的场合,应优先采用线对线的方式。若必须采用线对地的滤波方式时,对于所有的标称用电设备电压,60 Hz 设备的每相滤波电容值不应超过 0.1 uF;400 Hz 设备的每相滤波电容值不应超过 0.02 uF。滤波器应采用每线对地平衡电容,容差值不超过 10%。若用电设备的功能或工作需要直接接地或通过电容接地,且电容的值超过上述规定或者泄漏电流超过 30 mA 时,则该设备应与电力系统绝缘。在特殊电压系统中接至用电设备的中线不应在用电设备端接地。

①为确保人体安全的人体漏电流限制

为了评估用电设备的潜在冲击危险,应对所有的需要专门的接地导体或者到船壳的连接途径的设备进行采用阻抗网络模拟人体阻抗的测试。该项测试模拟在设备与地的连接开路的情况下通过人体到中点地的最坏情况电流。中点地可以在船上通过其他设备的线对地滤波器来形成。

(a)为确保人体安全的低频人体漏电流限制

低频包括输入电力基波和至700 Hz的谐波。针对低频范围的通过模拟人体阻抗网络的电流限制为5 mA。

(b)为确保人体安全的高频人体漏电流限制

高频包括高于700 Hz但是小于100 kHz的频率段。任何运行在高于1 kHz的电力开关变流器都应被测试。针对高频范围的通过模拟人体阻抗网络的电流限制为70 mA。

(5)电流(负载)不平衡

在正常工作期间和正常工作状态下,由单相或三相负载组合而成的用电设备所引起的线电流不平衡不应超过过用电设备额定电流的5%(潜艇为3%)。这应在电压源线电压不平衡小于1%的情况下测量。这一要求不适用于航空勤务系统,该系统设计的最大电流不平衡可达到用电设备额定电流的15%。

(6)用电设备功率因数

除了启动和脉冲负载情况时,在正常稳态运行条件下,用电设备应运行在用电设备频率和电压容差包络线内,且对于60 Hz电力,功率因数应在0.8(滞后)~0.95(超前)范围之内,对于400 Hz电力,功率因数应在0.8(滞后)~0.9(超前)范围之内。

(7)脉冲负载

针对Ⅰ,Ⅱ和Ⅲ型电力,用发电机kVA容量百分比对负载滞后功率因数表示的脉冲负载限制应从图1-4中确定。

(8)跃变负载

跃变负载应限制为平均每秒30%电源kVA容量。阶跃高度应不超过脉冲负载的规定。

(9)输入电流波形

用电设备运行应对配电系统电流波形带来最小畸变。由负载带来的谐波电流和其他传导发射(在20 kHz带宽以内)应被限制以允许电源和配电系统保持其母线电压畸变在规定的限制以内。对于60 Hz和400 Hz用电设备在表1-3的标称用电设备电压下的单次频率限制如图1-5(a)、1-5(b)、1-5(c)和1-5(d)所示。图1-5(a)和图1-5(b)中确定的准则与MIL-STD-461E EMI CE101的限制准则相似,在60 Hz基波到20 kHz。对于所有运行模式,谐波电流应在标称输入电压下测量。

①大于等于1 kVA的60 Hz用电设备

功率定额不小于1 kVA的用电设备或者成套用电设备的运行不应导致单次谐波线电流或者不将产生在60 Hz基波以上到2 000 Hz之间的任何频率电流超过设定在设备满载基波电流的3%的限制线。另外,谐波电流或者将产生的在2 000 Hz以上到20 kHz之间的任何频率的谐波电流不应超过设定在设备满载基波电流的6 000/f%的限制线,其中f为频率。这如图1-5(a)所示。从该项要求的目的出发考虑,用电设备应定义为在一个单独母线上的独立单元或者具有多个相似单元的系统的成套设备,例如照明电源。具有来自同一界面的多个电力输入的设备的定额应为稳态条件下所有电力输入之和。

②小于1 kVA的60 Hz用电设备

功率定额小于1 kVA的用电设备的运行应对电流幅值进行限制,使得单次线电流谐波

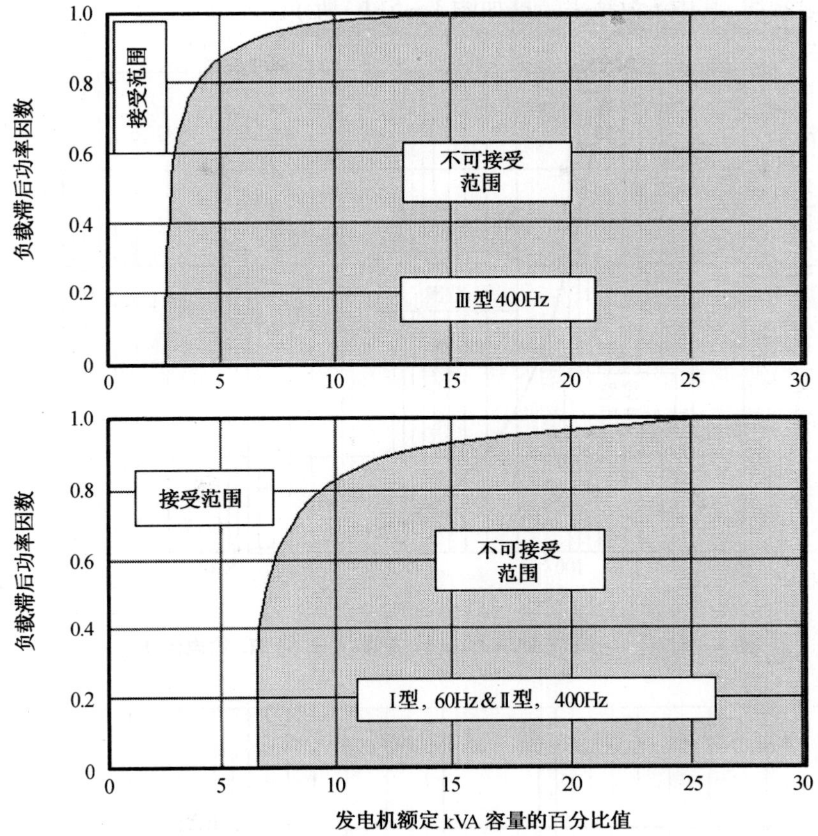

图 1-4　旋转电机电源的脉冲负载限制

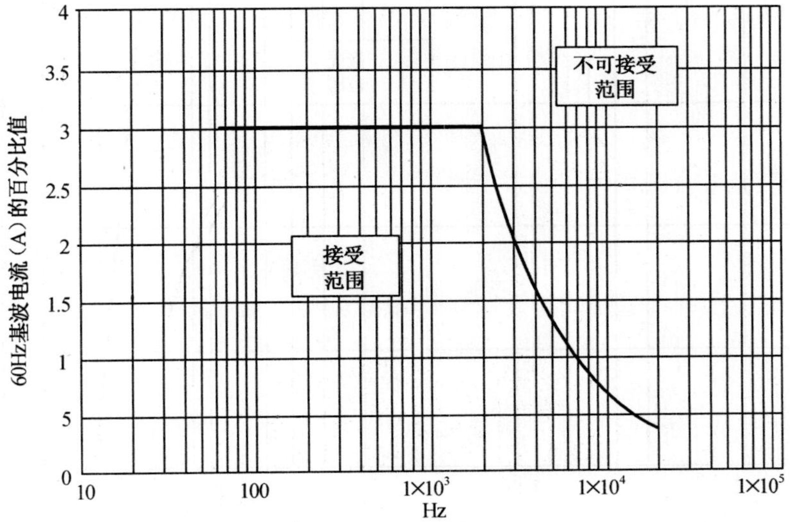

图 1-5(a)　不小于 1 kVA 的设备，频率大于 60 Hz 的电流限制线

或者在 60 Hz 基波以上到 20 kHz 的任何频率电流都不应超过设定在设备满载基波电流的 6 000/f% 的限制线，其中 f 为频率。这如图 1－5(b)所示。

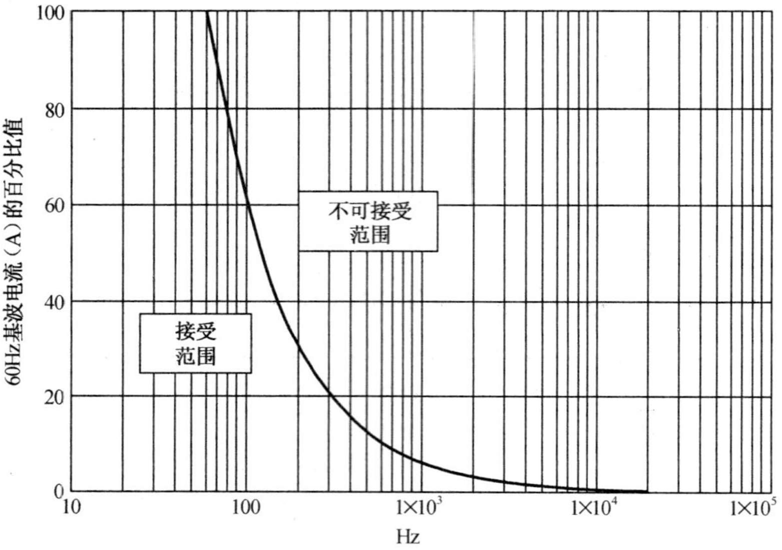

图 1－5(b)　小于 1 kVA 的设备，频率大于 60 Hz 的电流限制线

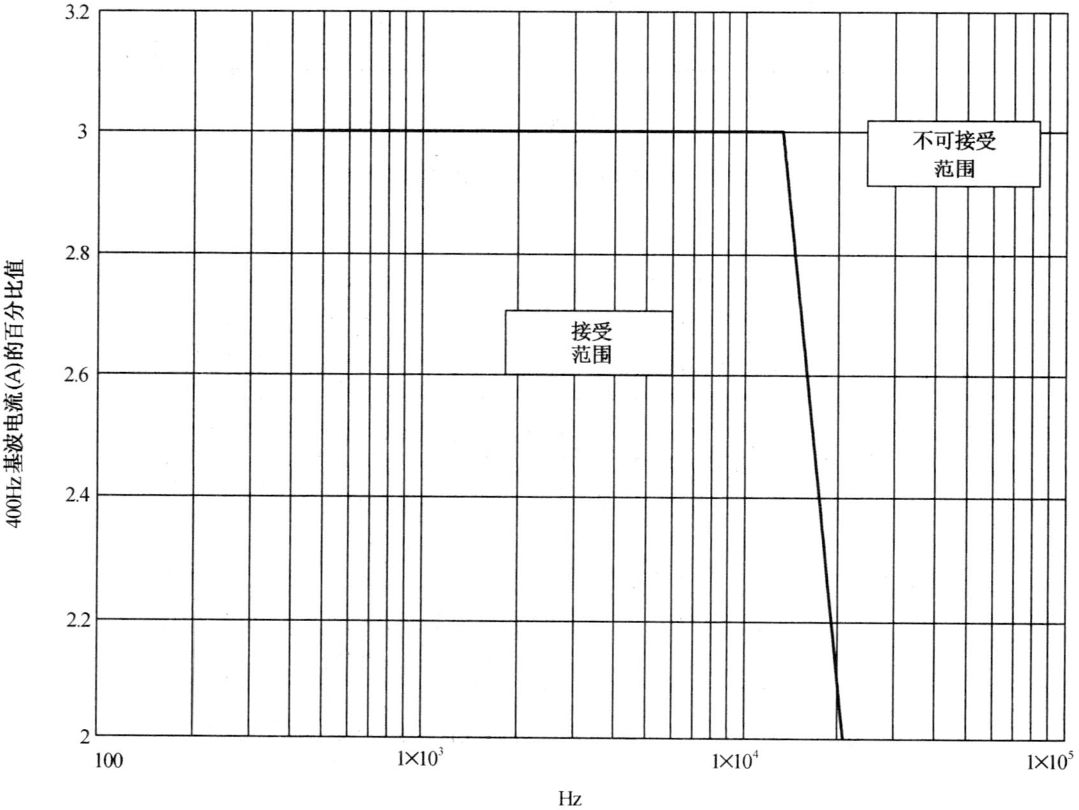

图 1－5(c)　不小于 0.2 kVA 的设备，频率高于 400 Hz 的电流限制线

③大于等于 0.2 kVA 的 400 Hz 用电设备

功率定额大于等于 0.2 kVA 的用电设备或者成套用电设备的运行不应导致任何谐波线电流或者在 400 Hz 基波以上到 13.33 kHz 之间任何频率的电流超过设定在设备满载额定负载基波电流的 3% 处。另外，单次谐波线电流或者在 13.33 kHz 以上到 20 kHz 之间任何频率的电流都不应超过限制线，该限制线幅值为用电设备满载电流的 40 000/*f*%，其中 *f* 为频率。如图 1 - 5(c)所示。

④小于 0.2 kVA 的 400 Hz 用电设备

功率定额小于 0.2 kVA 的用电设备电流幅值应予以限制，使得在任何单次谐波线电流或者在 400 Hz 基波以上到 20 kHz 之间任何频率的电流都不应超过限制线，该限制线幅值为用电设备满载基波电流的 40 000/*f*%，其中 *f* 为频率。如图 1 - 5(d)所示。

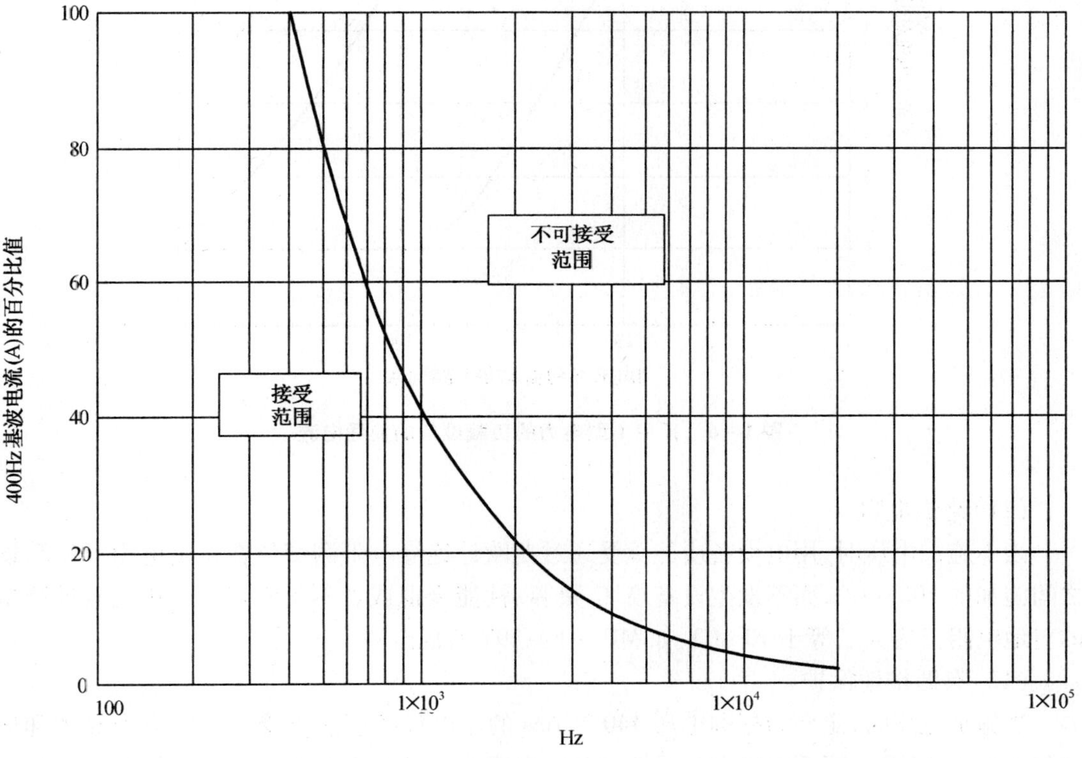

图 1 - 5(d)　小于 0.2 kVA 的设备，频率高于 400 Hz 的电流限制线

(10)浪涌电流

应限制用电设备浪涌电流对正常运行电流的比值。最大浪涌峰值电流对满载标称电流有效值之比应限制在针对Ⅰ型 60 Hz 电力的图 1 - 6 确定的值和针对Ⅱ型和Ⅲ型 400 Hz 电力的图 1 - 7 确定的值。在用电设备界面处，负载顺序应要求保持可接受的用电设备电压包络线。当在标称输入电压下为用电设备供电时，在负载为感性负载时电压源正弦波经过 0 度处或者负载为容性负载时正弦波通过 90 度处，浪涌电流应予以测量、记录和评估。

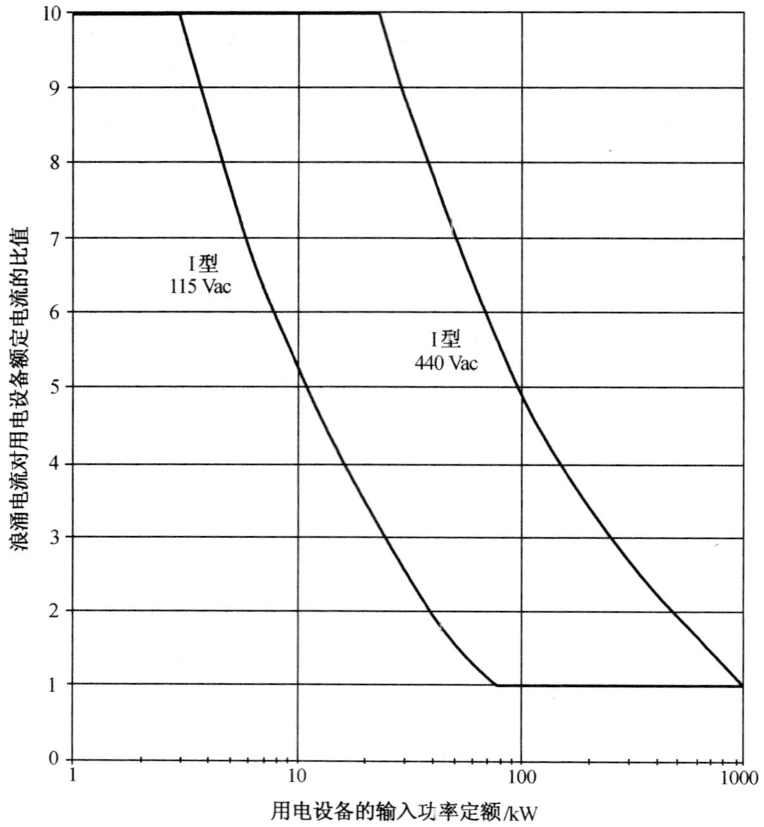

图 1-6 采用 I 型电力的负载设备的浪涌电流

(11)绝缘电阻

当不施加电压时,用电设备应能承受通过兆欧计绝缘电阻测试仪在每个电力导体和地之间施加的 500 VDC,而不发生设备损坏、燃弧、性能衰退或者不正常运行。用兆欧计测量的对地电阻值应大于等于 10 MΩ,如 MIL-E-197 所规定的。

(12)有源接地保护

当施加电压时,定额为标称电压 440 V rms 的用电设备应能承受在每个电力导体和地之间施加 150 VDC,而不发生设备损坏、燃弧、性能衰退或者不正常运行。当施加电压时,定额低于标称电压 440 V rms 的用电设备应能承受在每个电力导体和地之间施加 50 VDC,而不发生设备损坏、燃弧、性能衰退或者不正常运行。

(13)无源接地保护

无源接地检测通过采用连接在线和地之间的指示灯的可视化强度来实现以确定接地状态。用电设备应运行在标称电压下。

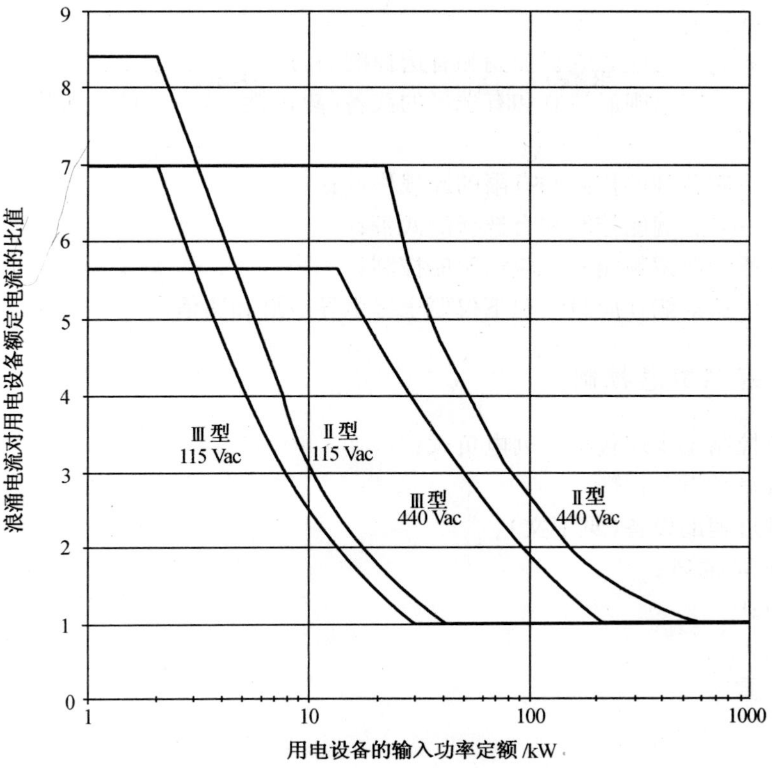

图 1－7　采用Ⅱ型或者Ⅲ型电力的负载设备的浪涌电流限制

1.3　水面舰船的电气系统负载的电力分析以及电站容量的确定

本节是根据美国海军部海洋系统司令部设计资料篇 DDS310－1 编写的。

该篇是美海军为常规动力的水面舰船提供制定电气负载和电力分析的资料。但也可作为制订其他动力舰船的负载和电力分析的基础。

1.3.1　舰船运行状态的定义

停泊——舰船提供停泊时的全部电力。

靠岸——舰船接受岸上设施或供应船的全部电力。

巡航——舰船以设计巡航速度航行，不使用舰船武备或者处于一般的军需供应状态，但为试验和检查战斗系统提供电力。

功能——舰船执行设计功能。例如，驱逐舰和护卫舰从事其战斗；航空母舰从事飞机操作；货船从事起卸操作；战斗支援舰或储藏船从事舰船的海上补给；供应舰和修理船从事供应作业。

应急——舰船以应急发电机工作,舰船日用发电机停机。应急发电机至少承担与下列项目有关的负载:

水面战斗舰船——应急舰船控制和有选择的武备;

航空母舰——应急舰船控制和有选择的武备(攻击性)或有限的飞机操作(飞机的返航和着陆);

两栖舰——应急舰船控制和有限的卸载作业;

辅助船——应急舰船控制和有选择的武备;

水雷战舰船和巡逻舰船——应急舰船控制;

供应船——这些船在应急情况下仅要求提供导航灯和通信。

1.3.2 舰船应急控制

舰船应急控制至少应包括下列电负载:

操舵装置辅助设备;

重要的推进辅助设备(见下文);

机舱循环 W 通风;

应急照明;

应急通信;

水面搜索雷达;

消防泵;

内部通信。

维持应急发电机原动机的辅助设备,如:

增压泵;

启动空气泵;

舱内通风电动机;

燃油输送泵。

重要的推进辅助设备是为冷态启动舰船动力装置和保护机器所必需的设备,至少包括:

透平发动机用泵;

应急备用的滑油日用泵;

燃油日用泵;

强力通风鼓风机(低速);

电动机操作的锅炉断流阀;

给水输送泵。

1.3.3 系统分析

系统分析用来确定舰船在各种运行状态(停泊、靠岸、巡航、功能和应急)或其他工作负载状态下所有耗电装置功率要求的总和,特别强调的是最小和最大的功率要求。当用柴油机为原动机时,为了避免发动机长期轻负载运行引起的过多维护,最小功率要求就特别重要。列出各种运行状态,而这些状态可能有变化。在有废热系统的船上,对于所有的运行状态都应作出 10 ℉和 90 ℉的分析。

在制订系统负载和电力分析中，对于各种运行状态指定每一项设备的运行负载系数。将这些负载系数乘以每一项设备的连接负载（额定千瓦输入），就给出了在各种运行状态下该项设备的负载需要。

1.3.4　运行负载系数

应考虑负载系数的选择，因为它影响到发电机容量的适当选择。每一设备的应用，应从下列观点加以考虑：即设备在动力系统中的日用运行和设备功能运行，后者取决于舰船类型和舰船所执行任务的类型。这种系数是根据经验结果确定的，可能在某种程度上随使用状况的变化而变化。

表 1－4 列出典型的运行负载系数，用于指导选择运行负载系数，也有助于确定总的连接负载和舰船在各种运行状态下的实际运行负载之间的关系。汇编表中列出的系数仅仅起指导性作用，并不排除特殊情况下运用良好的判断力修改这些系数。

表 1－4　水面舰船的典型运行负载系数

SWBS 第 2 组——推进装置					
一般	停泊	靠岸	巡航	功能	应急
辅助海水循环泵	0.3	0.3	0.6	0.6	0
室内燃气轮机的吹风加热器	0	0	0.9	0.9	0
变螺距推进液压油加热器	0.3	0.3	0.3	0.3	0
变螺距推进液压油泵	0	0	0.9	0.9	0
变螺距推进液压滤油加热器	0.1	0	0.1	0	0
变螺距推进液压滤油器	0.3	0	0.3	0.3	0
电力推进设备空间加热器	0.9	0.9	0	0	0
电力推进励磁机	0	0	0.9	0.9	0
应急增压泵和输送泵	0	0	0	0	0
燃油辅助泵	0.4	0.1	0.9	0.9	0
燃气轮机进气窗加热器	0	0	0.9	0.9	0
照明切断强制鼓风机	0.1	0	0	0	0
滑油滤清器	0.3	0	0.3	0.3	0
主循环手动操作阀	0	0	0	0	0
主循环泵	0	0	0.9	0.9	0
主冷凝泵	0	0	0.9	0.9	0
燃气轮机主机冷却风扇	0	0	0.9	0.9	0
主机预润滑泵	0	0	0	0	0
主送增压泵	0.1	0	0.9	0.9	0.5
主透平密封抽气装置	0	0	0.9	0.9	0

表 1-4(续)

主真空泵	0	0	0.9	0.9	0
主送滑油泵	0.2	0	0.9	0.9	0
燃气轮机组件设备	0.4	0.4	0.2	0.2	0
停泊用燃油辅助泵	0	0.1	0	0	0
停泊用强制鼓风机	0.2	0	0	0	0
推进控制台	0.5	0.2	0.6	0.8	0
推进电动机滑油泵	0	0	0.9	0.9	0
推进电动机风机	0	0	0.9	0.9	0
备用输送泵	0.2	0.2	0.2	0	0
海水增压泵	0	0	0.3	0.9	0
轴回转装置	0.1	0.1	0	0	0.1
备用减速齿轮滑油泵	0	0	0	0	0.2
备用滑油辅助泵	0	0	0	0	0.2
SWBS 第 3 组——电站					
一般	停泊	靠岸	巡航	功能	应急
电站控制台	0.2	0.2	0.2	0.2	0.2
应急发电机咸水增压泵	0	0	0	0	0.9
铲车充电器	0.2	0.2	0.3	0.3	0
发电机空间加热器	0.9	0.9	0	0	0
燃气轮机发电机罩壳冷却风机	0.9	0	0.9	0.9	0
燃气轮机发电机咸水泵	0.9	0	0.9	0.9	0
机舱照明	0.9	0.9	0.9	0.9	0.9
机舱外照明	0.6	0.4	0.6	0.6	0.4
船舶充电器	0.2	0.2	0.2	0.2	0
汽轮发电机循环泵	0.5	0	0.5	0.9	0
汽轮发电机冷凝泵	0.5	0	0.5	0.9	0
汽轮发电机启动滑油泵	0	0	0	0	0.9
汽轮发电机真空泵	0.5	0	0.5	0.9	0
连续电源充电器	0.2	0.2	0.2	0.3	0
航空母舰					
飞机和直升机启动	0.1	0	0.1	0.5	0
101C 电动发电机组	0.2	0.2	0.5	0.7	0.5
海军战术数据系统计算机用电动发电机组	0.2	0.2	0.5	0.7	0.2
船舶日用变频器	0.2	0.2	0.5	0.7	0.2
船舶日用 400 Hz 电动发电机组	0.2	0.2	0.5	0.7	0.2

表 1-4(续)

两栖舰					
直升机启动整流器	0	0	0.1	0.1	0.1
船舶日用变频器	0.2	0.1	0.3	0.4	0.3
船舶日用电动发电机组	0.2	0.1	0.3	0.4	0.3
辅助船					
直升机铝阳极氧化处理用电动发电机组	0.1	0.1	0.1	0.1	0.1
直升机启动整流器	0	0	0	0	0
船舶日用变频器	0.1	0.1	0.1	0.1	0.1
船舶日用 400 Hz 电动发电机组	0.1	0.1	0.1	0.1	0.1
巡洋舰——驱逐舰——驱逐领舰					
直升机启动整流器	0	0	0	0	0
船舶日用变频器	0.2	0.2	0.5	0.7	0.4
船舶日用 400 Hz 电动发电机组	0.2	0.2	0.5	0.7	0.4
SWBS 第 4 组——指挥和监视					
一般	停泊	靠岸	巡航	功能	应急
海水深度温度自动记录仪绞车	0	0	0	0	0
CIC	0.2	0	0.4	0.7	0
消磁系统	0.8	0	0.8	0.8	0
电子对抗	0	0	0.4	0.7	0.5
电子冷却系统	0.4	0.2	0.7	0.7	0.5
接收系统	0.1	0.1	0.3	0	0
内部通信系统	0.2	0.2	0.4	0.7	0.4
导航照明	0.6	0.4	0.6	0.4	0.2
导弹的射击指挥	0.1	0	0.1	0.6	0
电影放映机	0	0	0	0	0
海军战术数据系统	0.2	0	0.4	0.7	0.4
雷达	0.2	0	0.5	0.7	0.5
无线电和电传打字机	0.2	0.1	0.4	0.7	0.4
探照灯	0	0	0	0.2	0
声呐	0	0	0.4	0.4	0
两栖舰					
射击指挥	0.2	0.1	0.3	0.4	0.4
辅助船					
射击指挥	0	0	0	0	0.6
巡洋舰——驱逐舰——驱逐领舰					

表 1－4(续)

射击指挥	0.2	0.1	0.4	0.7	0.4
SWBS 第 5 组——辅助系统					
一般	停泊	靠岸	巡航	功能	应急
空调冷却水泵	0.7	0.5	0.7	0.7	0.4
空调压缩机	0.7	0.5	0.7	0.7	0.4
空调净化再生设备	0.3	0.3	0.3	0.3	0
空调海水循环泵	0.7	0.5	0.7	0.7	0.4
起锚绞盘	0	0	0	0	0
副锅炉	0.5	0	0	0	0
副透平密封抽气	0.5	0	0.5	0.9	0
舱底和燃油箱卸料器	0.1	0.1	0.1	0	0
舱底泵	0.1	0.1	0.1	0.1	0
起艇机绞车	0	0	0	0	0
绞盘	0	0	0	0	0
货物制冷压缩机	0.3	0.3	0.3	0.3	0
阴极保护	0.9	0.9	0.9	0	0
W 级循环通风	0.9	0.9	0.9	0.9	0.4
Z 级循环通风	0.7	0.7	0.7	0	0
W 级通风	0.9	0.9	0.9	0.9	0.4
X 和 Y 级通风	0.7	0.7	0.7	0	0
Z 级通风	0.9	0.9	0.9	0	0
空气压缩机控制	0.2	0	0.6	0.6	0
消毒剂泵	0.1	0.1	0.1	0.1	0
蒸馏器设备	0.5	0	0.7	0.7	0
饮料储藏器	0.4	0.4	0.4	0.4	0
Z 级管道加热器	0.9	0.9	0.9	0	0
W 级管道加热器	0.9	0.9	0.9	0.9	0
W 级循环管道加热器	0.9	0.9	0.9	0.9	0
小件升降机	0.1	0.1	0.1	0	0
消防泵	0.2	0.2	0.2	0.4	0.4
燃油卸料抽吸转移泵	0.3	0	0.3	0.3	0
燃油输送泵	0.1	0.1	0.1	0.1	0
燃油转移泵滤清器	0.3	0	0.3	0	0
燃油箱卸料泵	0	0	0	0	0
冲洗系统	0	0	0.1	0.1	0

表 1-4(续)

淡水箱循环泵	0.3	0.1	0.6	0	0
一般辅助泵	0	0	0.1	0.1	0
燃气轮机冲洗泵	0	0	0	0	0
燃气轮机冲洗水箱加热器	0.1	0.1	0.1	0.1	0
高压空气压缩机	0.1	0.1	0.1	0.1	0
热水循环泵	0.3	0.3	0.6	0.6	0
高压空气压缩机的空气干燥机	0.1	0.1	0.1	0.1	0
照明设备	0	0	0.1	0.5	0.5
滑油输送泵	0.1	0.1	0.1	0	0
主操舵装置用泵	0	0	0.3	0.3	0.3
制氧、制氮设备	0	0	0.1	0.1	0
PRAIRIE/MASKER 压缩机	0	0	0.9	0.9	0
饮水增压泵	0.3	0.2	0.3	0.3	0
饮水引液泵	0	0	0	0	0
饮水泵	0.3	0.2	0.3	0.3	0
污物捣碎机	0.1	0.1	0.1	0.1	0
污水泵	0	0	0.1	0.1	0
船舶日用空气压缩机	0.1	0.1	0.1	0.1	0
可溶雾状泡沫	0	0	0	0	0
W 级空间加热器	0.9	0.9	0.9	0.9	0
Z 级空间加热器	0.9	0.69	0.9	0	0
船舶日用空气压缩机的空气干燥机	0.1	0.1	0.1	0.1	0
船舶日用冷冻机压缩机	0.3	0.3	0.3	0.3	0
副操舵装置加热器	0.9	0.9	0	0	0
操舵装置控制	0	0	0.5	0.5	0.5
操舵装置伺服泵	0	0	0.5	0.5	0.1
操舵装置备用泵	0	0	0	0	0
操舵装置加载和排泄泵	0	0	0	0	0
牵引机	0	0	0	0.3	0
设备冷却器	0.2	0.2	0.2	0.2	0
无级通风	0.9	0.7	0.9	0.9	0.4
航空母舰					
飞机	0	0	0	0.5	0
飞机升降机侧门	0	0	0	0.1	0
飞机部件升降机	0	0.1	0.1	0.2	0

表 1-4(续)

飞机冷却车	0	0	0	0.5	0
飞机起重机	0	0	0	0	0
飞机升降机主泵	0	0	0.2	0.2	0
飞机升降机油池泵	0	0	0.1	0.1	0
飞机定位装置	0	0	0.1	0.1	0
阻拦系统	0	0	0	0.2	0.2
航空汽油泵	0	0	0	0.1	0.9
栅栏备用液压泵组件	0	0	0	0.1	0
弹射系统	0	0	0	0.2	0
阻拦装置控制电路	0	0	0	0.2	0.2
臂式吊车	0.1	0.1	0.1	0	0
升降机平台闸阀	0	0	0.2	0.2	0
飞机库分区门	0	0	0	0.1	0
甲板室升降机	0.2	0.2	0.2	0.2	0
喷气偏导器液压泵	0	0	0	0.2	0
JP-5 存油排泄泵	0	0	0	0.2	0
JP-5 滤清器	0	0	0	0.2	0
JP-5 辅助泵	0	0	0	0.2	0
JP-5 输送泵	0	0	0.1	0.1	0
JP-5 容器卸料泵	0	0	0	0	0
专用升降机	0.2	0.1	0.2	0.2	0
海上补给系统	0	0	0.2	0	0
易燃性液体的船尾卷扬机	0.2	0.2	0	0	0
仓库输送机	0.1	0.1	0.1	0	0
两栖舰					
飞机起重机	0	0	0	0	0
飞机升降机主泵	0	0	0.2	0.2	0
飞机升降机油池泵	0	0	0.2	0.2	0
飞机发动机吊车	0.2	0.2	0.2	0.2	0
汽车存气排泄泵	0.2	0.2	0	0	0.2
航空汽油泵	0	0	0.2	0.2	0.2
汽车汽油泵	0.2	0.2	0	0.2	0.2
航空电子设备电源插座	0	0	0	0	0

表 1 - 4(续)

货物升降机	0.2	0.2	0	0.2	0.2
货物升降机应急卷扬机	0	0	0	0	0
甲板侧门	0	0	0.2	0.2	0
悬臂吊车	0.2	0.2	0	0	0
JP - 5 卸货泵	0	0	0	0	0
JP - 5 存油排泄泵	0	0	0.2	0.2	0
JP - 5 滤清器	0	0	0.2	0.2	0
JP - 5 辅助泵	0	0	0.2	0.2	0
JP - 5 输送泵	0.2	0.2	0.1	0.1	0
海上补给系统	0	0	0.2	0	0
仓库输送机	0.2	0.2	0.1	0	0
钢丝绳卷扬机	0.2	0.2	0.2	0.2	0.2
辅助船					
起货吊车	0.3	0.3	0.1	0.3	0
起货吊车加热器	0.2	0.2	0.2	0	0
货物升降机	0.2	0.2	0	0.3	0
货物升降机门	0.1	0.1	0.1	0.1	0
卸货和卸燃油泵	0	0	0	0	0
部件转移升降机	0	0	0	0.2	0
长索绞盘	0	0	0	0.6	0
直升机吊臂	0	0	0	0	0
JP - 5 引液泵	0	0	0	0	0
JP - 5 滤清器	0	0	0.1	0.3	0
JP - 5 辅助泵	0	0	0.1	0.3	0
JP - 5 输送泵	0	0	0	0	0
舷外和舷内的鞍形绞盘	0	0	0	0.3	0
牵引绞盘	0	0	0	0.3	0
部件输送机	0	0.7	0	0.5	0
电力操作的飞机库门	0	0	0	0	0
夯锤车	0	0	0	0.2	0
援救绞盘	0	0	0	0.3	0
援救绞盘加热器	0	0	0	0	0
滑块执行机构	0	0	0	0.3	0

表 1-4(续)

曳拉绞盘	0	0	0	0.3	0
拉线绞盘	0	0	0	0.6	0
巡洋舰——驱逐舰——驱逐领舰					
饮食流动绞盘	0	0	0	0	0
快速升降机系统	0.1	0.1	0.1	0	0
直升机绞盘	0	0	0	0	0
JP-5 滤清器	0	0	0.1	0	0
JP-5 辅助泵	0	0	0.1	0	0
JP-5 输送泵	0	0	0	0	0
部件输送机	0	0.3	0.1	0	0
鱼雷舱输送机	0	0	0	0	0
SWBS 第 6 组——附属装置和器具					
一般	停泊	靠岸	巡航	功能	应急
交流/直流电弧焊机	0.1	0.1	0.1	0.1	0
烘箱	0.2	0.2	0.2	0	0
面包冷却水	0.3	0.2	0.3	0.1	0
面包切片机	0.3	0.2	0.3	0.1	0
现金出纳机	0	0	0	0	0
离心机	0	0	0	0	0
制咖啡器	0.3	0.2	0.3	9.3	0
拉拔机	0.2	0.2	0.2	0	0
高而粗的油炸锅	0.4	0.4	0.4	0	0
洗盘器	0.3	0.2	0.3	0.2	0
台式钻床	0.1	0.1	0.1	0	0
干燥器	0.2	0.2	0.2	0	0
修整机	0.2	0.2	0.2	0	0
烫平机	0.2	0.2	0.2	0	0
油煎锅	0.4	0.2	0.4	0.4	0
垃圾处理	0.2	0.2	0.2	0	0
垃圾磨粉机	0.2	0.2	0.2	0	0
发电机试验台	0.1	0.1	0.1	0.1	0
筛子	0.3	0.2	0.3	0.3	0
磨床	0.1	0.1	0.1	0	0
手动熨斗	0	0	0	0	0
玻璃加热器	0	0	0	0	0

表1-4(续)

液压试验台	0.1	0.1	0.1	0.1	0
冰淇淋设备	0.3	0.2	0.3	0.2	0
制冰机	0.5	0.2	0.3	0.3	0
车床	0.2	0.2	0.2	0	0
润滑油设备	0.1	0.1	0.1	0	0
肉加工设备	0.3	0.2	0.3	0	0
铣床	0.1	0.1	0.1	0	0
搅拌机	0.2	0.2	0.2	0.2	0
烘箱	0.4	0.2	0.4	0.4	0
照相设备	0.1	0.1	0.1	0.1	0
刨床和接合器	0.1	0.1	0.1	0	0
电力锯	0.1	0.1	0.1	0	0
预清洗增压泵	0.3	0.2	0.3	0.2	0
炉灶	0.4	0.2	0.4	0.4	0
补给泵	0.2	0.2	0.2	0	0
冰箱/制冷器组合	0.5	0.5	0.5	0.5	0
小冰箱	0.3	0.3	0.3	0.3	0
缝纫机	0.2	0.2	0.2	0	0
剪切机	0.2	0.2	0.2	0	0
衬衫折叠机	0.2	0.2	0.2	0	0
工场吊车	0.1	0.1	0.1	0	0
服装消毒器	0	0	0.1	0.7	0.1
仪表消毒器	0.1	0.1	0.1	0.7	0.1
带材缝合机	0.2	0.2	0.2	0	0
试验配电板	0.1	0.1	0.1	0.1	0
烤面包器	0.3	0.2	0.3	0	0
废物燃烧炉风扇	0.1	0	0.1	0	0
超声波除尘器	0.1	0.1	0.1	0	0
阀调换工具	0.2	0.2	0.2	0	0
切菜机	0.2	0.1	0.2	0	0
蔬菜去皮机	0.2	0.1	0.2	0	0
立式套筒	0.2	0.2	0.2	0	0
华夫饼焙烘	0.1	0.1	0.1	0	0
洗涤脱水机	0.2	0.2	0.2	0	0
水加热器	0.1	0.1	0.5	0.5	0.1

表 1 -4(续)

窗刮水器	0	0	0	0	0
X 射线机	0.1	0.1	0.1	0.2	0.2
航空母舰					
舷梯	0	0	0	0	0
照相设备	0.4	0	0.4	0.4	0
SWBS 第 7 组——武备					
一般	停泊	靠岸	巡航	功能	应急
反潜火箭发射器	0.1	0	0.1	0.5	0
反潜火箭装载吊车	0	0	0.5	0.5	0
反潜火箭系统	0	0	0.5	0.5	0
炮架	0	0	0	0.6	0.6
弹药库桥式起重机	0.2	0.2	0.1	0.1	0
导弹发射器	0.2	0	0.2	0	0
武器升降机	0.2	0.2	0	0.7	0
武器装卸吊车	0.2	0.2	0	0.7	0

说明:

W 级循环:仅在原子、生物、化学战攻击情况下保证有通风。

Z 级循环:风扇通电可以延长其四分之一的总时间,以容许准备食物、操作卫生设备等。

W 级:在舰船所有的运行情况下风扇运行。

X 级:仅当输送弹药的空间要求“鼓风”时才运行,一般风扇是可靠的,开动这些风扇需要得到损管部门的批准。

Y 级:仅当服务空间是洗衣间等使用时,风扇才运转。

Z 级:仅当舰船进入 EEBRA 状态时保证有通风(通风和重循环风扇)

表 1 -4 中列出的运行负载系数应用如下:

(1)每一单项设备的连接负载(额定输入 kW)乘以每一个负载系数(一个负载系数对应于每个不同运行状态,如停泊、巡航、功能和应急),所得乘积为各种运行状态下该项设备的负载需要。例如,表 1 -4 指明饮水泵在停泊、靠岸、巡航、功能和应急状态下的负载系数分别是 0.3,0.2,0.3,0.3 和 0(见 SWBS 第 5 组——辅助系统一般条目)。如泵的连接负载是19.1 kW,则各个运行状态的负载需要是:停泊 5.7 kW;靠岸 3.8 kW;巡航 5.7 kW;功能 5.7 kW;应急 0 kW。

(2)每个运行状态总的负载需要是将该状态下各单项负载需要相加求得的。

1.3.5 运行负载系数的选择

为了获得尽可能真实的运行负载系数,对其不规定单一的方法,而留给分析报告的制订者自行决定。选择运行负载系数的一般条件及其已采用的典型方法如下。

(1)驱动电动机的千瓦额定值与被驱动辅机消耗的实际千瓦数的关系

为使驱动辅机有额定输出而选择必需的电动机规格时,一般选择比实际需要更大的电动机，其原因是：

①在设计被驱动的辅机时，允许有超过计算千瓦数的某些储备量。因而，当被驱动辅机以其最大负载状况运行时，一般并不要求驱动电动机输出其额定功率；

②选择现有的标准电动机机座规格，可能确定选择一台比需要更大的电动机。

由此可见，一台以满输出运行的辅机可以不要求其驱动电动机有额定输出。

(2)规定每一单项负载的系数

如在给定的舰船运行状态下某特定设备以稳定负载连续运行，则将该设备的系数取为实际运行负载与设备的连接负载之比，以小数表示。如负载为断续性的，例如空气压缩机电动机，则系数的选择应反映：

①实际负载与设备的连接负载之比。

②设备的断续工作制对发电机负载的影响。在估计这种影响时，应考虑到已知的或预期的舰船运行程序和涉及到的设备的实际使用情况和运行特性。

(3)规定一组负载的系数

在下列的情况下可对一组负载规定单一的负载系数：

①当已知两个或几个有关的耗电装置彼此以某种关系运行时　这种方法可以使用在负载的相互关系明确了的情况下。例如，在考虑与操作炮架有关的电动机组时，装弹电动机和升降电动机之间存在着明确的关系，因为仅当炮管在水平位置时装弹电动机才在负载下运行，而升降电动机此时则空载。

②当负载的相互关系不明确，但知道有一定的关系时　如舰上厨房内的一组电负载，油煎食物时操作的电气设备可能不同于烘或烤食物时操作的电气设备。

③同一处所内有一组小功率的耗电设备，规定大约相同的负载系数　例如一组电子设备。

(4)用已知的或已确定的负载值代替负载系数

对于某些设备和设备组来说，已通过广泛的研究和试验，确定了各种舰船运行状态下的负载值，以便用于制订负载分析。运行负载值已知和已确定的情况下，应予采用。

(5)电力变换设备的电负载

应作出通过电力变换设备馈电的电负载的详细分析。考虑到变换设备的效率，电力分析时应列入负载的千瓦数以代替负载系数。

1.3.6　典型的运行负载系数表(表 1-4)的注

设备项目按舰船工作分解结构(SWBS)出版物 NAVSEA 0900—LP—039—9010 分类。每个 SWBS 群类可按要求细分为一般和特定船型的子类。

(1)负载系数为零

对于不常使用的设备，负载系数为零。

(2)负载系数为 0.9

对于在特定的舰船状态下，电动机长时期满载运行的情况，负载系数为 0.9。

(3)备用机组

所有备用机组均应列入并且规定其负载系数为零。当备用机组实际上保持运行时或者空载运行时使用以百分数为基础的功率时，这二种情况除外。

(4)停泊用泵

某些舰船上备有停泊专用泵，当舰船停泊时用来操作，以保证较大功率泵的安全。使用停泊用泵时，不使用的那些泵在停泊状态下规定负载系数为零。

(5)并排的舰船

供应舰和修理船的负载分析应考虑到供电给并排的船只。

(6)大额定功率设备

某些舰船上装有一项或几项与发电机定额相比较为重负载的电气设备。在这种情况下，认为使用这些大型设备项目时其他不重要的设备是不工作的，因而不应规定大功率设备的负载系数。

(7)随着环境温度而变化的负载使用"★"标记。对这些负载所规定的负载系数应针对相同的日子(90 ℉或10 ℉)并作出相应的标记。

1.3.7 舰船电站容量确定的一般原则

应指出的是，所有的用电设备同时使用的概率是不大的，系统设计师的责任就是估计在给定时间内负载出现的概率，然而这些概率的确定又是建筑在经验和工程判断的基础上，电站容量最终取决于确定这些概率的精度。由于武器和设备的变化，表1-4中负载系数可以有较大的变化。

根据上述电力负载的分析，可以初步选定一个舰用日用电站和应急电站，但对于舰上发电机组的台数和定额的选择，美海军船舶局认为还必须考虑其他的一些因素，如：

(1)舰型；

(2)有战斗损害和在设备维修极限以内的舰船全负荷；

(3)机舱空间的大小和位置；

(4)安装标准容量发电机的要求；

(5)估计到未来负载的增加。

考虑上述前三项因素，美海军船舶局给出下列三条规定：

(1)如果有一台船舶日用发电机发生事故时，其他剩下的发电机能担负战斗负载；

(2)如果邻近的两台船舶日用发电机破损时，剩下的船舶日用发电机和应急发电机能担负战斗负载，这种情况不适用于单轴推进的舰船，或者所有的船舶日用发电机在两个邻近隔舱中的舰船；

(3)如果一台船舶日用发电机发生事故，余下的船舶日用发电机应能承担电站分开运行时的巡航负载。

在设计扫雷艇时，柴油发电机组的选择应考虑到停泊和抛锚时的轻负载情况，为了防止柴油机的结炭和减小额外的维护保养，发电机不应运行在低于发电机额定功率50%的连续工况。

美海军船舶局还认为应根据已知可能增加的设备，例如在超级航空母舰上，飞机升降机的设计要估计到未来十年的增加，以及按目前设计的进展预计系统中负载的增加，来估计将来电气负载的增加。

1.3.8 航空母舰电站容量的确定

航空母舰由于有着与其他一般水面舰船完全不同的使命任务与功能，因此需要设置各种特种设备。例如，由于航空母舰的飞行甲板长度有限，而现代喷气式飞机的起飞速度一般要求达到350 km/h(r)，舰载机在飞行甲板上依靠自己滑跑，不足以加速到这一起飞速度，因此需要弹射器提供舰载机达到起飞速度的功能。现代航空母舰都采用蒸汽弹射器，因此对航空母舰而言，“带气动操作的巡航”工况通常是最大的负荷工况，从而用它来确定航空母舰电站的容量大小。表1-5为典型的航空母舰电力分析和运行负载系数。

表1-5(a) 典型的航空母舰电力分析和负载(第一部分)

负载	航行/kW	巡航/kW	带气动操作的巡航/kW
推进辅助设备和操舵装置	1 675	483	711
辅机	8 578	3 386	3 796
甲板机械	7 617	779	1 568
车间	245	33	15
指挥、探测	515	210	354
火炮系统	174	35	130
高级卧室	3 583	1 686	1 349
电动发电机和整流器	3 084	734	1 156
通风和加热器	1 617	1 326	815
总和	27 088	8 672	9 894
28%的负载增长			
较小的推进辅助负荷		2 292	2 570
总计		10 964	12 464

表1-5(b) 典型的航空母舰电力分析和负载(第二部分)

辅助驱动机械或者其他负载的名称	数量	航行总功率/kW	巡航		带气动操作的巡航	
			负载系数	/kW	负载系数	/kW
高级卧室		3 583		1 686		1 349
机械场地的照明		125	1.0	125	1.0	125
机械场地以外的照明		1 775	0.6	1 065	0.6	1 065
军事长厨房和洗涤池	1	148	0.3	44	0.1	15
公用室兼餐厅的厨房和洗涤设备	2	282	0.3	85	0.3	28
船员厨房	2	771	0.3	231	0.1	77
船员洗涤设备	4	17	0.3	5	0.1	2
面包房	1	195	0.3	59	0	0
舰长和领导厨房	2	62	0.3	19	0.1	6
蔬菜储藏室	2	6	0.3	2	0	0

续表 1－5(b)

辅助驱动机械或者其他负载的名称	数量	航行总功率/kW	巡航		带气动操作的巡航	
			负载系数	/kW	负载系数	/kW
屠宰工场	2	8	0.3	2	0	0
饮食冷菜厨房	1	2	0.3	1	0.1	1
冰淇淋制造房	2	9	0.3	3	0	0
冰淇淋柜台	3	9	0.3	3	0	0
污物处理间	2	10	0.5	5	0.1	1
洗衣房	1	45	0.5	23	0	0
外科敷料房	1	6	0.1	1	0.3	2
X－光室	1	10	0.1	1	0.3	3
病房	2	10	0.1	1	0.1	1
消毒间	1	27	0.3	8	0.3	8
仪器房	1	14	0.1	1	0.1	1
战斗绑扎所	2	22	0	0	0.3	7
辅助战斗绑扎所	3	24	0	0	0.3	7
干洗和裁制工场	1	6	0.3	2	0	0

以前，航空母舰电站的电负载增长储备量的设计标准为“带气动操作的巡航状态”所计算的负载要求的20%，这个储备量能使电站有效地承担在交舰以后所增加的负载，但在航空母舰将近四年的建造期间，电负载的变化在逐步消耗电站的负载增长储备量，以至于电站储备量不再有电力分析计算中所估计的20%。美海军对现有的航空母舰研究表明，为了补偿施工设计和航空母舰建造期间电负载的增加，船厂需要7%的储备量。同时根据6艘航空母舰的调查，60%的母舰电站有超过20%的储备量。

在舰的电站功率要求确定以后，对于航空母舰船舶日用发电机和应急发电机的选择与配置原则如下：

(1)至少三台发电机；

(2)在一台船舶日用发电机发生中断供电故障时，其余船舶日用发电机将能提供舰的主要的运行负载；

(3)在两个相邻机舱破损的事故中，其余船舶日用发电机和应急发电机将能提供舰的主要功能运行负载；

(4)选择足够容量和数量的应急发电机执行舰的应急控制(操舵装置、重要的推进辅助机械)，并给有选择的通风设备、应急通信、应急照明、水面搜索雷达、消防泵、船内通信、加上有限的军械或者有限的气动操作以及电站“冷启动”设备供电。

1.4　航空母舰的供电系统

航空母舰的发展,在根本上提高了海军的综合作战能力。建造先进实用的航空母舰,是目前各国海军优先考虑的计划。而航母的供电系统是航母的枢纽。

在美舰船上广泛地应用径向配电系统,但在具有两个以上舰用主配电板的超级航空母舰上,舰用汽轮发电机组,通过舰用主配电板之间的母线连接线连接成环形,很像轮辐结构。这种母线连接线的连接方式,允许将系统分成完全独立的区域,或者像轮子一样完全连接在一起。这种布置的目的并不是要所有的发电机并联运行,在正常运行情况下某些母线连接线断路器是断开的,而在破损状态下提供供电的适应性,也维持了最大可能的供电连续性。

美航空母舰的配电系统是按区域划分的,一般是与损管消防区相一致,特定区域的功率负载中心是设置在损管甲板上,以便利损管和给事故载荷配电。如飞机升降机和弹射器等负载中心常与这种电源设计在一起。对于每一个主机和辅机空间指定独立的负载中心配电板,每个应急配电板所供电的区域是根据应急发电机的台数而定的。专门的重要负载是由最接近的应急配电板来供电的。应急发电机不连在一起,它通过母线连接线与船舶日用主配电板构成回路,连成舰用配电系统。

图 1－8 为美 CV－59 和 CV－60 航空母舰上的汽轮发电机、应急柴油发电机、配电板的母线连接的供电系统原理图。图 1－9 为美 CV－61,CV－62,CV－63 和 CV－64 与之相类似的供电系统原理图。研究一下这两种原理图,可以看出在分配电板连接到发电机配电板的方法上存在着某些差别。CV－59 和 CV－60 的发电机配电板处于两个分配电板之间,这两个分配电板用跳越发电机配电板的电缆连在一起。而 CV－61,CV－62,CV－63 和 CV－64 的分配电板是与每一个发电机配电板相连,成为一种“在线内”(In－line)的配置。图 1－8和图 1－9 所表明的连接线路上的差别在于母线的尺寸和配电板的布置,而不是任何决定性的设计优点。

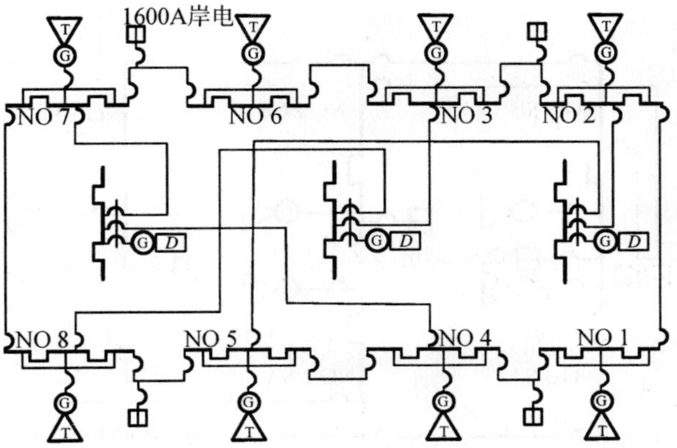

图 1－8　美 CV－59 和 CV－60 航空母舰的供电系统原理图

图 1－10 为美 CV－67 航空母舰的供电系统原理图。由图可见,CV－67 的供电系统由

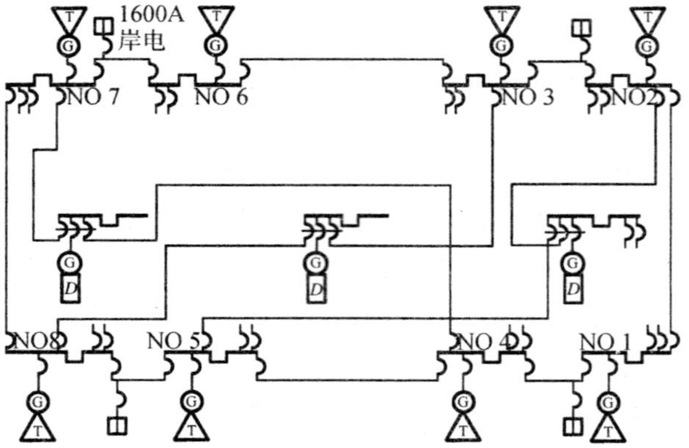

图 1－9 美 CV－61,CV－62,CV－63 和 CV－64 航空母舰的供电系统原理图

三组配电板组成,每一组配电板上接有二台 2 500 kW 的汽轮发电机,每屏发电机配电板之间有空气断路器。每台发电机有单独的配电板,它们配置成使两屏配电板之间有一台发电机。依次连接母线和装设母线连接线断路器,将三组配电板连接成“8 字形”配置。将所控制的发电机并联运行,向“在线外”(off－line)的发电机配电板供电,并用其他两组配电设备供电给“在线外”发电机的负载。CV－67 航空母舰的这种供电方式使其获得了更高的灵活性。CV－66 航空母舰的供电系统如图 1－11 所示,由六台 2 500 kW 发电机、六屏发电机配电板和六屏配电板组成。母线连接将所有的配电板连接成环形回路,使得通过发电机各自的配电板连接所有的发电机。这些发电机的控制、母线连接以及配电是与其他航空母舰电站类似的。除 CV－67 外,上述的每艘航空母舰,如图 1－8 至图 1－11 所示,接有三台 1 000 kW 的应急柴油发电机,通过自动母线转换装置(ABT)对重要的负载提供应急电源。应急母线通常由优先选择的正常电源或替换电源馈电。在优先选择正常电源发生故障时,自动母线转换装置将应急母线转换到替换电源。如果替换电源发生故障,柴油发电机自动地启动,并且自动母线转换装置将应急母线转换到作为第三种电源的柴油发电机上。CV－67 有二台 1 500 kW 的应急柴油发电机履行上述功能。

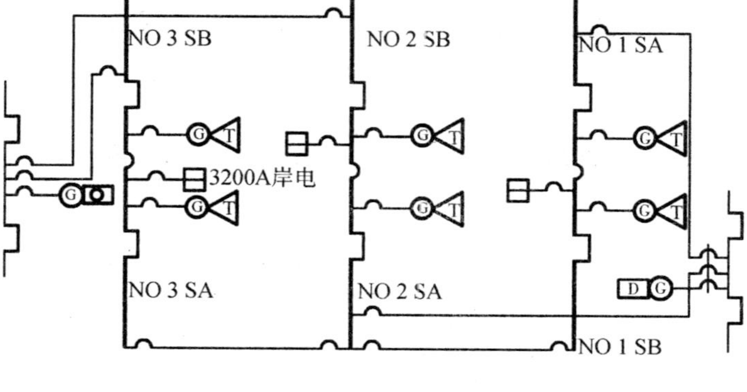

图 1－10 美 CV－67 航空母舰的供电系统原理图

岸电连接如图 1－8 至图 1－11 所示。除 CV－66 和 CV－67 外,岸电箱安置在左舷和

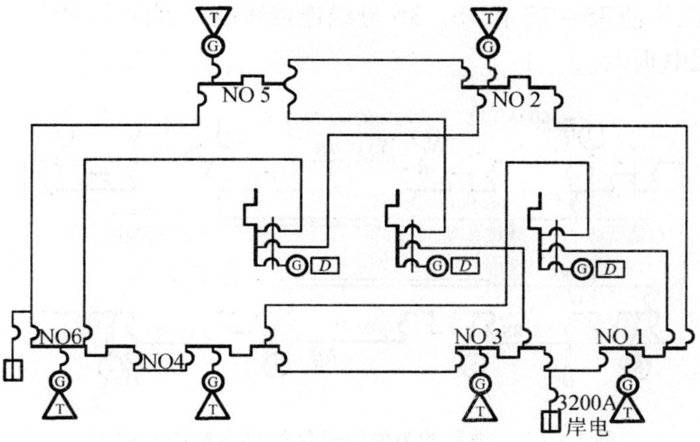

图 1－11　美 CV－66 航空母舰的供电系统原理图

右舷，但是因为航空母舰正常系泊是靠右舷，所以当航空母舰停靠码头时是右舷一边接受岸电。新的设计是由数组 400 A 的连接器组成，配置在右舷，用连接线电缆代替左舷的岸电箱，使岸电供应到配电板上。在 CV－59 和 CV－63 航空母舰上，每一个连接器的一端接到三相电力电缆，而另一端用其他电缆接到 1 600 A 的岸电断路器上，在 CV－66 和 CV－67 航空母舰上是接到 3 200 A 的岸电断路器上。

在美航空母舰的运行经验中，反映出在供电系统设计上有以下几个问题：

由于蒸汽故障或者并联运行的发电机空气断路器脱扣引起发电机供电中断。对于重要的系统，发生临时的供电中断，需要自动启动应急柴油发电机，并从正常电源转换到应急电源，直到正常电源恢复为止。这些情况多半发生于一台发电机突然供电中断，导致后备发电机过载不能承受附加负载的时候。

由于美海军舰船电力系统的保护是以 100 000 A 的短路电流极限为依据，也就是装设 2 500 kW发电机的航空母舰限于 2 台发电机并联运行，而装设 1 500 kW 发电机的航空母舰限于 3 台发电机并联运行。因此在正常的运行条件下，某些母线连接线断路器是断开的，这样，当一台发电机突然中断供电时电站承受大负荷冲击的能力受到限制。

美航空母舰电站运行方式的变化，包括母线连接线断路器的选择控制，对电站的灵活性有显著的影响。原始设计是考虑舰首电站和舰尾电站分开运行，这包括断开在舰首电站与舰尾电站之间的环形线连接线中的空气断路器，使得舰首电站的汽轮发电机与舰尾电站的汽轮发电机之间得以隔离。虽然这种运行方式具有两个独立电站的优点，但在一台发电机脱离运行时，存在着其他发电机负载分配不均匀的缺点。近来，将左舷与右舷用母线连接线分开，这样在任何一个舰首电站或舰尾电站破损的情况下具有保持发电机继续供电的优点。缺点是在母线上的发电机要脱离供电必须通过另外的母线连接线来保证，这是由于在正常的运行条件下，其他的母线连接线在“分开”布置时是断开的。现有的母线连接线及其断路器没有足够的容量来承担配电板（其相应的发电机不供电）上的所有电力要求。

如上所述，将航空母舰左舷和右舷的母线连接线分开，用另外的母线连接线连接舰首与舰尾的发电机与配电板，来改进电站使用的灵活性，这是未来美航空母舰设计要考虑的问题。图 1－12 为美航空母舰推荐的供电系统的原理图，这种系统由空气断路器来连接舰首和舰尾电站，发电机分成左舷和右舷使用。由图可见，断开 7S－8S 和 1S－2S 母线连接线断路器，通过同步操作使3S－7S 和4S－8S 母线连接线断路器闭合，电力可以传送到第七和第八台发电机的配电板上。

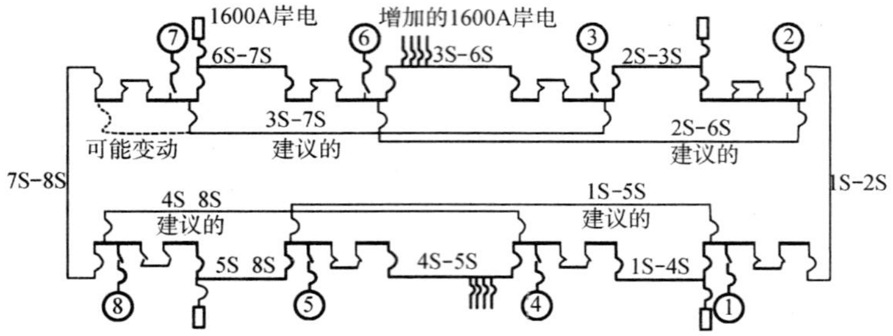

图1－12 推荐的美航空母舰的供电系统原理图

美海军船舶工程中心在考虑设计航空母舰供电系统时的另一个问题是增加供电系统承受故障电流的能力，使能承受高达200 000 A 的故障电流有效值。电力系统的故障保护是用空气断路器来保证的，最大的4 000 A 的ACB 型空气断路器的分断能力为100 000 A，至今尚未用来分断超过该值的故障电流有效值。限流器是带有限流熔断器的AQB 型空气断路器，它与熔断器相类似，它可以保护系统在故障电流超过空气断路器的分断能力的情况下免受损害。如果正确地将限流器用到系统中，那么四至六台的2 500 kW 的汽轮发电机就可以并联运行，而不会超过电力系统的保护能力。因此，美海军船舶工程中心研究在航空母舰的供电系统中应用已改进的限流器问题。选择“肯尼迪”（CV－67）号进行初步研究，对其电力系统进行故障电流分析，以确定整个系统中最大的故障电流有效值。图1－13表明所设计的电站应用限流器的典型位置和限流器的最小定额，该最小定额是为保护装设

典型的限流器位置

序号	限流器	断路器应用
1	NL.1	带有1600A 过流线圈的ACB1600
2	NL.2	带有2400A 过流线圈的ACB3200
3	NL.3 和4	带有3200A 过流线圈的ACB3200
4	NL.1	带有4000A 过流线圈的ACB4000

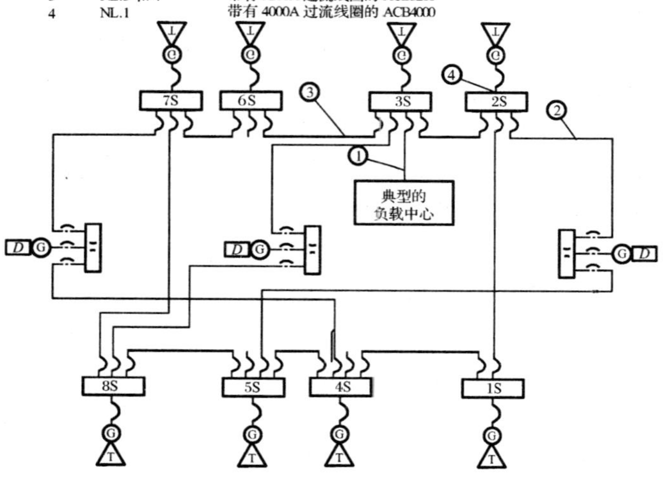

图1－13 应用限流器的美航空母舰供电系统原理图

的空气断路器所要求的。已经研究和试验了一种新系列的限流器。设计了五种规格：NL.1 用于1 600 A 的ACB 断路器，NL.2 用于2 400 A 的ACB 断路器，NL.3 和NL.4 用于3 200 A 的

ACB 断路器,NL. 5 用于 4 000 A 的 ACB 断路器。如果将限流器正确地应用于航空母舰的供电系统中,将提高系统的保护功能,获得更好的电站均衡。

1.5　核潜艇的供电系统

与柴油机－电动机常规动力潜艇不同,在美核潜艇上都采用了结构简单、尺寸和质量较小、有较好的可靠性和在运行中管理方便等优点的交流发电机,其电压是 450 V,频率为 60 Hz。核潜艇供电系统的职能是使核动力装置在工作时能获得必要的电能。并在冷、热启堆和停堆危冷期间向必要的设备及系统供电。

在美最初的核潜艇“舡鱼”号上,全船用电和反应堆用电是分开的。因为反应堆循环水主泵由三相感应电机驱动,泵的流量采用变频调速控制,所以艇上共装设四台汽轮发电机组,其中二台 650 kW 的交流发电机组供全船用电,而另两台 650 kW 变频汽轮发电机组供主泵用电。为了增加工作可靠性,装有带连锁的配电板安全开关,以消除同时接通电源的可能性,这样使电站复杂化,同时使操作系统也较为复杂。此外还设有二套直－交流变流机组作为主泵的启堆和停堆用电源。变流机组是以既能作电动机又能作发电机而设计的。在反应堆启堆和停堆时,变流机组由艇上的蓄电池组供电,在这种情况下,直流电机的调速器维持恒定的转速使得交流发电机输出 60 Hz 的电力。当反应堆处于运行状态,变流机组由交流电网供电,由调压器调节直流发电机的电压,供给直流电网的电能,同时给蓄电池充电。在交流汽轮发电机故障的情况下,变流机组立即与蓄电池接通,供应交流电。由于主泵电动机采用变频调速,使电气设备复杂化,故在后来的美核潜艇中否定这种供电系统的配置方法。另外选用了带双速绕组的主泵机组,例如美 S_5W 反应堆中主泵的高速电功率为 405 kW,低速电功率为 54 kW,一律由全艇统一的电站供电。在美“鳐鱼”级攻击型核潜艇中,电站的二台汽轮发电机组容量为 2 × 800 kW,而在“鲣鱼”级攻击型核潜艇上,二台汽轮发电机组的容量为 2 × 1 500 kW,“海神”号由于是双堆的关系,故其电站由四台1 500 kW交流发电机组构成,每二台为一组。启堆、停堆以及其他反应堆上的可靠用电由二台交－直流变流机组供电,变流机组的容量为 2 × 300 kW,而早期的“舡鱼”号及“海浪”号则为 3 × 150 kW。全艇的应急动力源由柴油发电机组、推进电动机及蓄电池组组成。单堆动力装置大都采用 300 ~ 500 kW 的直流柴油发电机,其用途偏重于应急航行和反应堆应急用电。双堆的“海神”号则由于其核动力装置的可靠性增大,故其柴油发电机组主要侧重于冷、热启堆和停堆用,而兼顾应急航行,故采用交流电制。蓄电池一般由 126 块电池组成一组,电压可在 175 ~ 355 V 内变化。电力系统呈对称布置,各重要负载都有备用,分布在左右两半的分系统中以确保生命力。美核潜艇单堆动力装置的典型供电系统参见图 1－14。

美 SSN588“阔鼻鲈”号核潜艇的供电系统中。汽轮发电机组的单机功率已增至 2 000 kW,全艇配置二台汽轮发电机组,呈左右形式布置。美“MIL－G－19650B 2 000 kW, 450 V,60 Hz 汽轮发电机组”规格书中规定,正常工作时二台机组不作并联运行,故无必要考虑自动并车时有功、无功负载的均匀分配问题。为了能把负载在二台机组间切换,故要求能手动并车转移负载。发电机容量加大是从 100% 备用这点出发的,估计在一台发电机工作时,已够全艇用电需要。艇上中频用电尽量单独分开,而不必组成全艇统一的中频电网,以避免相互干扰。“阔鼻鲈”号上装有 6 套中频电源,其中二套 75 kW 的中频发电机依靠接在主配电板上的同步电动机驱动,而另二套 60 HP(1 HP = 735 W)的中频发电机组则

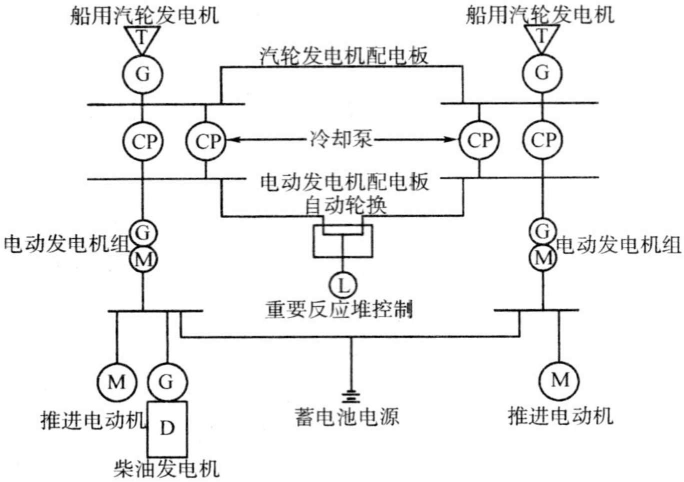

图 1-14 美核潜艇的典型供电系统图

接在直流配电板上,此外在直流配电板上还接有二套静止逆变器。

美核潜艇的反应堆的热工设计是千方百计地提高反应堆的自然循环能力,以提高反应堆自身的可靠性,使它对电力系统的要求降至最低限度。在“海神”号 S4G 双堆式动力装置的电力系统说明书上,无对停堆危冷时应急供电的迫切要求,它只要求主变流机组经常处于停车备用状态。当需要对电池充电时才予以启动。美核潜艇一般倾向于将供电系统接成左右对半分,或两个独立的分系统运行。重要的用电负荷及其备用则分别接至两边,以提高其可靠性。某些特别重要的负载如主滑油泵等,除采用两边供电外,还设置有备用的直流主滑油泵。

第 2 章　舰船 400 Hz 中频系统

自二次世界大战以来,围绕中频 400 Hz 电制问题,美海军船舶局一直在进行研究,企图提高电站频率以实现舰船电气设备的大跃进。20 世经 50 年代,“蒂默曼”号驱逐舰的电力系统中频化是美海军的一次大胆的尝试,400 Hz,1 000 V 的电制减小了舰上电气设备的质量和尺寸,但噪声、发热以及接岸电等一系列问题使它得不到推广。以后,美海军船舶局推广“蒂默曼”号驱逐舰上取得的经验,将 600 kW,1 000 V,400 Hz 的汽轮发电机作为“福莱斯特”级航空母舰的飞机启动和服务的中频电源,同时又致力于研究在水翼艇、气垫船上提高频率以开展轻型电力系统的工作。美海军船舶局委托劳伊斯埃冷(Houis Allis)公司承担该课题。研究结果是,水翼研究艇 AG(EH)的 100 kW 轻型电力系统的最佳参数为三相,400 Hz,450 V,质量减小到一般电力系统的 50% 以上。

研究证实,在美海军的导弹舰上标准的舰用供电系统中,正常的电压和频率波动是导弹制导计算机工作不正常的原因,干扰电平使导弹制导系统工作不可靠。所以,导弹部件需要专门的频率和电压调节的电源。另外,导弹装置也使舰船增加了稳定性问题,大多数导弹部件安装在主甲板以上甚至更高,质量和尺寸问题在这里显得非常重要,又需要有较为稳定的电源,所以许多导弹系统设计成使用 400 Hz 电力。另一方面,由于 400 Hz 的变压器、电动机、自整角机和滤波器都比 60 Hz 部件更轻和更小,美舰船电子系统设计师优先选用 400 Hz 电力来获得体积小、质量轻的电子系统。因此,尽管在“蒂默曼”驱逐舰上碰到困难,美海军仍然选择设计 400 Hz 的设备。这样,对于 60 Hz 的舰船电站来说,就需要有变频机组来发出 400 Hz 电力。例如设计 400 Hz 的电子设备可以减少 156 kg 的质量,但是增加一台 60 kW 的电动发电机组,如果再考虑备用机组的话,对舰船电站就附加了 1 600 kg 至 5 400 kg的质量。美海军船舶局认识到这种过分的质量负担,于是在船舶局说明书 9 600. 15 (1963 年 1 月 21 日)中,规定优先采用 60 Hz 电力,而不优先用 400 Hz 电力,这种优选程序随后被美军用标准 MIL – STD – 1399. 300 章所承认。不幸的是有两个因素破坏了优先选择 60 Hz 电力的政策。第一个因素是,当首先在电子系统范围内作方案比较时,采用 400 Hz 电力装置方案的质量总是节约的,并不反映对舰船总体质量增加的负担。第二个因素是变频电动发电机组可以作为滤波器滤掉交流网络上电压和频率的瞬变、负载瞬变以及谐波电流。

因此,除几艘水翼艇和气垫船外,美海军舰船的一次电力是由汽轮发电机提供的,为三相,60 Hz,450 V 交流输出,大多数舰船机械和电子系统也采用 60 Hz 电力,但如上所述,有一些负载要求 400 Hz 电力,对于这些负载采用 60 Hz 变 400 Hz 的变频装置,20 世纪大多用电动发电机组。由于电动发电机组可靠性低,维护保养性能差,以及有并非希望的负载耦合问题(起因于对电源的阻抗效应),为了缓和这些矛盾,美海军进行了各种改进计划,其中包括:

(1)重新设计电动发电机组以改善机组性能;

(2)用固态变频器代替电动发电机组;

（3）用其他部件例如无源和有源滤波器与变频器相结合，以得到更好的系统性能。

与此同时，20 世纪 70 年代初，美海军电子实验室中心的研究表明，为其他目的在舰船电子装置中采用的开关式电源也能用来取消变频装置，因此美海军海洋系统中心准备将这种功率电子学技术用于核动力的导弹潜艇，提出取消 400 Hz 变频装置的候选电力系统方案。

2.1 “蒂默曼”号驱逐舰的电力系统中频化

美海军根据二次世界大战的经验，驱逐舰要有较大的巡航半径、提高航速和改进适航性。在 20 世纪 50 年代初期决定建造一艘设计先进的驱逐舰，就是“蒂默曼”号驱逐舰。该舰的主要特征是，和二次世界大战中 DD692 驱逐舰相比较，动力装置由 60 000 SHP（总马力，1 HP = 735 W）提高到 100 000 SHP，而质量和空间与 DD692 相同或更小一点。

为了达到这个目的，美海军船舶局考虑采取下列措施：

（1）减小设计余量；

（2）消除逐级保留设计余量；

（3）降低安全系数；

（4）高转速；

（5）高压和高频；

（6）采用优质材料。

建立上述准则后，美海军船舶局会同电气设备制造厂进行了大量的设计研究工作，以选择最佳的电站。在比较各种方案的基础上，选择了 1 000 V，400 Hz 的电站。在方案比较时各主要元件的估计质量见表 2 - 1。因为要得到适用于 1 000 V 使用的设备研究费用较大，小负载 120 V，400 Hz 照明系统通过 1 000 V/120 V 单独变压器提供。某些负载例如加热器、炊具设备等按其所需电压也由单独变压器提供。1 000 V，400 Hz 电站的一个缺点是，这种频率和电压的岸电在各种岸电电站中不易得到，于是美“蒂默曼”号驱逐舰备有一套接岸电的电动发电机组。发电机定额是 250 kW，1 000 V，400 Hz，电动机定额是 440 V，60 Hz，三相。

“蒂默曼”号驱逐舰上的电站包括两台 600 kW 的汽轮发电机组。一台是由 2 000 $\mathrm{lbf/in^2}$，1 050 ℉的汽轮机所拖动，转速为 24 000 r/min，直接耦合使机组结构紧凑，并采用静止的励磁系统。另一台是由 815 $\mathrm{lbf/in^2}$，1 045 ℉的汽轮机拖动的，转速为 12 000 r/min，并直接耦合，带有旋转励磁机。此外，尚有两台 1 000 V，400 Hz、三相应急发电机。一台是由燃气轮机拖动，另一台是由柴油机拖动。除汽轮机拖动的给水泵和主鼓风机外，所有的泵和其他辅机均由 950 V，400 Hz 电动机拖动。

在“蒂默曼”号驱逐舰上整个电力和照明系统，由于采用 1 000 V，400 Hz 而不采用 450 V，60 Hz，其结果是实际的空间和质量节约了，见表 2 - 2。大约 15% 总质量的节约可归功于设计先进，5% 是归功于电压从 450 V 提高到 1 000 V，而其余的 11.5% 是由于增加频率的结果。

表 2-1　美"蒂默曼"号驱逐舰电站方案质量比较汇总表

元件	质量/klb				
	60 Hz,450 V 惯用电站	60 Hz,450 V 改进电站	400 Hz, 450 V 电站	400 Hz, 600 V 电站	400 Hz, 1000 V 电站
不包括原动机在内的船舶日用发电机每台 600 kW	20.0	12.3	5.4①	11.1②	5.4③
应急发电机、每台 250 kW	8.9	6.2	2.5	4.5	2.1
开关设备	19.4	17.1	22.6	17.1	16.5
配电板	6.6	7.4	7.1	7.1	7.1
电动机及其控制部分	52.2	25.4	11.7	14.7	16.1④
变压器	3.1	2.6	1.9	1.2	0.9
电缆	72.2	72.2	77.2	68.1	59.5
管子和电缆板	20.7	20.7	22.1	20.5	17.4
附加变压器					0.5⑤
总质量	203.1	163.9	150.5	144.3	125.5
比 60 Hz,450 V 惯用电站节约的百分数/%		19.3	25.9	29.0	38.2

注：①同步发电机转速为 24 000 r/min。
②同步发电机转速为 12 000 r/min。
③感应发电机转速为 24 000 r/min。
④电动机控制部分质量包括校正功率因数的电容器。
⑤加热器及 2 HP 以下电动机用变压器。

表 2-2　美"蒂默曼"号驱逐舰电站的实际质量和空间

元件	质量/klb(1 lb = 0.453 kg)		空间/ft^3(1 ft = 0.3 m)	
	450 V 60 Hz	1000 V 400 Hz	450 V 60 Hz	1 000 V 400 Hz
不包括原动机在内的两台 600 kW 船舶日用发电机和两台 250 kW 应急发电机	29.3	6.1	100	40
开关设备	19.4	21.0	520	595
配电板和母线转换装置	7.6	9.0	114	135
电动机及控制部分	47.2	23.2	570	285
变压器	9.1	2.7	90	30
电缆	69.8	59.5		
管子和电缆板	20.3	17.4		
总质量	202.7	138.9	1 394	1 085
比 60 Hz,450 V 电站节约的百分数/%		31.5		22

美海军船舶局考虑频率对电气设备的影响如下：

(1)汽轮发电机和燃气轮机发电机

提高频率也就提高了发电机可能达到的最大转速，从而有可能对于汽轮机和燃气轮机驱动的发电机取消减速箱，结果减小了机组的质量。表2－3表明频率提高对汽轮发电机质量和尺寸的影响，将旧驱逐舰上设有的400 kW，60 Hz的汽轮发电机和“蒂默曼”号驱逐舰上设有的600 kW，400 Hz的汽轮发电机相比较，显而易见，400 Hz发电机的质量大约为60 Hz的三分之一，而其容量增加50%。表2－4给出了旧驱逐舰上装设的应急柴油发电机与装在“蒂默曼”号驱逐舰上燃气轮机发电机和柴油发电机的比较。

表2－3　汽轮发电机的比较数据

发电机特征	旧驱逐舰	美“蒂默曼”号驱逐舰	
		1号发电机	2号发电机
发电机型式	同步机	同步机	同步机
发电机定额	400 kW，功率因数0.8，450 V，60 Hz，3相，1 200 r/min	600 kW，功率因数0.8，1 000 V，400 Hz，3相，12 000 r/min	600 kW，功率因数0.8，1 000 V，400 Hz，3相，24 000 r/min
汽轮机型式和定额	6级，525 lbf/in^2表压 825 ℉节汽阀温度 10 059 r/min	7级，815 lbf/in^2表压 1 045 ℉节汽阀温度 12 000 r/min	6级，1 805 lbf/in^2表压 1 040 ℉节汽阀温度 24 000 r/min
质量/lb			
发电机	4 350	1 640	1 800
汽轮机	6 275	1 950	2 000
辅助设备	11 990	3 110	2 753
总质量/lb	22 615	6 700	6 553
励磁型式	50 kW直流，有多余容量供电给许多直流负载	旋转放大机	静止型

注：1 lbf/in^2 = 6 894.76Pa

表2－4　柴油发电机与燃气轮机发电机的比较数据

发电机特征	旧驱逐舰	美“蒂默曼”号驱逐舰	
		1号应急发电机	2号应急发电机
原动机型式	3缸2冲程柴油机	燃气轮机	4缸辐向排列2冲程柴油机
原动机 r/min	1 200	20 000	1 800
发电机定额	100 kW，功率因数0.8，450 V，60 Hz，3相，1 200 r/min	250 kW，功率因数0.8 1 000 V，400 Hz，3相，8 000 r/min	250 kW，功率因数0.8，1 000 V，400 Hz，3相，12 000 r/min
总质量/lb	9 300	1 586	8 500

(2)电动机

提高频率同样提高了电动机的最大转速,因此 400 Hz 电动机的质量比 60 Hz 要轻。30 HP,400 Hz,12 000 r/min 的电动机较 30 HP,60 Hz,1 200 r/min 电动机质量节约 88.5%。15 HP,440 V,三相,60 Hz,3 600 r/min 的舰用电动机质量为 320 lb,而 15 HP,950 V,三相,400 Hz,8 000 r/min的舰用电动机质量只有 64 lb。但在"蒂默曼"号驱逐舰上,仅风机和几台泵是直接由 8,6 和 4 极电动机(6 000,8 000 和 12 000 r/min 同步转速)拖动的,将近有 50% 的辅机是由电动机通过齿轮箱以传统的速度来拖动的。

由于在 400 Hz 电动机中选用了导磁性能好的硅钢片和减少了硅钢片的厚度,因此,400 Hz电动机的铁损耗和效率与 60 Hz 相同功率定额的电动机大致相同。但因为400 Hz电动机散热面较小,因此温升高一点。

400 Hz 电动机的噪声高于标准的 60 Hz 电动机,这是由于转速高和需要更多的冷却空气之故。

(3)变压器

提高频率使变压器的磁通量降低,从而有较小的铁芯尺寸。表 2-5 表明 60 Hz,80 ℃和 400 Hz,150 ℃温升的变压器比较。可见 400 Hz 变压器较 60 Hz 变压器减轻质量 60% 左右。400 Hz 变压器的主要问题是磁路产生的噪声,这个问题在"蒂默曼"号驱逐舰上是用改变铁芯结构来解决的。

表 2-5 60 Hz,80 ℃和 400 Hz,150 ℃温升的变压器比较

kVA	质量/lb		体积/in^3	
	60 Hz	400 Hz	60 Hz	400 Hz
5	90	30	1 450	600
15	206	75	4 000	1 750
25	280	105	5 700	2 150
50	510	165	10 025	3 600
100	950	310	17 200	6 060

注: 1 lb = 0.453 kg; 1 in = 0.0254 m

(4)开关及控制设备

美海军实验室和制造厂进行过试验,以确定提高频率对断路器和其他开关元件的影响。试验证实,标准的 500 V,60 Hz 框架尺寸和电流定额的断路器用于 400 Hz,500 V 是很满意的,断路器在 400 Hz 时和 60 Hz 时极其可能具有相同的分断能力。由于频率的提高对配电板元件质量的影响并不明显,因此,事实上配电板的外形尺寸和质量与 60 Hz 配电板并无多大的差异。

由于 400 Hz 电动机的启动电流高于 60 Hz 电动机的启动电流,同时 400 Hz 电动机的散热面较小,因此电动机的过载元件要求动作更迅速,因此必须新设计 400 Hz 的过载继电器。

(5)电缆

提高频率对电力和照明电缆的影响有两个方面:第一,对 200 000 圆密尔(合 100 mm^2)或以上的电缆,电流定额减少了 10% ~30%;第二,由于电缆阻抗增加了,从而电压降增加。

因此，400 Hz 系统中电缆的质量比 60 Hz 同样电压的电缆大。

（6）照明设备

400 Hz 的荧光灯亦能节省质量和空间。这是由于 400 Hz 镇流器的尺寸大约是 60 Hz 镇流器的 1/4，而质量还不到其 50%。此外，应用 400 Hz 电力能提高荧光灯的效率和减少闪光现象。

在“蒂默曼”号驱逐舰上选择 1 000 V，400 Hz 电站也出现很多工程和制造问题。由于缺乏 400 Hz 电力设备的经验，实际上必须研制从发电机到拖动电动机的所有元件。高速、高温对轴承和其他机械带来了不少困难。在三年使用期间，发电机、电动机和控制设备也反映出不少问题。例如，1 号发电机上的旋转放大机的轴大约使用 800 小时后就磨损，结果用静止励磁装置来替换旋转放大机。2 号发电机由于磁场线圈短路和滑环上的火花只能降低容量使用，在采取转子重绕、增加磁场匝数、装置新滑环等措施后，这台发电机才运转得使人满意。400 Hz 电动机的尺寸小，有较小的热容量，因此在较高的温度和速度下运行，发生过不少的轴承损坏事故。由于继电器、控制变压器和接触器的损坏，也发生很多的电动机控制事故。尽管如此，“蒂默曼”号驱逐舰的全舰中频化在美船电技术上是一个突破，许多实船使用经验和试验得来的技术信息已被吸收到航空母舰上为飞机启动和服务的1 000 V，400 Hz 系统中。

2.2 导弹舰的 400 Hz 系统

在导弹舰出现以后，400 Hz 电力负载的数量大大增加，而且它们要求各种不同的电压和频率指标，需要各种变频装置，增加了系统和总体的负担。正如“MIL－STD－1399 300 章・交流电力”规定的，不优先推荐采用 400 Hz 电力，舰船电力分三种类型，满足不同要求。因此，在美导弹舰上不采用统一的中频电站。

2.2.1 四个等级美舰的 400 Hz 系统

美舰“唐斯”号是 FF1052 诺克斯级护卫舰，由托德船厂（西雅图）建造，于 1971 年 8 月交付美海军使用，共造 46 艘［1975 年 7 月前设计为远洋护卫舰级（DE）］。舰上的主电源是由三台 60 Hz 交流 750 kW 舰用汽轮发电机所提供。400 Hz 系统连接的负载大约是舰船总负载的 8%（图 2－1）。

美舰“伯克利”号是 DDG2 亚当斯级驱逐舰，由纽约造船公司按改进的“谢尔曼”号设计建造，于 1962 年 12 月交付美海军使用。23 艘这种级的驱逐舰被认为是美海军中当时最优良的多用途舰船。舰上主电源是由四台 500 kW，60 Hz 交流汽轮发电机组、两台 100 kW 应急发电机组及控制和配电用的开关装置所组成（图 2－2）。400 Hz 系统由 60 Hz 系统供电，两台 100 kW 电动发电机组为舰船日用供电，三台 60 kW 电动发电机组供电给导弹负载，三台 30 kW 电动发电机组供电给船内通信（IC）。400 Hz 系统连接的负载大约是舰船总负载的 4%。

美舰“哈尔西”号是 1975 年 7 月重新定级为 CG16 莱希级巡洋舰的九艘舰中的一艘。它们属于“双端导弹巡洋舰”，由圣佛兰西斯科海军船厂建造，于 1963 年 7 月交付美海军使用，最初定级为导弹护卫舰（DLGS）。主电源是由四台 1 500 kW 汽轮发电机和两台应急备

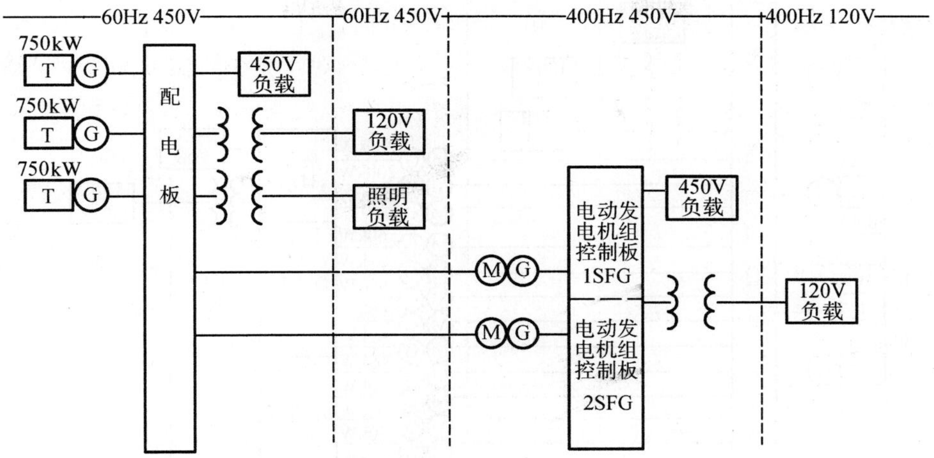

图 2－1 美舰“唐斯”号(FF1070)的电气系统

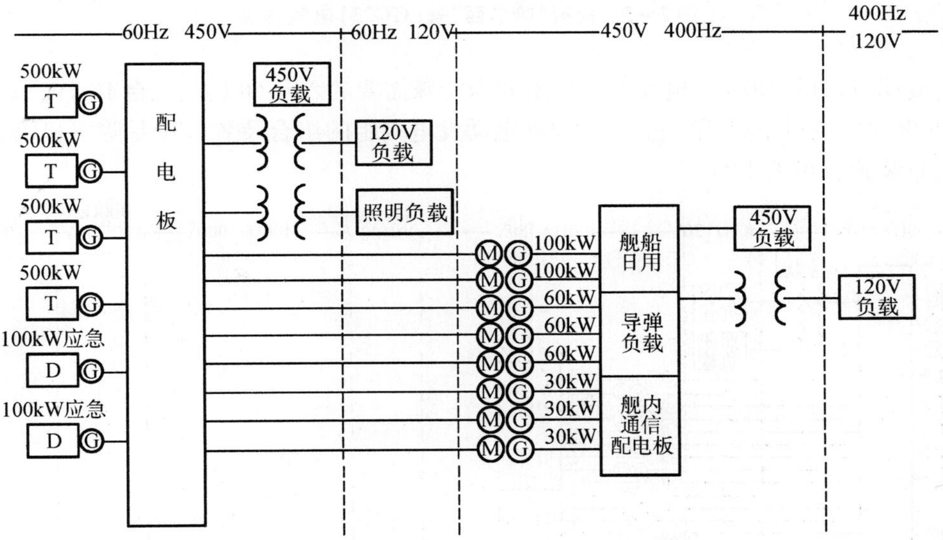

图 2－2 美舰“伯克利”号(DDG15)电气系统

用的 300 kW 燃气轮机发电机所组成(图 2－3)。400 Hz 系统是由 60 Hz 系统供电,三台 200 kW 电动发电机组为舰船日用供电,十一台电动发电机组为特殊用途提供 400 Hz 电力,例如为“高级小猎犬”舰对空导弹采用的 MK－76 火力控制系统配有 AN/SPG－55B 跟踪和制导雷达,该雷达的连续波照明器不允许电压瞬变超过 1%。400 Hz 系统连接的负载大约是舰船总负载的 13%。

美舰“星座”号是 CV63 小鹰级航空母舰四艘中的一艘,按改进的“福莱斯特”设计,由纽约海军船厂建造,于 1961 年 10 月交付美海军使用,目前被改为多用途航空母舰。所有这些舰船具有高级的尖端电子设备,包括海军战术数据系统(NTDS)。主电源是由八台 60 Hz,500 kW 汽轮发电机组和三台 100 kW 应急柴油发电机组提供,舰的 400 Hz 主电源系统由两台 400 Hz,600 kW 汽轮发电机组组成(图 2－4)。60 Hz 系统供电的 400 Hz 二次系统由

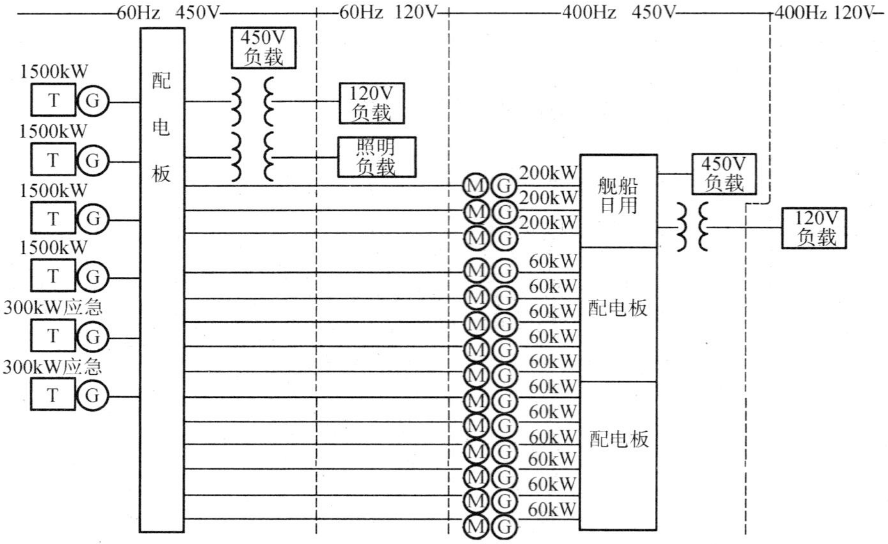

图 2-3 美舰“哈尔西”号(GG23)电气系统

两台为舰船日用的 100 kW 电动发电机组和为特殊需要的六台 60 kW、三台 10 kW 以及六台 5 kW 的电动发电机组组成。这些 400 Hz 电动发电机组的组合装置容量是除飞机需要以外的舰船总装置容量的 14%。

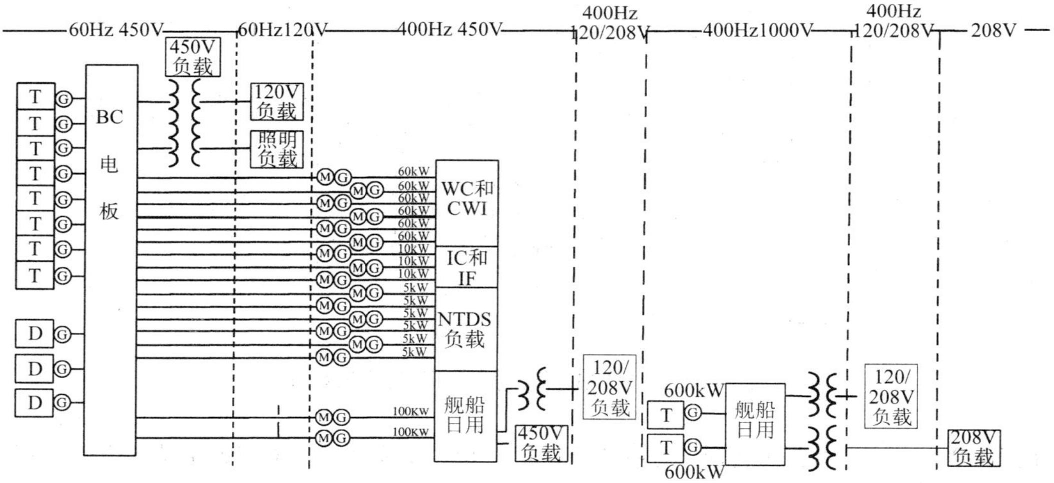

图 2-4 美舰“星座”号电气系统

2.2.2 400 Hz 电动发电机组的费用与系统负担

20 世纪 70 年代中期在美海军海洋系统司令部主办下，美海军电子实验室中心研究与电动发电机组有关的费用和系统负担，并探讨减少对这种设备需要的方法。将对上述四种舰船的研究作为确定美 383 艘水面舰船上 400 Hz 电源的 1 546 台电动发电机组总费用的基础数据，总费用是由属于下面简称为费用的货币费用和属于系统负担的非货币费用所组成。电动发电机组的采购、调换以及维护和运行需要费用(特别是燃料费用)。系统负担是影响舰船设计和有效性的因素,例如质量、容积、可靠性和负载相互作用这些因素。

采购电动发电机组的费用包括机组的采购、安装、工程上的支持、舰上的修理部件和人员训练等有关的费用。采购机组的费用仅仅是一次性采购费用的一部分,但费用是很高的,因为每艘舰都要有电动发电机组。新式的静止变频器可减少需要的电动发电机组的台数。电动发电机组的安装和调换常常要求船体开口,为此,美海军标准的静止变频器的外形尺寸被设计成可以通过 30 in × 30 in 窗和 26 in × 45 in 门。由于在美舰队中有 195 种不同设计的电动发电机组被 30 家不同制造厂所生产,因此美海军训练电动发电机组的维护和操作人员有时要花费很多的费用。正因为如此,目前美海军新型的电动发电机组仅由三家公司制造。

维护费用占整个 400 Hz 系统费用的大部分,由于电动发电机组的故障率高,195 种不同的电动发电机组的设计又使后勤问题复杂化,因此维护费用很大。对于所选择的四种舰型已作出年度计划维护费用的统计分析(见图 2 - 5),为了使统计数据更有代表性,也包括对 DE1040 级的统计数据,因为这种级别的舰上没有像其他级别舰上有这种大功率雷达和导弹。不包括 CV 级,因为只有几条舰,武备和雷达的统一性又差。年维护费用由预定的维护部件、故障检修部件和它们的劳动量以及大修费用所组成,对于会计年度 1973 至 1975 年的每一年总算了年维护费用。美海军船舶工程中心经研究提供了劳动价格,对于会计年度 1975 年每小时 20 美元,对于会计年度 1974 和 1973 年每年压缩 10%。按此作出三次总算。

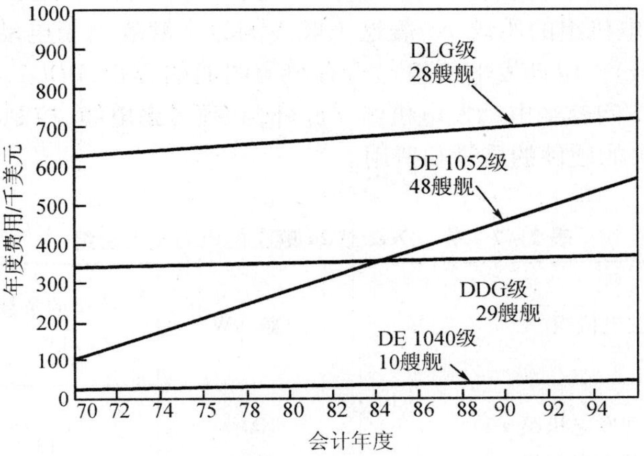

图 2 - 5　电动发电机组的计划年度维护费用

(按美海军船舶工程中心的劳动价格)

在美 400 Hz 电力系统中燃料费用是主要的运行费用。电动发电机组的效率低,满载时为 66% 至 88%,半载时为 61% 至 85%,这样燃料消耗按比例增加。对于所选择的四种舰船类型,计算了由于 60 Hz 变至 400 Hz 的固有功率损耗增加的年度燃料费用。美舰用汽轮机要求每千瓦小时 0. 9 lb(0. 409 kg)的船用柴油机燃油(DFM)。美国防部燃油提供中心提出的当时船用柴油机燃油价格是每桶 14. 238 美元。根据这个价格,计算的船用柴油机燃油费用为每千瓦小时 0. 043 美元。也计算了单台电动发电机组的效率和每台电动发电机组所消耗的千瓦小时。也考虑到各种运行状态——停泊、靠岸、巡航和战斗状态对负载系数的影响和与此相应的年度小时。表 2 - 6 表明美海军四个舰级的总年度燃料费用(1 064 343 美元)为总的年度维护费用(1 200 689 美元)的 89%。对带有电动发电机组的所有美水面舰船估算,得出当年度燃料费用为 2 426 702 美元和年度维护费用为 2 737 571 美元。

表 2 - 6　电动发电机组的燃料费用与维护费用的比较

舰级	舰的数量	电动发电机组的数量	由于电动发电机组低效率增加的年度燃料费用/美元	采用美海军船舶工程中心劳动价格计算的会计年度 1975 年的年度维护费用/美元
DE1040	10	20	7 085	29 944
DE1052	46	92	161 024	195 053
DDG	29	214	221 697	343 053
DLG	28	351	674 537	632 639
对 4 个舰级的总计	113	677	1 064 343	1 200 689
美所有水面舰船总计	383	1 546	2 426 702	2 737 571

美海军原先采用 400 Hz 电力的主要目的是减轻电子设备的质量,但由于需要电动发电机组来变频,总的结果是增加舰船质量。表 2 - 7 表明典型导弹驱逐舰例如美舰“伯克利”号 DDG15 上电动发电机组的质量,23 艘这个舰级的每一艘舰由于电动发电机组附加了质量 30 700 lb(13.9 Mg)。电动发电机组也占有很大的船舶容积,DDG2 至 24 的每一艘舰要求 375 ft^3(3 m^3)的空间容纳电动发电机组。此外,必须考虑电缆、控制板、连接器和其他与 400 Hz 配电系统有关的硬件的质量和费用。

表 2 - 7　美 DDG2 至 24 舰上的电动发电机组

电动发电机组	定额/kW	所接的负载/kW	质量/lb (1 lb = 0.453 kg)
船舶日用电动发电机组 * 1	100	43	5 000
船舶日用电动发电机组 * 2	100		5 000
导弹电动发电机组 * 1	60	80	3 600
导弹电动发电机组 * 2	60		3 600
导弹电动发电机组 * 3	60		3 600
船内通信和射击指挥用电动发电机组 * 1	30	37	3 300
船内通信和射击指挥用电动发电机组 * 2	30		3 300
船内通信和射击指挥用电动发电机组 * 3	30		3 300
总计	470	160	30 700

美导弹舰上采用 400 Hz 电力时质量的增加总是比质量减少大得多，图 2－6 表明各种400 Hz 电力功率要求的增加对减少的比较。在图2－6 中首先作出功率要求为 200 kW 时质量减少和质量增加的最小与最大数据点，然后假定功率要求愈高按比例需要的质量愈大，以直线外推。最小的减轻质量线从两台 100 kVA 的变压器的质量减小得到，最大的质量减轻线是综合考虑了变压器、滤波器和其他电子设备的质量减小而得到的。最小的质量增加反映了按美军用规格 MIL－M－19160C 制造的较轻电动发电机组的质量，最大的质量增加反映了按美军用规格 MIL－M－19633B 制造的较重的电动发电机组的质量。美舰“唐斯”号需要 200 kW 的 400 Hz 电力，其电动发电机组质量为 14 800 lb(6.7 Mg)；美舰“伯克利”号提供470 kW 的400 Hz 电力，电动发电机组质量 30 700 lb(13.9 Mg)；美舰“哈尔西”号可以提供1 260 kW、400 Hz 电力，电动发电机组质量 66 600 lb(30 Mg)。事实上在具有 60 Hz 主电源的美舰船上，当电子设备采用400 Hz电力时，舰上要附加上 4 至 10 倍的电子设备由于采用 400 Hz 而减小的质量。

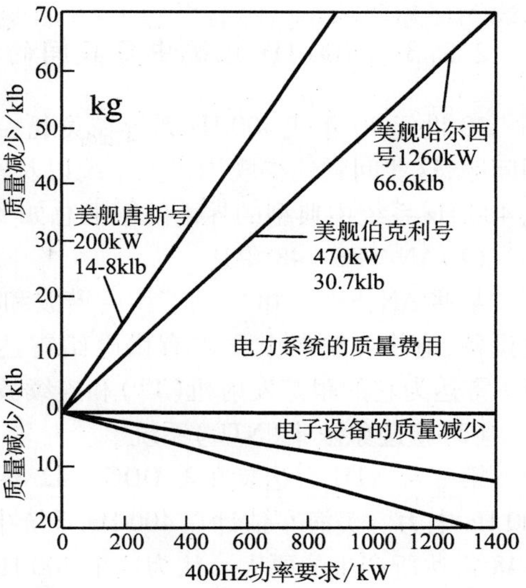

图 2－6　采用 400 Hz 电力代替 60 Hz 电力舰船质量费用与质量减少的比较

由于400 Hz 电力系统的运行需要输入 60 Hz 电力，舰用 400 Hz 电源的可靠性总是低于 60 Hz 电源，可靠性究竟低到何种程度取决于变频装置的故障率。美舰用电动发电机组有可靠性差的历史，在 1974 年 12 月至 1975 年 11 月这段期间，在美海军最严重的 300 个设备问题中它们排在第 73 位。称为“后勤高故障设备”的海军 3M 报告将有问题的设备对维护因素——维护工作、舰船报告的维护数据、总的故障、工时、部件费用、延期和停车时间予以排列，对于每个因素赋予同样的重视又予以总的排列(见表 2－8)。由于电动发电机组可靠性低，已提出采用大量的机组来并联或用应急机组，这种重复保证了 400 Hz 电力供电的连续性，但价格高。美海军认为静止变频器无运动部件，从潜在能力来看，比电动发电机组更可靠更便于维护。用静止变频器替换电动发电机组可以改善变频装置的工作可靠性。

表 2－8　可靠性费用

维修因素	数据值	排列序数
维护工作——完成和延迟的	714	77
舰船报告的维护数据	362	43
维护工作对舰船之比	2	301
总的故障——不能运行或降额使用	376	71
工时(以千为单位)	10	67
部件费用(以千为单位)	62	297
延期——部件和舰外协助	216	62
停车时间	923	57
总的排列		73

2.2.3 400 Hz 系统中负载间的相互作用问题

20 世纪 70 年代 400 Hz 系统在美舰船上的应用日益增加，发生了不少负载间的相互作用问题，这些问题使得舰用供电系统以及所供电的战斗或电子系统性能降低。现将美舰船上 400 Hz 系统中典型的界面问题汇总如下：

（1）AN/SPS－48 雷达

某些 AN/SPS－48 雷达产生的谐波和噪声反馈到 400 Hz 电源系统，干扰其他 400 Hz 用电设备，迫使美舰船上要求有供电给雷达的专用电动发电机组。同样的理由，AN/SPS－55B 雷达为它的跟踪发射机（TT）和连续波照明体（CWI）要求有专用的电动发电机组。

（2）新迹象浓集（NTU）系统

第一台 NTU 雷达装在美 DDG－42 导弹驱逐舰上试验，这个雷达大约需要 100 kW 的 400 Hz 电力。美海军估计在 400 Hz 系统中产生的谐波和电压调制比美海军现有的 AN/SPS－48 雷达所产生的要大。认为这个 400 Hz 系统与其他的 400 Hz 舰用负载是不相容的。美海军进行分析以确定是否将 NTU 雷达设计成仅以 60 Hz 电力运行。

（3）AN/SLQ－32V（3）电子对抗设备

在美 CGN－39 核动力导弹巡洋舰上已提出有界面问题的报告。当要求新的电子对抗设备以大功率主动方式工作时，在 400 Hz 系统上发生波动，这种波动干扰其他的 400 Hz 用电设备，于是迫使美海军采用专用的 200 kW 电动发电机组供电给电子对抗设备。

（4）目标搜索系统（TAS）

目标搜索系统备有驱动天线的 15 HP（1 HP＝735 W），400 Hz 电动机和为控制稳定平台用的 5 kW 整流器，两者均设计成以 400 Hz 电力运行。若以集中的 400 Hz 系统供电，则电动机引起的电压降和整流器引起的系统调制将降低系统的性能，所以美海军采用专用的 400 Hz 机组供电给目标搜索系统。

（5）轻型航空多用途系统（LAMPS）的直升机服务系统

美海军已对 FFG－7 级舰上的 H－3 直升机服务系统进行分析。当该系统服务 H－3 直升机时，将很有可能降低集中的 400 Hz 系统的性能。在这种情况下，通过标准的 60 Hz 系统取得的直流电源是更适当的。

（6）自动试验设备（ATE）

20 世纪 70～80 年代期间，大型的自动试验设备在美舰船上的应用，已造成许多不相容性问题，结果降低了 400 Hz 和 60 Hz 舰用供电系统和自动试验设备本身的性能。主要问题是，ATE 电源产生高次谐波电流、电容性输入滤波器引起高的启动浪涌电流、输入电力特性过分严格以及 ATE 系统不能直接与 60 Hz、三相、不接地电源直接相连。这些问题的后果是电压波形畸变、大的电压瞬变和需要大量的变换设备。问题的尖锐程度已使得美海军召开 ATE 电力相容性委员会以解决这些紧迫问题。可能的解决方法是改变 ATE 设计的基本原理、装设 ATE 电力调节滤波器和 ATE 的专用电源等。

（7）舰船惯性导航系统电力保护（PPM）的假警报

在电力由替换 400 Hz 电源（60 kW 电动发电机组）转换至 400 Hz 主电源（5kW 静止变频器）时，美海军导航系统（SINS）遇到过电力保护的警报。当舰船惯性导航系统接到静止变频器时，在蓄电池充电周期中也经历到电力保护的警报。此外，舰船惯性导航系统由 60 kW 机组供电时也偶尔发生电力保护的警报。

(8)电气悬浮罗经导航设备的电源问题

电气悬浮罗经导航设备经历到 400 Hz,5 kW 电动发电机组电源的某些问题,机组的稳定性取决于调节器的仔细调整。

(9)64 kW 电动发电机组的过电压输出

400 Hz,64 kW 电动发电机组是美海军某些导航设备的主电源和替换电源。此外,64 kW 的电动发电机组对于美舰船惯性导航系统和电气悬浮罗经导航设备是替换电源。在美核潜艇上 64 kW 电动发电机发生过电压是主要的问题。

(10)多速传输装置振荡

在美海军核动力舰队某些弹道导弹潜艇上已发生多速传输装置的振荡。舰船惯性导航系统发生的 200 Hz 频率和电源发生的 400 Hz 频率引起多速传输装置的振荡。通过调节 400 Hz 电源(在 394 ~402 Hz 范围内)直至振荡消失。

从上述问题汇总中可见,美舰船上许多电动发电机组专门供电给单一的电子负载以排除由公用的电动发电机组供电时负载间的相互作用。一个负载引起的电源线电压畸变降低了其他敏感负载的性能。由负载引起的谐波或脉冲电流引起电源阻抗的电压降,在整个电源系统产生相应的谐波和电压调制。美海军已进行广泛的实船试验,以研究、验证 400 Hz 电源系统和武备系统的界面,发现大的非线性负载和脉冲电子设备应对干扰问题负主要责任。舰用 400 Hz 发电机的电源阻抗基本上大于 60 Hz 发电机的电源阻抗,因为前者具有较小的千瓦定额(舰船 400 Hz 的功率需要仅是 60 Hz 功率的十分之一)。此外,由于配电线路的电抗大,400 Hz系统的阻抗比 60 Hz 系统的阻抗更大一些,结果是对于相同的畸变电流,在 400 Hz 系统有更高的谐波电压和调制电压。400 Hz 系统的阻抗和耦合问题大于 60 Hz 系统。一般采用专用的电动发电机组减小阻抗耦合。电动发电机组的机械惯性起积分器或低通滤波器的作用。这种电动发电机组既用来保护电源免受负载瞬变又保护负载免受电源瞬变。电动发电机组也将负载谐波电流同电源隔离,因此也用作谐波电流滤波器。美海军常常将电动发电机组供电给专门的设备以提供这种滤波作用。

多年来美海军企图解决 400 Hz 电源系统问题。为了加强和协调这方面的工作,美海军船舶工程中心早在 1973 年 6 月就着手一项计划,该计划称为“400 Hz 电力系统和武备系统界面的改善”。已发现,通过改进设计改善电动发电机组对脉冲负载的反应是毫无希望的。由于好的滤波器可以取消对某些电动发电机组的需要,美海军已采取措施获得较好的无源滤波器和有源滤波器。广泛的研究表明,需要较好的试验设备和方法以确定舰船电力系统问题。因此,美 NSRDC 研制了一种可携式固态动力负载模拟器,它具有 400 Hz 负载的非线性和脉冲特性。美 NELC 发展了一种较好的试验方法,以确定电子设备对电源线电压的异常现象,如调制、谐波以及电压与频率变化的敏感性。为了建立电子和武备系统的设计准则、修改规格要求和交换 400 Hz 电力系统的信息和问题,美海军和工业部门组成了有代表性的工作组。固态频率变换器(SSFC)即静止变频器缓和了与电动发电机组有关的某些问题,静止变频器已开始替换舰用电动发电机组。然而,由于静止变频器并无运动部件、无机械惯性储能能力,但它有分散的电感和电容可以储藏能量,它的滤波能力是有限的。美海军已发展标准的静止变频器系列,与标准的电动发电机组相比较,在质量、体积和功率损耗方面略有好处。

未来 400 Hz 系统的费用是增加还是减小,美海军进行了广泛的研究,其结果表明,通过改进电动发电机组以降低费用的希望是很小的,目标是用静止变频器替换电动发电机组以降低寿命周期费用。不幸的是,即使用静止变频器替换电动发电机组,由于在美舰船上 400 Hz 电子设备的比例不断增长,对于美海军来说费用不是减少而是大大地增加。美电子设备制造厂采用 400 Hz 的原因是尺寸和质量上的优点。理论上,常规变压器的质量反比于频率的 3/4 方,这是以磁通密度、电流密度和其他的设计参数保持恒定为前提的(然而,这些参数很少保持恒定,因为它们影响到变压器的损耗、温升和调节)。在美舰船上采用的 400 Hz 变压器大约是同样的千伏安定额 60 Hz 变压器质量的 33% 和体积的 40%(见表 2-9)。电动机、发电机和自整角机有类似的质量和尺寸减小。400 Hz 系统的滤波器比 60 Hz 系统的要小和轻。理论上,60 Hz 电容器比 400 Hz 电容器重 6.67 倍,60 Hz 电感比 400 Hz 电感重 4.14 倍(电容器的质量与频率成反比,电感的质量与频率的 3/4 方成反比)。在尺寸和质量都重要的场合,如果 400 Hz 和 60 Hz 电力同时可选用的话,电子系统的设计师仅仅根据电磁元件和滤波器质量较轻,一般就采用 400 Hz 电力。例如,50 kVA,60 Hz 变压器质量 510 lb (231 kg),而 50 kVA、400 Hz 变压器质量仅为 165 lb(75 kg),减小 345 lb(156 kg)。电子系统设计师取这些设备的质量减小作为优点,而不考虑对整个舰船范围的冲击。

表 2-9 60 Hz 和 400 Hz 变压器的比较

参照:MIL-T-15108B(60 Hz)

参照:MIL-T-17221B(400 Hz)

变压器定额/kVA	变压器质量/lb		质量比	变压器容积/in^3		容积比
	60 Hz	400 Hz		60 Hz	400 Hz	
1	30	13	0.43	525	335	0.64
3	65	25	0.38	1 020	470	0.46
5	90	30	0.33	1 450	600	0.41
7.5	116	40	0.34	1 910	800	0.42
10	145	50	0.34	2 250	870	0.39
15	206	75	0.36	4 000	1 750	0.44
25	280	105	0.38	5 700	2 150	0.38
37.5	396	140	0.35	7 500	2 750	0.37
50	510	165	0.32	10 025	3 775	0.38
75	695	240	0.35	13 000	4 575	0.35
100	950	310	0.33	17 200	7 100	0.41
			平均 0.36			平均 0.42

	60 Hz	400 Hz
温升	80 ℃	150 ℃
调节	2%	1.5%

这种向 400 Hz 增长的趋势使得美海军需要愈来愈多的变频器。由表 2-10 和表 2-11 可见,当美舰"班布里奇"号在 1974 年改建时,它的 400 Hz 负载由 1962 年 CGN-25 的 725

kW 增加到 1 345 kW，或者由对舰船总 60 Hz 负载的 3.4% 提高到 6.7%，电动发电机组由 15 台增加至 21 台专用机组。同样比较 DD963 导弹驱逐舰和 CG－47 导弹巡洋舰，在这种情况下它们有相同的公共船体，但在"提康德罗加"CG－47 中增加的 400 Hz 负载大约为 DD963 的三倍。虽然，两者的战斗战术使命完全不同，但从增加的船体吨位以及 400 Hz 电力与舰船装置的 60 Hz 电力相比所增加的百分数，可以看出附加高级的雷达和其他电子系统对美舰船总体的冲击。

表 2－10　20 世纪 70 年代中期美舰船的 400 Hz 负载

舰名	吨位/t	交船时间/年	400 Hz 负载为舰船 60 Hz 负载的百分数	400 Hz 电源容量/kW	400 Hz 电源类型
佩电级（FFG－7）	3 500	1976	4%	450	三台 150 kW 静止变频器
弗吉尼亚级（CGN－38）	11 000	1976	4.3%	970	三台 200 kW 电动发电机组 一台 100 kW 电动发电机组 四台 60 kW 电动发电机组 一台 30 kW 电动发电机组
尼米兹级（CVN－68）	77 400	1975	9.1%	1800	六台 300 kW 电动发电机组

在美电子系统范围作出权衡和在舰船总体范围作出权衡之间的差别可以方便地从图 2－7 予以说明。电子系统范围内作出权衡表明了 60 Hz 和 400 Hz 变压器的质量差为负载千瓦的函数。规定 400 Hz 输入电力可以获得中等的电子设备质量。在舰船总体范围内作出权衡考虑了提供 60 Hz 至 400 Hz 变换的电动发电机组质量减去采用 400 Hz 电力的电子设备减轻的质量。图 2－7表明，在对电子设备规定为 400 Hz 输入电力时舰船总系统的质量有相当大增加。

表 2－11　美舰船改进设计的 400 Hz 负载趋势

舰名	吨位/t	交船时间/年	400 Hz 负载为舰船 60 Hz 负载的百分数	400 Hz 电源容量/kW	400 Hz 电源类型
斯普鲁恩斯级（DD963）	7 800	1 976	4.3%	450	三台 150 kW 静止变频器
提康德罗加级（CG47）	9 055	/	11.7%	1 200～1 500	四台 300 kW 静止变频器 一台 300 kW 静止变频器
班布里奇（CGN－25）	/	1975 年改建	6.7%	1 345	三台 5 kW 电动发电机组 四台 7.5 kW 电动发电机组 十台 60 kW 电动发电机组 一台 100 kW 电动发电机组 三台 200 kW 电动发电机组

采用400 Hz 电力对舰船总系统有严重的质量冲击，因此船舶局规定一项政策，尽可能优先采用60 Hz 而不是400 Hz，这个优选程序后来包括在 MIL－STD1399 第300 章中。

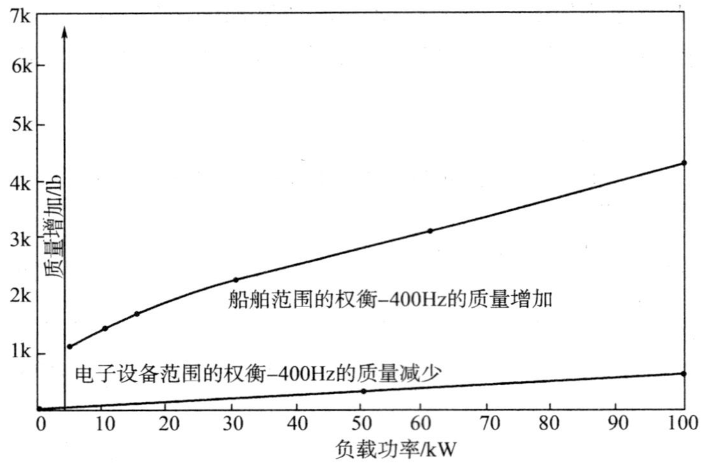

图2－7 400 Hz 对60 Hz 的质量权衡为负载功率的函数

2.3 核动力导弹潜艇取消400 Hz 变频装置的电力系统方案

2.3.1 方案的产生

美核动力导弹潜艇的主电源由汽轮发电机组组成，它们提供450 V，60 Hz 交流电力（符合美军用标准 MIL－STD－1399/300 章·I 型电力），对450V 的交流负载直接供电，对于其他负载则通过变压器降压至120 V 交流或者通过电动发电机组变换成250 V 直流供电，另外用7 台电动发电机组供电给400 Hz 负载，其中两台是备用的。

直流系统的主蓄电池保持充电状态。如果直流电动发电机输出的60 Hz 交流电出现断电状态，那么蓄电池可立即供电给所有的直流系统负载。另一方面，由于电动发电机组具有可逆作用，依赖于蓄电池的功率，可向60 Hz 交流负载供电。

要求输入400 Hz 电力的负载差不多都是电子负载，仅有少量的功率用于非电子部件，如风扇和鼓风机。这些电子负载分别将输入的交流电压变换成它们内部应用的各种直流电压。一般，在基本的电子线路中采用变压器－整流器装置来完成这种变换。若需要调节，则采用串联型耗能调节器（稳压器）。有时采用无损耗调节器以增加效率，例如，对变压器－整流器装置采用晶体管开关调节器、采用固态晶闸管的整流桥以及铁磁共振变压器。

潜艇具有独特的电磁兼容性问题，解决这些问题需要在交流电力系统中减小谐波电流和电压，保持电流在预定的线路内而不是在船体上流动，以及用屏蔽电缆予以隔离等措施。由于脉冲负载可引起其他电磁兼容性问题，有必要将它们与电力系统隔离。解决电磁兼容性问题的措施对电力变换电路和次级系统的尺寸、质量和费用有明显的影响。

图2－8 表明在美现用的核动力导弹潜艇中的多级电力变换的程序，舰用发电机发出的

60 Hz,450 V 电力经过电动发电机组变换成直流 250 V,然后用另一台电动发电机组变换成 400 Hz 电力,再在变压器－整流器装置中变换成直流 5 V、用串联型耗能调节器(稳压器)予以调节,最后配电给电子电路。由此可见,每一级电力变换需要有设备,这就增加了系统的

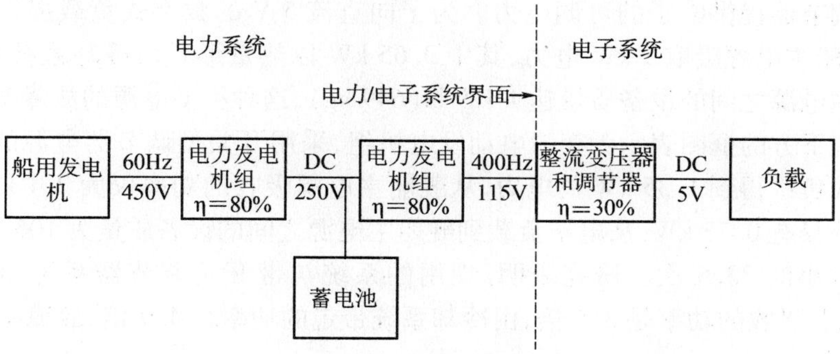

图 2－8　现用的美核动力导弹潜艇的多级电力变换

负担,例如尺寸、质量、费用、功率消耗、冷却要求、故障率、备件、人员等问题。

20 世纪 70 年代美海军电子实验室中心的研究表明,为了其他目的在舰船电子装置中采用的开关式电源也能用来取代变频装置,因此美海军海洋系统中心准备将这种功率电子学技术用于核动力导弹潜艇,提出了取消 400 Hz 变频装置的候选电力系统方案。

美海军认为电子负载回到由 60 Hz 主电源直接供电,与采用变频器的 400 Hz 电子设备相比,即使这种复原导致电子设备的尺寸和质量增加,它的总系统(船舶——电子范围)也是更加合理的。然而,最好是应用开关调节器技术,这种技术使得电子设备由 60 Hz 电源供电,而它的电力变换电路比常规的 400 Hz 电力变换电路来得更小和更轻。

一般,电源调节器电路的电力变换电路可以分耗能和非耗能两种。耗能调节器从电源吸取的功率大于传递给负载的功率,非传递的功率部分转换成热量,由冷却系统带走。典型的例子是并联型的齐纳二极管调节器(稳压器)和串联型的晶体管电压调节器。非耗能调节器传递负载的功率等于从电源吸取的功率,实例就是铁磁变压器的开关调节器。开关型调节器的框图见图 2－9,它是由一个防输入电磁干扰滤波器、整流器与谐波滤波器、输入滤波器、提供电力变换和调节器的变流器/变频器以及输出电磁干扰滤波器所组成。

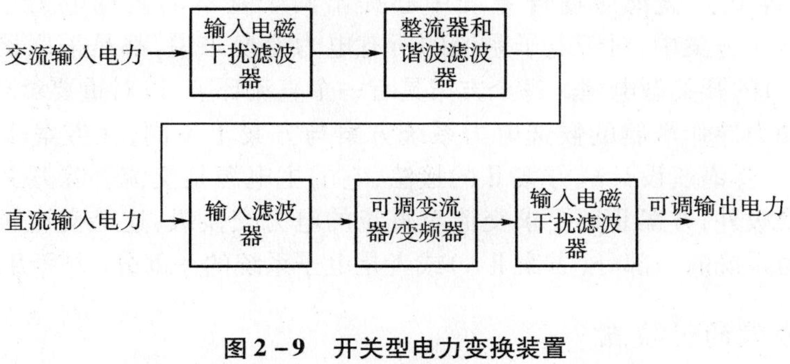

图 2－9　开关型电力变换装置

开关型调节器具有质量轻、体积小、效率高的优点，它是 60 Hz 耗能调节器质量的三分之一至六分之一，体积是二分之一至六分之一，效率高达 65% ~95%。美海军曾研究开关型调节器对水面舰船系统的影响，其结果如图 2－10 所示。图上方的框图表明，现在使用中的 400 Hz 电子设备，需要由电动发电机组将舰船主电源的 60 Hz 电力变换至 400 Hz 电力，再用耗能型调节器提供电子的可调电力。为了向直流 5 V 的数字式负载提供 1. 35 kW 电力，需要从舰船主电源吸取 5 kW 电力，其中 3. 65 kW 以热量形式由冷却系统带走，从电子负载到舰船主电源之间的设备质量达 1 429 lb(649 kg)，这种类型电源的故障率为每百万小时 414 次。图下方的框图表示无变频电动发电机组，采用开关型调节器电源的结果。同样为了使数字式负载得到 1. 35 kW 的电力，从舰船主电源吸收的功率仅为 2. 1 kW，其中由冷却系统带走的只有 0. 75 kW，从电子负载到舰船主电源之间的设备质量为 106 lb(48 kg)，故障率仅每百万小时 33. 5 次。研究表明，现用的系统与带开关调节器系统相比较质量是 13. 5 倍，从电源吸收的功率是 2. 4 倍，由冷却系统带走的功率是 4. 9 倍，故障率是 12. 4 倍。

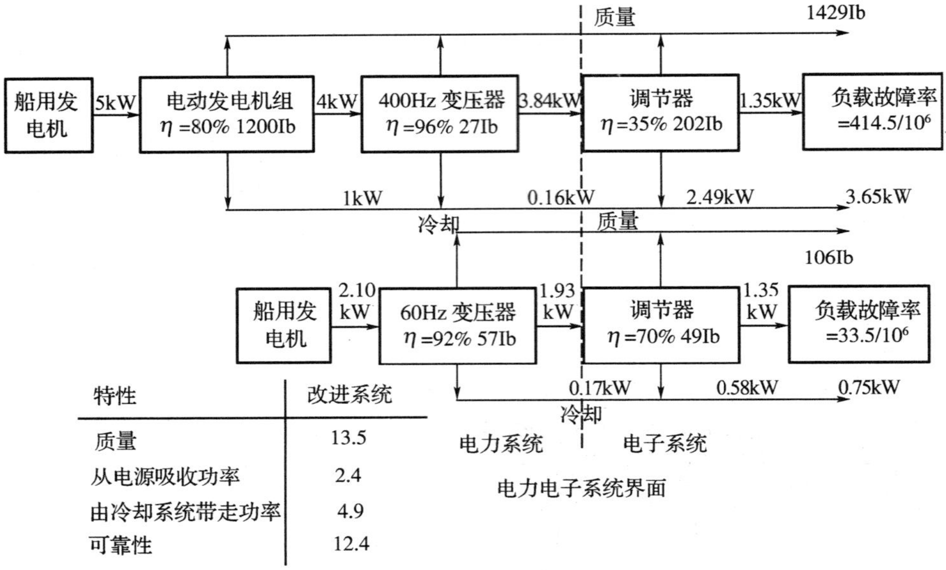

特性	改进系统
质量	13.5
从电源吸收功率	2.4
由冷却系统带走功率	4.9
可靠性	12.4

图 2－10 开关型调节器对水面舰船系统的影响

因此，1978 年 6 月美海军海洋系统中心提出两个基本的候选电力系统方案(见图 2－11)。在这两个方案中，对于电子系统的所有电力变换来说，都是采用接受高压直流电(160 V 或 270 V)的开关型电源。每个方案具有一个直流环节，以对重要负载提供供电的连续性。对于核动力导弹潜艇的候选电力系统方案与方案Ⅰ不同，在方案Ⅰ中主电源是直流，而美核动力导弹潜艇设计成方案Ⅱ的接法，它的主电源是交流。除开关调节器电源的直流至直流变换级外，方案Ⅱ还要求交流至直流的电力交换级，这个交流至直流的电力变换级可以是电力系统的一部分(方案ⅡA)或者是电子系统的一部分(方案ⅡB)。

2. 3. 2 方案的优缺点

下面将详细讨论美核动力导弹潜艇候选电力系统方案的优缺点。

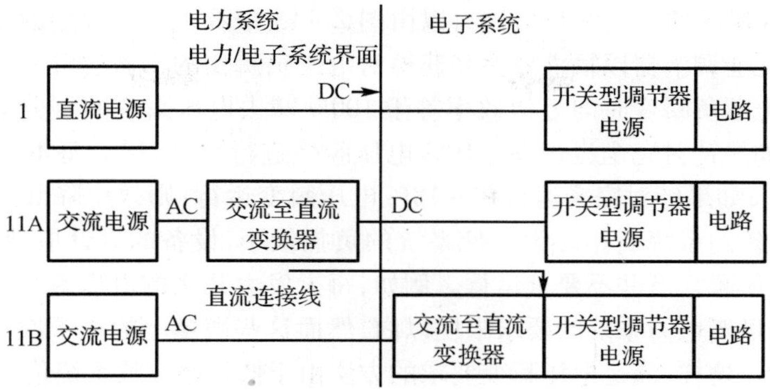

图 2－11　候选的电力系统方案

2.3.2.1　效率

正如图 2－8 所示，在现用的美核动力导弹潜艇中由汽轮发电机到逻辑负载的整个效率是 22%，所产生功率的 78% 以热量形式由冷却系统排出，这样相应地就有冷却系统的尺寸、质量和功率损耗问题。在所提出的候选电力系统中，至少有一个方案其电力变换效率可以提高到 70%，仅 30% 由冷却系统排出。在极限情况下，可以将效率的提高近似等于固态系统中体积和质量减小。假定其他条件例如包装技术、冷却方法和固态硅整流装置中的接点温度等都是相同的，这种近似是可以成立的。因为，电子设备需要的体积由热密度极限（单位容积所散发的热量）决定，系统的质量大致正比于它的体积。对于效率为 22% 的电力变换系统而言，与 1 个单位负载有关的系统电力变换部分的质量和体积是 3.55 个单位，对于效率为 70% 的电力变换系统而言，与 1 个单位负载有关的系统电力变换部分的质量和体积仅为 0.43 个单位（见图 2－12 所示）。也就是说，效率由 22% 提高至 70%，电力变换次级系统的体积和质量减小 88%，负载和电力变换次级系统总的体积和质量减小 69%。

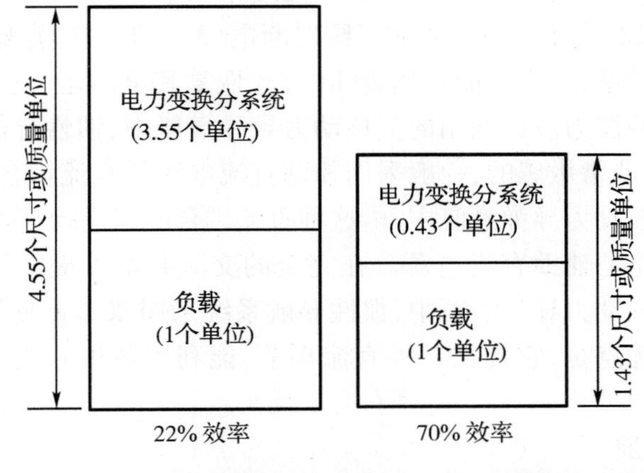

图 2－12　热密度相同但效率不同的系统其体积和质量比较

2.3.2.2　脉冲负载（对瞬变和调制的敏感性）

脉冲负载是包括由于舰船起锚以及雷达和声呐脉冲所引起的各种工况。发电机对于负载的单阶跃变化的固有反应是电压瞬变。如果阶跃负载以与发电机特征反应有关的频率一般在 0.8 和 25 Hz 之间重复，结果是发生大幅值的电压调制（例如在典型的 440 V 交流电力上有 80 V 峰对峰的电压调制），这可以由图 2－13 中看出。在现用的美核动力导弹潜艇中，所采用的耗能调节器以牺牲效率来获得对电压负瞬变的不敏感性。对耗能调节器来说，完全运行在电压负瞬变时的近似效率等于 100% 减去电压瞬变的百分数再乘以它的基本效率。于是，如果针对完全运行在 －10% 电压瞬变进行设计，那么基本效率为 40% 的电源将降低到 36%；如果针对完全运行在 －18% 电压瞬变运行，则效率降低到 33%。上面已讨论过低效率导致的系统负担。为了使系统的负担最小，设备的设计应使得无安全余度，或者在正常的电压瞬变下并不要求运行。例如，每天发生几次的电压瞬变 －18% 是在现用的美核动力导弹潜艇电力系统的要求限度以内，然而这些潜艇上的电子次级系统在电压瞬变期间并不运行。这样，满足电压瞬变要求的方法由于低效率导致系统负担增大。

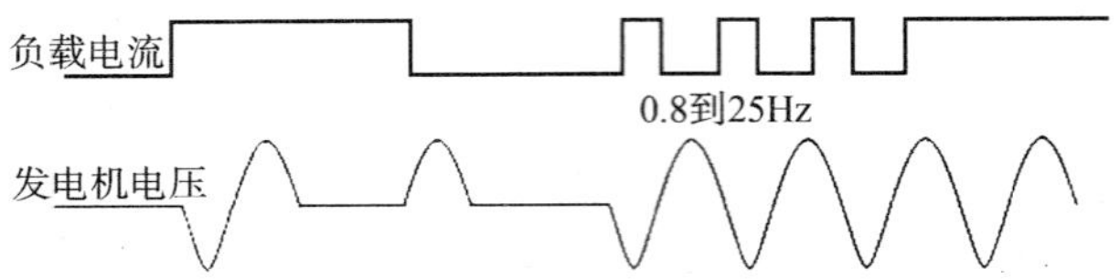

图 2－13 发电机对负载变化的反应

相反，在所提出的候选电力系统中，开关型调节器可以设计成满足任何合理的电压瞬变要求，在输入电压变化范围很大时仍能维持很高的效率，精心设计的耗能调节器和开关型调节器对电压调制也并不敏感。事实上，对于耗能调节器来说，即使设计时并未考虑电压调制问题，它一般也不会受影响。但是对于绝大多数的开关型调节器就并非如此，电压调制常常会引起许多问题，除非设计时降低灵敏度。

2.3.2.3 供电的连续性

瞬时断电对舰船电子系统有重大的影响。美海军太平洋舰队对 37 艘水面舰船进行测量，测量结果见表 2－12，表中的数据表明了瞬时断电（3～30 s）对美舰船电子设备的影响。遭受这种断电的许多设备，失去性能长达 20 h（r）才恢复其全部运行功能，这样就影响了执行各项战斗战术使命的能力。在现用的美核动力导弹潜艇中，惯性导航系统是一个关键性的系统，它对于断电是非常敏感的，一般采用辅助直流电源的直流耦合电路，以保持供电的连续性。在现用的美核动力导弹潜艇中，由这种直流耦合电路进行 60 Hz 至 400 Hz 的变换，其中潜艇 250 V 蓄电池是辅助直流电源。在完全的交流系统中提供供电的连续性是困难的。因此在现用的美核动力导弹潜艇中，惯性导航系统采用双套重复供电。所提出的候选电力系统方案的一个优点是，它提供一种直流环节，能利用各种方式对关键性电力负载保持供电的连续性。

2.3.2.4 谐波电流

当正弦电压加到非线性负载上时将产生谐波电流。电子设备中的谐波电流主要是由交流整流和变压器、电动机铁芯的磁化电流所引起的。在交流系统中谐波电流的主要影响是由于电源和配电系统的交流电压波形的畸变而发生的。同样，电压波形畸变可以在设计不良的电子设备中引起一系列问题，增加电动机和其他磁性装置中的功率损耗，降低感应电动机中的转矩。在潜艇中最重要的是，通过机电耦合，电压波形的畸变会激发起不希望有的振荡，此外电压波形畸变可以成为潜艇上船体电流的激励源。由于这些理由，已修订了 MIL－E－16400 规格，以限制谐波电流小于 3% 的基波电流。图 2－14 表明，绝大多数电子系统中三相电源供电的脉动数为 6 的桥式整流电路中的谐波电流与 3% 限度的关系。表 2－13 给出各种脉动数时由整流引起的谐波电流 I_N 对基波电流 I_1 之比值。

表 2－12　舰船电子设备对于断电 3 至 30 s 的恢复时间

设备类型	恢复运行的时间/min	达到设备全部性能的时间/min
电子对抗设备	3	60
雷达 PPI	3	30
声呐(FC)	5	5
声呐	1～30	5～30
雷达(交通管制)	3～15	60
导航设备	45～240 (0.75～4h(r))	60～1 200 (1～20h(r))
搜索雷达	3～10	5～60
处理设备	1～180	180～300 (3～5h(r))
无线电通信	1～30	5～30

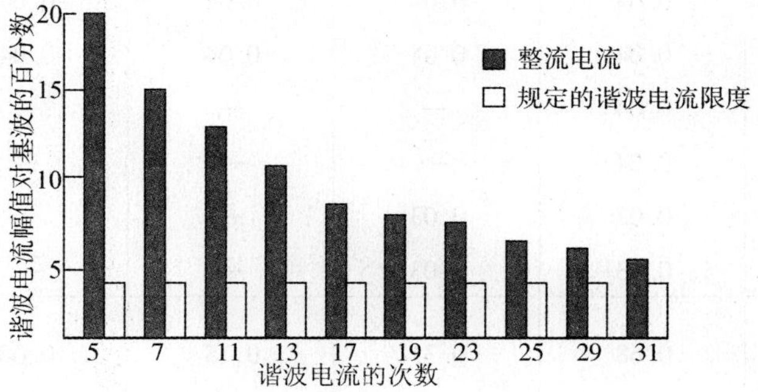

图 2－14　脉动数为 6 的桥式整流所引起的谐波电流

由表 2－13 可见，脉动数 r 越高，消除的谐波就越多，所以总谐波畸变 THD 就越低。在 $r=3,6,12$ 和 24 时，理论上仅 $m\pm1$ 次谐波存在，$m=1,2,3,\cdots$。对于 $r=6,12$ 和 24，无偶次谐波。然而，为了采用 $r=12$ 或 $r=24$ 的脉动数，必须采用中间变压器，较高的脉动数是用变压器上几个绕组或几个变压器的移相造成的。可以将 $r=6$ 系统的总谐波畸变 THD 为 31% 降低到 $r=12$ 系统的总谐波畸变 THD 为 15%。

降低谐波的途径是采用脉动数为 12 或 24 的整流、限波器和低通滤波器。

在具有重复脉冲负载的系统中发生附加的谐波。脉冲负载调制了整流器“载波”的谐波，在每次谐波的每边引起频带。

表 2-13　在各种脉动数时，整流引起谐波电流 I_N 对基波电流 I_1 之比值

谐波次数 N	I_N/I_1				
	脉动数 r				
	3	6	12	24	规格限度*
2	0.50	—	—	—	0.03
4	0.25	—	—	—	0.03
5	0.20	0.20	—	—	0.03
7	0.14	0.14	—	—	0.03
8	0.13	—	—	—	0.03
10	0.10	—	—	—	0.03
11	0.09	0.09	0.09	—	0.03
13	0.08	0.08	0.08	—	0.03
14	0.07	—	—	—	0.03
16	0.06	—	—	—	0.03
17	0.06	0.06	—	—	0.03
19	0.05	0.05	—		0.03
20	0.05	—	—	—	0.03
22	0.05	—	—	—	0.03
23	0.04	0.04	0.04	0.04	0.03
25	0.04	0.04	0.04	0.04	0.027
26	0.04	—	—	—	0.025
28	0.04	—	—	—	0.022
29	0.03	0.03	—	—	0.020
31	0.03	0.03	—	—	0.018
总谐波畸变（THD）	0.68	0.31	0.15	0.08	

* 为 MIL-E-16400G 修改 1。

在所提出的两个候选电力系统中，一个电力系统方案完全消除了谐波电流问题，另一个电力系统方案对于每个单个电子系统将无此类问题，而在电力系统中的一点或有限数目的点上存在着谐波电流问题。

2.3.2.5　结构电流

在现有的美核动力导弹潜艇中，电力系统是三相三线制，中点浮动型，任何一根相线对船体结构没有有意的接地。然而，每一根电力线和船体结构之间有电容通路。虽然杂散电容很大，但绝大多数电容是设备的抗电磁干扰滤波器中的电力线对底板的电容。在每一台设备中，这些抗电磁干扰电容构成电容耦合的交流本机接地，它随设备对设备的电压而变化，这些本机对地电压由低阻抗船体结构中的电流所中和。这些结构电流可以流过固定在船体结构上的电子设备，在这种情况下，可以使敏感设备例如甚低频耦合器降低性能。由于结构回路无意中构成环状，它们也能够引起磁场。因为耦合是电容性的，如果有高频谐波，其就成为这种电流的激励源。

在现有的美核动力导弹潜艇中，是采取限制设备的抗电磁干扰滤波器中对底板的电容量和用隔离变压器中断电流通路的方法来解决这个问题的。所提出的两个候选电力系统方案在如何解决结构电流方面是有差别的，在无谐波电流问题的方案中，就没有简单的方法来隔离结构电流，而另一个方案，为控制结构电流适宜于安置隔离变压器，但是，它是以谐波电流问题存在于现有系统中的困难处境为代价的。

第 3 章　舰船供电系统的电压调整

对于一切电气设备，外加电压的变化，无论这些变化是稳态的，还是瞬变性的，在某种程度上都要影响到设备的运行及性能。随着电子设备、现代导弹系统、火控系统和动力控制系统在海军舰船上使用的增加，人们必须特别注意交流电力系统中可能出现的瞬变电压情况。此外，在三相系统中，由于负载不平衡引起的相电压不平衡，可能会使接在系统上的感应电动机过热。

供电电压的变化可能会：

(1)对设备影响不大，如果变化适度的话；

(2)使设备性能欠佳，造成这种情况的原因是设备或系统设计时未考虑供电电压的变化这个因素，或依照现有的供电电压变化情况不可能取得人们要求的性能；

(3)在极端情况下，如变化过大，在设计中又未考虑到这个情况，便会造成设备损坏。

因此，有效地控制供电系统的电压调整性能是重要的。本章将根据美海军船舶工程中心的设计资料篇 DDS311 -2 分别叙述供电电压对电气设备和武备的影响、允许的供电电压变化的限度以及分析影响电压变化的因素。

3.1　舰船供电系统电压调整对电气设备运行的影响

3.1.1　照明

如图 3 -1 所示，白炽灯的光通量和寿命受稳态外加电压的影响很大。在稳态情况下，如欲获得理想的光通量和灯寿命，则要求灯电压能保持在一定范围内。因为灯中即使有热惯性也是很小，所以瞬变电压的扰动所导致的光通量变化程度与稳态电压变化所造成的情况是相同的。电压变化产生的闪变不利于舰员有效地执行任务。闪变的觉察程度与电压瞬变的大小和频率有关，如图 3 -2 所示。即使电压变化的频率为每秒 1 次或更少，幅度比较小的电压变化所产生的闪变也仍可觉察得到。所以，从经济观点看，是不可能把系统电压瞬变值保持在消除白炽灯闪变所要求的范围之内的。

因为荧光灯不直接接在供电电路上，而是接在一个镇流器上，因而不存在一个涉及到任何一种荧光灯的规定电压，不过，镇流器在工作时是接到供电线上的，因而它具有规定的电压范围定额。

因此，应把荧光灯灯具上的电压保持在镇流器的正常工作电压范围内。低的电压和高的电压一样，都会使灯的效率降低，寿命缩短。这不同于白炽灯，对白炽灯来说低电压会减低发光效率，但能延长寿命。荧光灯上的低电压还会造成电弧不稳定的启动困难。电压高出规定范围时，工作电流过大，因此不仅可能使镇流器过热，还可能使灯管端部过早变黑，提早失效。电压低于规定范围时，则会使预热电流降得过低，致使电极不能发射适量的电子，此种情况可能导致灯管断续闪烁而不启动；即使灯管真的启动了，发射极材料也会很快耗尽，随之，灯管寿命降低。为了取得最佳性能。线路电压的变化不应大于 ±10%。

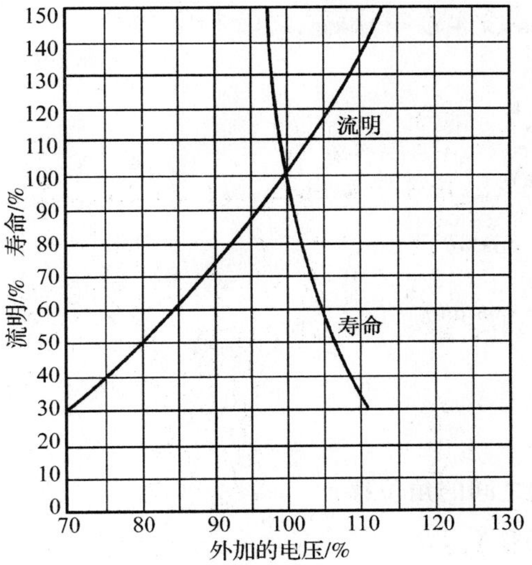

图 3-1　外加电压对白炽灯寿命和光通量的影响

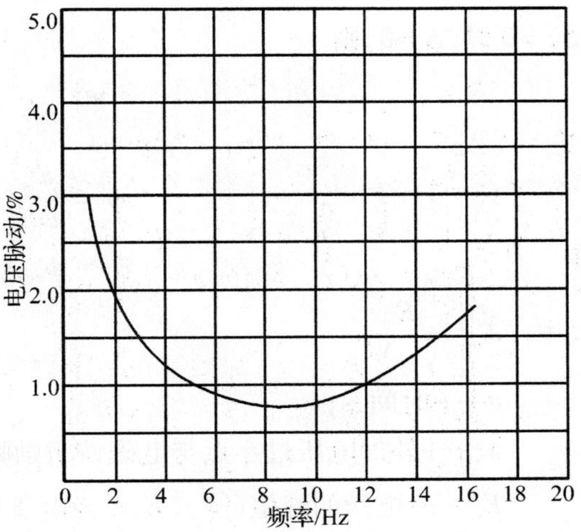

图 3-2　电压脉动的幅值与可觉察此脉动的频率的关系

3.1.2　加热装置

加热装置的输出正比于外加电压的平方。因此，为了取得额定输出，在稳态情况下这些装置需要在接近稳态额定电压下运行。瞬变电压变化对这些装置的影响极微，可忽略。

3.1.3　电磁装置

这类电磁铁通常作为一种电压继电器，用于电动机的低电压保护或控制母线自动转换设备，如图 3-3 所示。可以看出，装置的衔铁吸力由下式给出：

$$F = \frac{B_a^2 A_a}{72}$$

式中　F——衔铁吸力，lbf(1 lbf = 0.453 kgf)；

B_a——空气隙中的磁通密度，kMx/in^2(1 Mx = 10^{-8} Wb)；

A_a——空气隙面积，in^2(1 in^2 = 6.45 cm^2)。

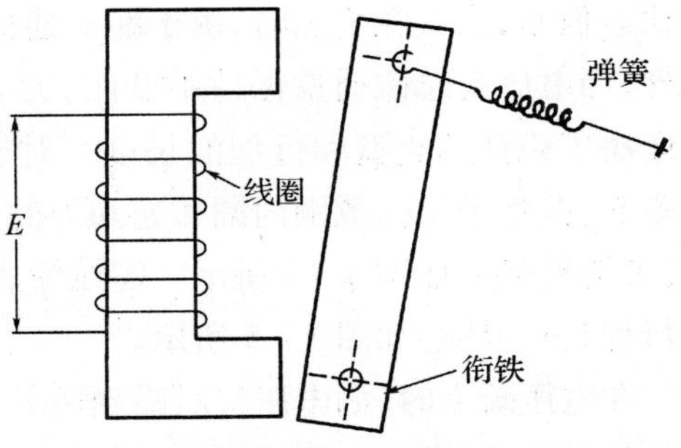

图 3-3　电压继电器上用的典型电磁铁示意图

交流电压加在电磁铁上时，外加电压与磁通量有如下关系：

$$N\frac{\mathrm{d}\phi}{\mathrm{d}t} + Ri = E_m \sin(\omega t + \lambda)$$

忽略 Ri 压降，并设 $\lambda = 0$，则

$$N\frac{\mathrm{d}\phi}{\mathrm{d}t}=E_m\sin\omega t$$

$$\phi=\frac{-E_m}{\omega N}\cos\omega t+C$$

设 $t=0$ 时，$\phi=0$，则

$$C=\frac{E_m}{\omega N}$$

$$\phi=\frac{E_m}{\omega N}(1-\cos\omega t)$$

或

$$\phi=\phi_{\max}(1-\cos\omega t)$$

式中 $\phi_{\max}=\dfrac{E_m}{\omega N}$；

t——时间，s；

λ——外加电压过零点与电磁铁激励瞬刻之间的角位移；

E_m——电压的峰值（$=\sqrt{2}E$，E 为电压有效值）；

f——外加电压的频率，Hz；

N——线圈的匝数；

ϕ——在时刻 t 线圈匝链的总磁通量；

$\phi_{\max}$——稳态情况下的最大磁通量；

ω——$2\pi f$；

C——积分常数。（依据剩磁来计算）

这些关系表明，总磁通量（ϕ）与电压成正比，而与气隙无关。对于一固定的气隙，B_a 为总磁通量除以一个固定的数值。因此，力与总磁通量的平方成正比，亦即与电压的平方成正比。但是，当气隙增加时，由于漏磁通的增加，B_a 变为较小的总磁通量除以这个固定值。这样，当电压与总磁通量保持不变时，力就随着气隙的增加而减少。力随着气隙变化的关系取决于磁铁的类型和行程的长度。对于短行程磁铁，力随气隙的变化比较小；对于长行程磁铁，在整个工作范围内漏磁通和力的变化较大。通常作继电器用的拍合式电磁铁行程短，其衔铁吸力如图 3－4 所示。螺线管式即抽吸式电磁铁通常直接用来操纵大型接触器。其行程较长，特性如图 3－5 所示。

在电压瞬变时，如电压瞬时降到继电器释放电压以下，由于系统惯性不大，气隙几乎是立刻就增大了。因而，电压随后再返回到释放点之上也不能够阻止继电器断开。除非是电压在 3 或 4 Hz 内就回升至吸合值（以 60 Hz 为基础）。

从上述讨论中可得出结论：为防止电磁装置在电压瞬变情况下误动作，此电压不允许降至装置的释放值以下，或者，在装置释放时应具有一段由此系统的电压恢复特性决定的适当的延时。此外，在低于正常电压下稳态工作时很可能造成交流磁铁抖动增加，结果使噪声增加，维修量加大。

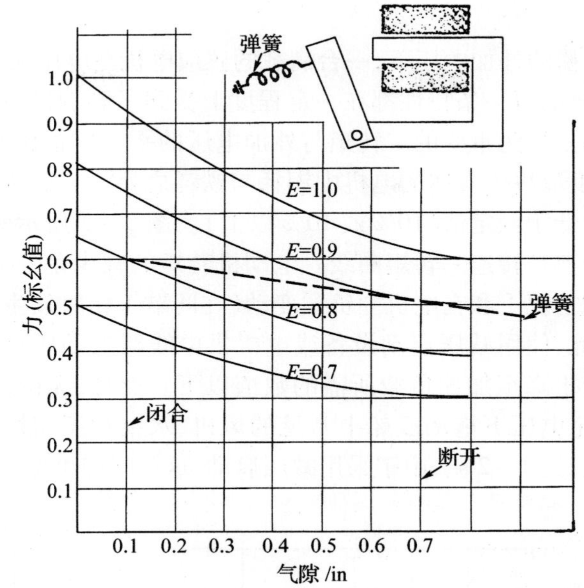

图 3－4　短行程电磁铁的吸力与气隙间的典型关系(示出外加电压变化的影响)

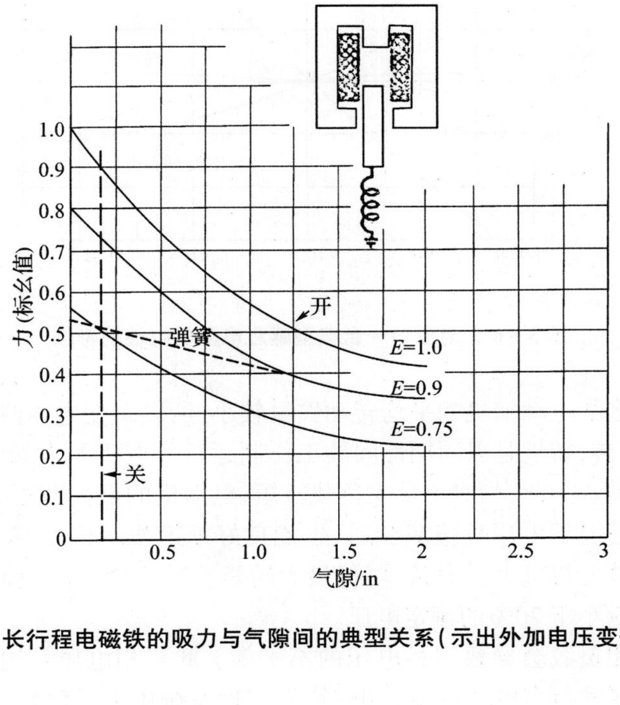

图 3－5　长行程电磁铁的吸力与气隙间的典型关系(示出外加电压变化的影响)

3.1.4　电动机

在交流电力系统的美海军舰船上，绝大多数电动机为感应电动机。因此，这里讨论的将只限于这类电机。在分析系统电压调整对感应电机运行的影响时，不仅必须考虑在三相平衡情况下的瞬变和稳态电压调整，而且还须考虑电力系统中单相负载所造成的外加电压的不平衡。

图3－6示出在平衡的外加电压下，一台满载的感应电机在电压大于和小于额定值时的运行情况。尽管电动机的每一条特性都在一定程度上受到了影响，但从电气系统设计角度看，转矩和温升变化仍是最为重要的。转矩与外加电压的平方成正比变化。而温升与电压成反比变化。变化程度取决于具体的电机中铜耗与铁耗之比。一般说来，温升的增加并不会越限，除非电压大大低于额定值(10%或10%以上)。图3－7所示为在额定电压及低电压情况下，感应电机的典型转速－转矩曲线。电动机转矩的减少是外加电压数值降低所引起的，这是一个在启动情况下和在电机上负载变动(在间歇工作时发生)的场合下特别需要考虑的重要问题。因此，使用减压启动设备或电机供电线路上的压降过大，或者两者兼而有之，就可能使启动转矩降至加速负载所需的数值以下。而且，无论何种情况下都将会使启动时间延长。在额定电压下拖动舰船上常见的风机、水泵和压缩机类负载时，感应电机在额定电压下启动时间为1～2 s。由于采用减压启动，这一时间可增至10 s或10 s以上。

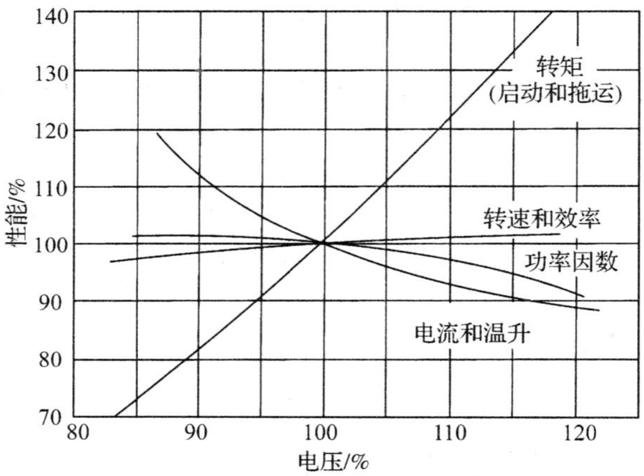

图3－6　电压对一台典型感应电动机特性的影响

由于舰船上大多数电动辅机的平均转动惯量较小，所以瞬变电压降可能使转矩减少很多，以致造成电机停转，特别是以周期性间歇工作制运行的电机尤为如此。此时，负载转矩通常存在较大的波动。为此，相对于最大负载转矩，电动机的最大转矩必须留有适当余量，以便在瞬态和稳态情况下电压数值减少时，也能良好地工作。相反，系统电压调整的作用应该是不要求此余量变得过大。通常，电机最大转矩至少为额定转矩的200%，因此，外加电压无论如何也不应小于70%的额定电压。

电力系统的单相负载会导致三相电压的不平衡。此三相电压可用对称分量法分解成一组平衡的正序电压和负序电压(在三相三线不接地系统中无零序)。正序电压加在一台感应电机上，产生正常旋转方向的转矩，正如外加标称平衡电压时发生的情况一样。反之，负序电压产生会导致电机反向旋转的转矩。因此，不平衡外加电压会使电动机的合成转矩减小，减小量取决于正、负序电压的相对大小(即电压不平衡程度)和转子的转差率。堵转转矩降低得最多，而且与负序和正序电压之比的平方成正比。在舰船供电系统中电压不平

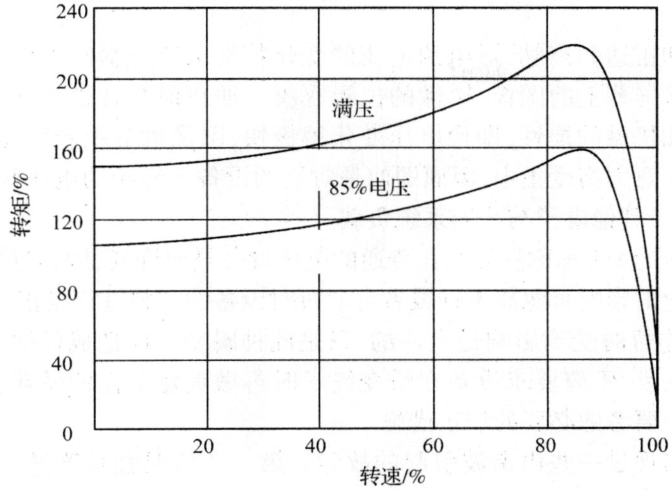

图3-7　一台典型感应电动机在额定电压及低电压情况下的转速-转矩曲线

衡程度（即最大相电压与最小相电压之间差值，用额定电压百分数表示）很少超过3%，这相当于负序电压不超过正序电压2%的一种情况，其相应的转矩减少小于1%，可忽略不计。

外加电压的不平衡对一台感应电机性能所造成的最严重的影响是：电压稍有不平衡，对应的相电流的不平衡却很大。因此，在电源电压不平衡时，一台满载的感应电动机的一个相中会发生局部发热量大增的现象。额外发热的程度如图3-8所示。由图可见，即使电压不平衡仅为5%，仍能引起定子一个相中的温升增加10%～15%之多。

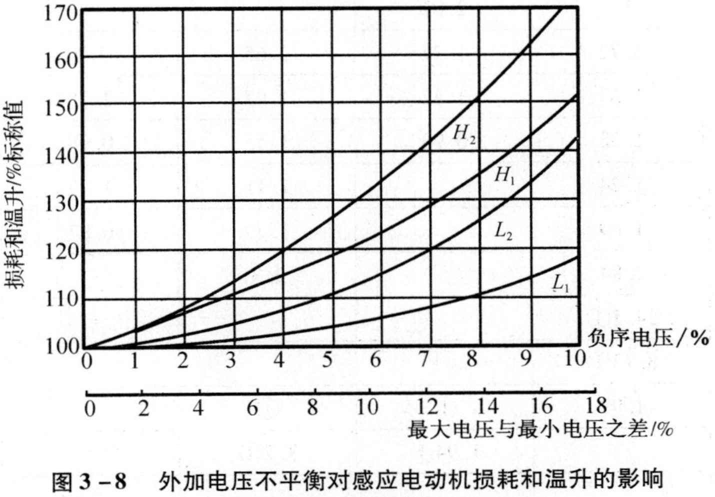

图3-8　外加电压不平衡对感应电动机损耗和温升的影响

曲线L_1—单鼠笼式电动机中的总损耗；

曲线L_2—双鼠笼式电动机中的总损耗；

曲线H_1—单鼠笼式电动机中的热点温度；

曲线H_2—双鼠笼式电动机中的热点温度（在正序电压等于额定电压的前提下进行比较）

3.1.5 电子、武器和检修系统——雷达、声呐和电子装置

电子设备诸如雷达和声呐，对电源电压的变化特别敏感。举例来说，操作雷达设备需要观察阴极射线管屏幕上的图像，图像的位置取决于加在射线管诸元件上的电压瞬时值，由于没有电气的和机械的惯性，即使电压变化得极快，图像也会跟着变化。鉴于这类影响及操纵设备要求注意力高度集中，因而即使是对别的设备无影响的电压瞬变也可能严重地影响雷达、声呐以及其他电子与武器系统负载。

稳态外加电压的5%标称值变化在普通的电子设备是允许的，因为这些设备性能稳定，所以这种电压变化的影响可忽略不计或者可通过对设备的调整进行校正。

瞬变期间工作暂时受到影响是允许的，只是此种瞬变不应造成任何元件的故障，不应阻碍正常运行的恢复，不应要求设备在瞬变终了时再做重建工作的循环。因此，在大多数情况下设备设计中要考虑必要的校正措施。

有几个情况出现过一些由谐波引起的故障。第一个情况就是测量目标飞行速度用多普勒雷达会由于外来噪声而给出错误的信号。电源中存在有23次谐波，雷达就自动跟踪这个频率，而它与飞机的速度无关。这个问题最后用滤波办法予以排除的。由于出现了这种差错，所以在具有代表性的舰船上进行了测量，部分测量结果示于表3－1。另一种情况是同一谐波在CVA38航母上的某个电子设备中也曾产生噪声，这也是用滤波器予以排除的。

表3－1 电压波形谐波含量典型数据测量值(%)

谐波	DF765	DDR882	DE679	CVL48	CVA14
1	96.2	99.5	99.6	98.3	100
2		3.76			
3	1.48	1.62			
4		2.02			
5	3.72	1.27	2.65	1.5	1.59
7	1.33	1.37	1.97	2.75	1.7
11	1.38	0.96	1.15	0.98	
13	1.24		1.11	1.09	
17	1.69		1.79	0.87	
19	2.84		2.3		
23	24.1①				0.881
25	8.13①				0.884
29	1.99	①	①		
31		1.94①	3.7①		
35				①	
37			0.97	10.4①	0.872①
41		1.07			

表 3-1(续)

谐波	DF765	DDR882	DE679	CVL48	CVA14
47	1.79				
49	1.83				
59		1.91	2.36		
61		2.04			

①发电机的槽频率

注:(a)凡未列数值者谐波含量极小。

(b)据傅里叶分析,电压波形的均方根值(即有效值)等于各单次谐波均方根值平方和的再开平方。

3.2 舰船供电系统的稳态电压调整

舰船交流供电系统的电压调整由发电设备的性能和馈线电路上的压降确定。因此,控制这两个因素足以有效地调整系统电压。而要有效地调整系统电压又必须控制这两个因素。在稳定的平衡负载情况下,系统电压调整实际上主要受馈线电路的压降控制。因为发电机配有自动电压调节器,它能使配电板母线电压保持不变。然而,在不平衡负载情况下和并联运行时对无功负载分配的要求使得正常的线电压有所偏离,由于这个原因,最好简单地回顾一下交流发电机的稳态电压调整和各种不同类型自动电压调节器的工作特性。

3.2.1　交流发电机在平衡负载情况下的稳态电压调整

图 3-9 所示为在平衡的稳态负载情况下运行的一台交流发电机通常使用的简化矢量图。矢量 $\boldsymbol{e}_t$ 和 $\boldsymbol{I}$ 分别代表相电压和电枢电流。当 $\boldsymbol{e}_t$ 加上电枢电阻压降(Ir)和电枢漏抗压降(IX_L)时,可得矢量 $\boldsymbol{e}_1$;它代表由气隙磁通(ϕ)产生的电势,且 ϕ 超前 e_1 90°(电角度)。这个磁通代表气隙中的净磁通。为了产生这个磁通,需有一个正比于 It 的磁势。电枢电流产生电枢反应磁势,它在时间上与电枢电流同相,将其折算到磁场电流则为 A_i。因此,为产生出表征为 It 的净磁场,励磁电流的幅值和磁场结构的位置应使得 I_f 和 A_i 矢量相加等于 It。如不计饱和影响,OB(标为 e_f)为对应于磁场电流(I_f)的开路电压。这就是由图 3-10 所示空载饱和曲线对应于 I_f 横坐标在气隙线上所取得的电压值。如把等效于电枢反应作用的电压

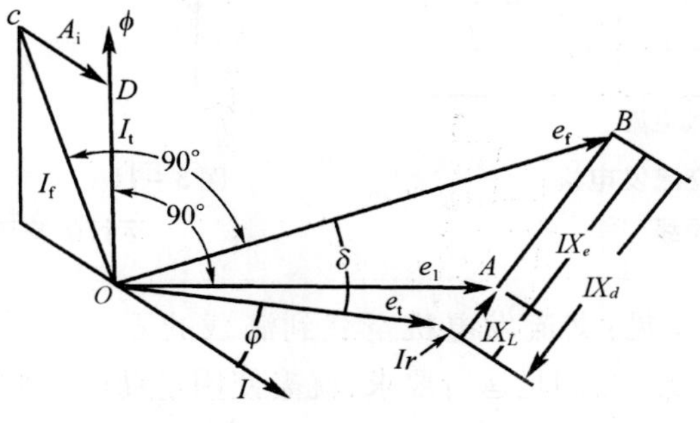

图 3-9　非凸极式交流发电机的简化矢量图

降 AB 与电枢漏抗压降(IX_L)合成起来,可得一个叫做同步电抗压降的等效电抗压降(IX_d)。因此,同步电抗(X_d)就是这样一个电抗:将其乘以电枢电流后与端电压矢量相加,产生内电压(e_i)。参见图 3-11(负载功率因数为零的情况下发电机的矢量图),可见,如不计饱和,则对于任何一种零功率因数负载,均可采用从对应于磁场电流大小的气隙电压中直接减去同步电抗压降的办法得出发电机的端电压。

应当指出,以上所有论述均是以不饱和为前提。在一台具体发电机中,如图 3-10 空载饱和曲线所示,存在着相当程度的饱和。由于饱和效应使同步电抗随磁场电流和电枢电流的大小而变化。随前者的增加而减小,而随后者的增大而增加,考虑到饱和效应,交流发电机的稳态工作特性可用图 3-10 的饱和曲线来表征,这些曲线表示出在不同稳态负载情况下维持正常电压所必需的磁场电流变化。

绝大多数计算需要考虑具体运行情况下的发电机的实际饱和度,来校正同步电抗的准确值,同步电抗不饱和值仍是发电机的基本参数,在预测发电机性能时有相当大的价值。从由试验数据得出的空载饱和曲线和满载零功率因数曲线可以很方便地获得不饱和同步电抗(X_d)。在图 3-10 中,磁场电流 OA 是在短路情况下发电机端电压为零、维持满载电流所必需的磁场电流量,在这种情况下,全部内电势必定作为电机中的同步电抗压降消耗掉。因此,不饱和同步电抗欧姆值可用磁场电流为 OA 时发电机的额定电流去除对应于磁场电流 OA 的气隙线上相电压 AB 来求得。在标幺值系统中,不饱和同步电抗等于电压对额定电压之比除以在磁场电流 OA 时的电流对额定电流之比。由于这种情况下电流是相等的,它们相约,不饱和同步电抗就等于电压 AB 除以额定电压。

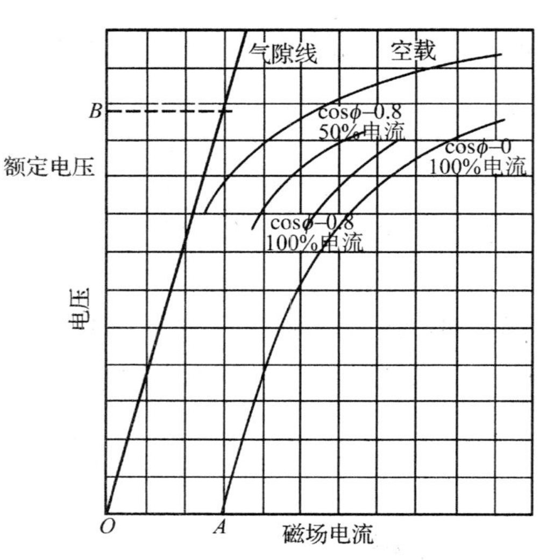

图 3-10　一台交流发电机饱和特性曲线

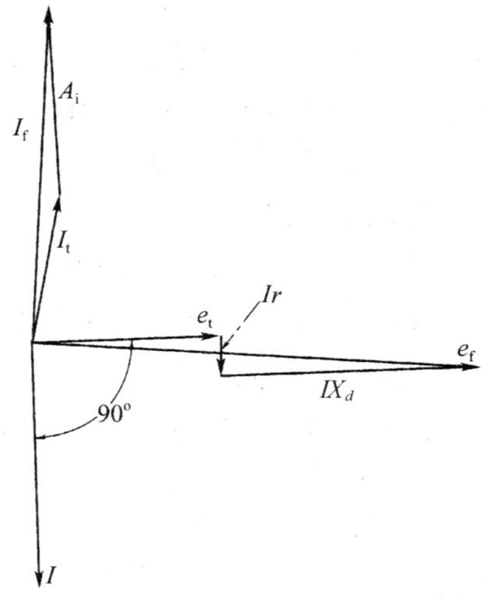

图 3-11　一台在零功率因数负载下运行的交流发电机矢量图

从以上论述中显而易见:交流发电机空载到满载的固有电压调整率很大(通常约为 40%)。而且正因为这一点,为满足运行要求,就需使用自动电压调节器。供交流发电机使用的自动调压器在 20 世纪 60 年代前有三种基本形式。

(a)直接作用的变阻式

此种型式由一个受调压器控制元件直接作用的可变电阻器组成。此可变电阻器通常设置在励磁机磁场回路中。

(b)旋转放大机式

此式为一种专门设计的励磁机。它有许多控制回路,由一个静止的控制元件激励,放大倍数很高,而静止控制元件又受交流发电机输出电压的激励。

(c)静止式

由于用来控制励磁电流和调整速度的器件不同,此式还进而分为两种型式,这两种型式只使用完全静止的器件如电阻器、电容器、电抗器、晶体管、磁放大器和整流器。

第一种型式称作静止的 SCPT 式,是使用一个饱和电流电压互感器(SCPT)来提供励磁功率。静止调压器检测发电机电压偏差并通过改变控制电流,即改变 SCPT 中的饱和点来控制励磁功率。

第二种型式称作静止 SCR 式,是用电流 - 电压互感器(CPT)取得励磁功率,并使用可控硅整流器(SCR)分流来控制此功率。此静止调压器检测发电机电压偏差,并改变 SCR 的触发信号以保持额定的线电压。

就它们在稳态或渐变的负载情况下保持恒压的能力而言,上述各种形式的调压器性能基本相同。唯一不同的是旋转放大机式对频率误差稍许敏感些。

在运行状态突变后的最大电压降和恢复时间方面,静止 SCR 式的性能要优于其他型式系统。同样,旋转放大机和静止 SCPT 式的性能优于直接作用式,图 3 - 19 示出前两种型式的性能对比。而图 3 - 17B 示出两种静止调压器的性能对比。

静止 SCR 式的响应很快,在发电机尚处在超瞬变阶段就开始控制电压,而其他型式的时间延迟较长,到瞬变阶段才开始控制发电机的励磁。

上述几种调压器除电气性能不同外,尚有其他许多不同之处,因此要求对它们在舰船上的适用性(如大小、质量、可靠性和维修等方面)加以考虑。

一般来说,两种静止调压器要比其他型式的优点多,包括维修量减少,可靠性提高和性能改善等。

在交流发电机并联运行时,机组间的有功负载的分配仅由调速器确定,另一方面,无功负载的分配不仅由电机的励磁电压和电抗来确定,而且还由有功功率的分配来确定。因此,如果每台电机上的励磁固定,则任一台机组所承担的无功负载将随那一机组上有功负载的增加而减少。然而,若并联运行的若干台交流发电机中有一台发生励磁变化,那也仅仅改变无功负载的分配,而不改变有功负载的分配。

由上可见,为了获得交流发电机的良好并联运行,务必控制两个量,即控制调速器整定值和励磁。

控制交流发电机励磁以保证其并联运行时无功负载呈良好分配的方法有好几种。在舰船日用交流发电机上,最好的方法是提供每一台发电机的电压随无功负载的增加而下垂的特性。这样,就无需在不同的发电机之间均压连接,使每一台机组成为一独立单元,电压下垂特性是通过无功负载补偿器来取得,此补偿器引入一正比于无功负载电流的电压加在调压器控制元件上与线电压串联,使它随无功负载的增加而减少励磁。

决定调压器保持以上述方式良好分配无功负载能力的有两大因素。这两大因素是电压下垂度和每一台调压器的灵敏度。调压器的灵敏度定义为：使调压器响应并使发电机励磁开始变化的最小电压值。不同型式调压器的机理有所不同，但影响发电机励磁方面灵敏度带的宽度与电压下垂度大小（因而也是无功负载分配大小）两者之间的一般关系却适用于各种形式。图 3－12 示出间接作用式调压器的这一关系。

显然，用上述电压下垂特性方式作无功负载补偿会导致配电板母线电压随无功负载的变化而变化。一般使用的补偿量是：额定功率因数下，当负载从空载至满载变化时发电机电压产生 4% 的下垂度。难得发生这样大小的负载变化，而且，对于所有稳态负载工况，配电板操作人员通常都把电压再重调至正常值。

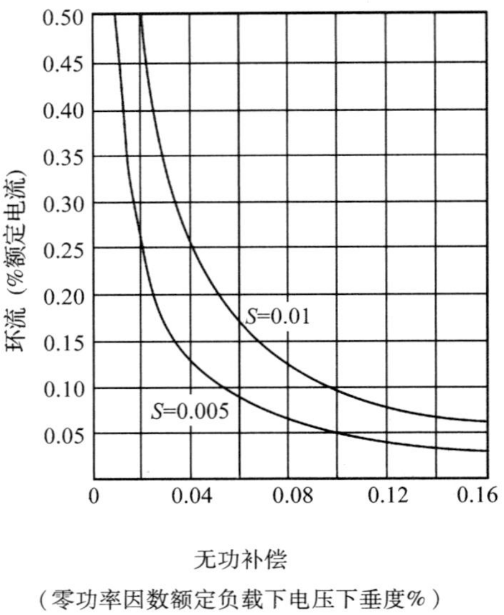

图 3－12 无功负载补偿程度对两台并联运行的、装有间接作用式调压器的发电机的影响（S—调压灵敏度，以标幺值表示）

3.2.2 交流发电机在不平衡负载情况下的稳态电压调整

照明、电弧炉、内部通信、无线电、雷达、火控系统以及类似负载可造成舰船日用交流发电机三相负载的不平衡。这种负载不平衡对发电机电压调整的影响，采用对称分量法，是很易于进行分析的。为此可以提出：发电机中相电流的不平衡导致端电压的不平衡；此端电压又可分解成一组平衡的正、负序电压分量。端电压的正序电压由发电机的励磁与同步电抗以及负载大小来确定，而负序电压则仅由发电机的负序阻抗和负载不平衡的程度来确定。负载平衡时，负序电压为零。正序电压等于端电压。

负序电压与不平衡的单相负载电流和发电机负序阻抗间关系用下式表达：

$$E_2 = \frac{I_1}{3} Z_2 \times 100\%$$

式中 E_2——负序电压（用百分数表示）；

I_1——单相负载电流（用标幺值表示）；

Z_2——发电机的负序阻抗（用标幺值表示）。

电压不平衡不仅取决于负序电压的大小，还取决于它的相位角，这个相位角由单相负载电流的相位角确定。不过，若负序电压的大小给定，电压不平衡不会大于某一确定的最大值，此值与单相负载电流的相位角无关。图 3－13A 示出了最大的电压不平衡，即：相电压之间的最大差值（用标称电压的百分数表示）与负序电压（用百分数表示）间的函数关系。为说明上述公式和图 3－13A 的应用，假设不平衡单相负载电流为发电机额定电流的 15%，负序阻抗为 0.30 标幺值，则负序电压为 1.5%，而由图 3－13A 可见，最大电压不平衡为 2.6%。若规定电压不平衡的允许范围很窄时，如对Ⅲ型舰船电力规定为 1%，则应使用图

3－13B来确定最大的负载(kVA)不平衡。

向不平衡负载供电的发电机母线上所连接着的感应电动机，为不平衡负载电流的负序分量提供了一条附加流通通路，起着相位平衡器的作用。这相当于减少了发电机负序阻抗的数值，因而减少了端电压的负序分量。然而，若感应电动机负载相对于发电机来说不大，则在减少电压不平衡方面的影响也不大。

由以上论述显而易见，由于负载不平衡所产生的交流发电机相电压不平衡完全是由发电机负序阻抗和负序电流的大小造成的结果，而与调压器的作用完全无关。调压器仅控制励磁，并由此控制正序电压值——它确定着平均电压而不是不平衡程度，为限制电压不平衡，需要控制的是负序电压。

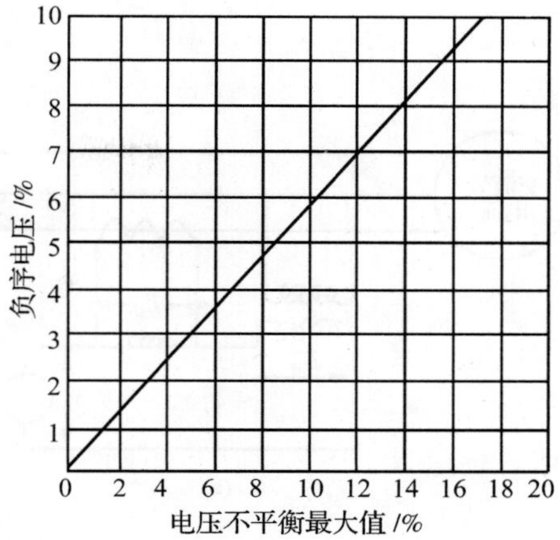

图 3－13A　在正序电压等于额定电压的情况下，最大电压不平衡与负序电压之间的关系

注：在图 3－13A 中，X_2为负序电抗，此值可代替上式中的 Z_2，R_2可不计。

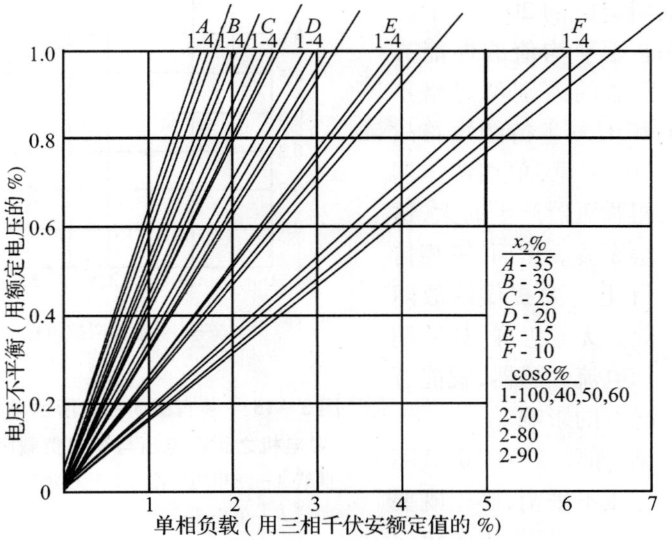

图 3－13B

在不平衡负载情况下，调压器对平均电压的影响程度取决于加在调压器控制元件上的是哪种电压及无功负载补偿的形式和大小。如果控制元件响应于三相电压，诸如一台由三相整流器供电的力矩电机或螺线管那样的情况，调压器就只是通过补偿下垂量的大小把三相电压的平均值保持在有别于正常电压的某一个值上。而且，可以指出，如果不平衡程度不大，即负序电压较小，则三相电压的平均值大致等于正序电压。图 3－14 示出一典型的单相调压器接法，线路中的控制元件是由一个线电压和另一相的下垂补偿来激励的。调压器并不影响电压不平衡度，但它通过改变正序电压值去改变配电板母线上所保持的电压水平。

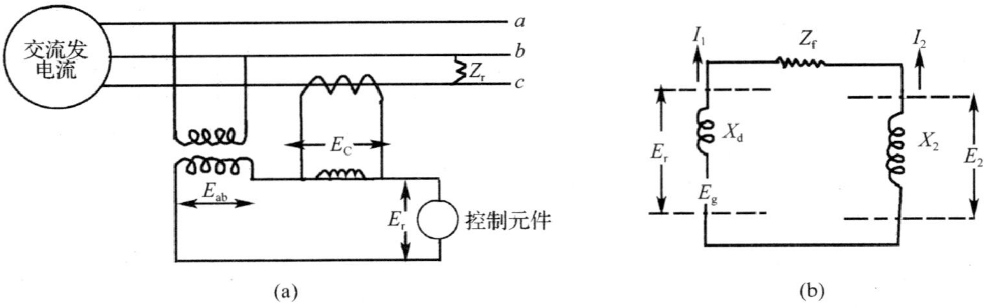

图 3－14

(a)装有单相调压器并接着单相负载的交流发电机示意图;(b)正、负序网络的等效连接图

各种调压器在不平衡负载下对交流发电机电压的影响概示于图 3－15 和图 3－16。由图可见,对于单相负载电流值较小——为发电机额定值的 20% 以下的情况下,在维持端电压平均值的性能方面,单相和三相调压器的差别可忽略不计。在未被调节的相上发生持续短路故障情况下,从图 3－16 可见,单相调压器产生的电流不如三相调压器产生的大,这点与是否有下垂补偿无关。然而,三相持续短路故障电流实际上是要提供给故障保护的一个重要参数。无论怎样,如使用一个带补偿器的饱和电流互感器,就能有效地消除在短路情况下的影响。

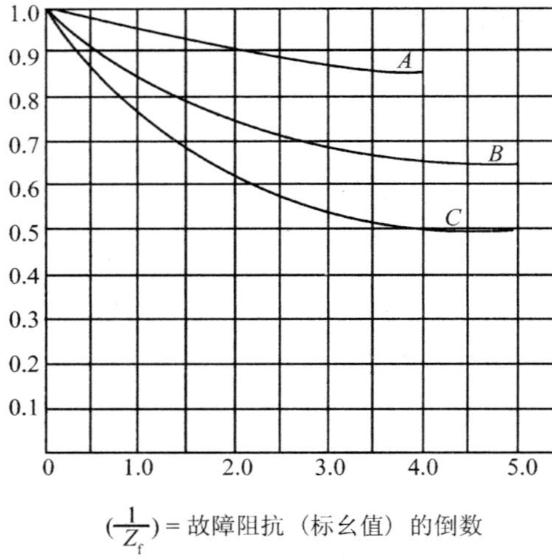

图 3－15　装有图 3－15 所示单相调压器的交流发电机之正序电压与单相负载阻抗之间的关系

曲线 A—三相调压器带 5% 无功负载补偿和电抗负载;
曲线 B—单相调压器带 5% 无功负载补偿和电抗负载;
曲线 C—单相调压器不带无功负载补偿和电抗负载

由上述讨论可见,如要减少因负载不平衡而造成的系统电压不平衡,必须既要减小不平衡负载,又要减小发电机的负序电抗,可惜,后者与发电机的其他参数有关。其中,最重要的一个参数是超瞬变电抗,发电机超瞬变电抗决定了系统短路电流的大小,而且在许多情况下超瞬变电抗必须尽可能保持为高值,以把短路电流减至最低值。高值的超瞬变电抗将导致较高值的负序电抗,因而,既然在实际舰船日用的电力系统上不平衡负载通常较小。所以通常是要求一个高值的超瞬变电抗,即使这样做可能意味着电压不平衡会有所增加。

就适当考虑这些因素来说,典型的美海军舰船用发电机的参数已经满足了要求。

除产生电压的不平衡外,大的不平衡负载还会引起向其供电的发电机的过热,大部分附加的发热通常发生在发电机的转子部分。在带有较大不平衡负载的场合,实质性的问题是转子(磁场结构上)应该具有阻尼绕组,以把损耗和随之产生的发热减少至最低限度。负序电阻就是以不过热为前提确定发电机携带不平衡负载能力的发电机参数,据此参数就能计算出附加损耗。在有代表性的美海军舰船上进行的测试表明,Ⅰ型、Ⅱ型和Ⅲ型舰船的电压不平衡均很好地落在军用标准 MIL - STD - 1399 第 300 章中规定的数值范围内。

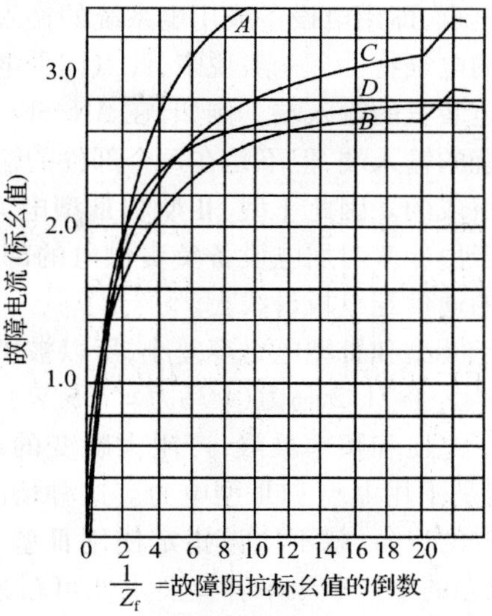

图 3 - 16　装有单相调压器的交流发电机单相负载阻抗与单相负载电流间的关系

曲线 A—三相调压器带 5% 无功负载补偿和单相电抗负载;
曲线 B—单相调压器带 5% 无功负载补偿和单相电抗负载;
曲线 C—单相调压器不带无功负载补偿和单相电抗负载;
曲线 D—单相调压器(或三相调压器)带 5% 无功负载阻抗和三相电抗负载

3.2.3　电缆的电压调整

舰船电力系统上使用的电缆长度多半较短,所以,载流量通常是选择电缆规格的主要因素(尤其是用450 V 交流系统的电缆规格)。不过,还必须有电压限制,并需作出计算以保证系统能按规定运行。还有,在用Ⅱ型或Ⅲ型电力供电的场合,电缆的电压调整是一个重要项目,须考虑通过遥测的方式,或者如果变压器上的负载是恒定不变的,借助于设备变压器中的抽头,也可使用线路电压调节器进行调整。

3.2.4　正常运行负载情况下的系统电压调整

美海军舰船通用规范第 300 章规定:所有用电设备应选用美国军用标准 MIL - STD1399 第 300 章中所规定的一个标称电压定额和容差值,详见 1.2 节。

现行的美海军舰船通用规范和设备规格书中允许的电压降范围和电压调整是以构成供电系统的诸部件设计用的最大值为基准的。对于Ⅰ型电力,通过调整最大电压偏差百分数到基于实际运行情况下的具体的偏差值,使负载处电压降数值达到系统运行所要求的 ±5%。举例来说,发电机规格书中规定:负载 0 ~ 100% 变化时所引起的稳态电压偏差最大允许值约为 4%,负载稳定的情况下调压器所允许的偏差为 ±1%。在实际运行时,在操作者未去调整电压的情况下,发电机上的负载变化不应大于 25%,因此,在实际运行条件下,发电机的电压偏差应明显小于设备规格书所允许的最大偏差值,电缆中的实际压降也应明显地低于现行美海军舰船通用规范第 304 章中通常规定的数值,因为电缆规格通常是按载流量确定的。而且,实际压降还应小于计算的压降,因为计算是以最大电流和最高温度情况为前提的。变压器电压调整 2% ~3% 是以满载为前提的。而在实际运行情况下,负载不会满量程变化,即负载要大大低于满载额定值。实船测试表明,负载时的电压稳态调整值在规定的 ±5% 之内。

建立Ⅱ型和Ⅲ型电力是为了向需要更精确的电压调整和频率调整的设备供电,例如向重要的电子设备和导弹系统部件供电。

配电点,即用电设备或用电系统的输入端,应具有军用标准 MIL - STD - 1399 第 300 章中规定的电气特性。一般说来,此点同受电负载有关,可定位在如下两部位之一处:

用电装置的输入端。例如,在 AN/SPG - 55A 型雷达的发射机处。

系统的输入端,但不是在每个部件的输入端。此系统是由位于舰船若干区域中的许多部件所组成的。因此Ⅰ型、Ⅱ型和Ⅲ型电力所列的各点特性不可能向所有的负载提供,这要取决于由那些对用电设备负责供电的部位所控制的配电系统的范围,例如,在向通信系统供电的通信配电板母线上。

由于Ⅱ型和Ⅲ型电力容差小,所以被供电的负载应只限于要求此种容差的那些特定设备。凡是大于 71/2 马力(1 马力 =735 W)的电动机在设计上应使用Ⅰ型 60 Hz 电力。为了控制瞬变电压和频率极限,产生大瞬变的设备数量以及大负载的通断次数都应尽可能限制,特别是不用Ⅱ型和Ⅲ型电力。这种情况必须个别地进行处理。但是凡有可能,对于产生大瞬变的设备,就不应该指定使用Ⅲ型电力。如果负载比较恒定或者至少其变化范围小,则稳态的电压和频率容差要求便可较易达到。因此,在选择标准电源时应视需要优先考虑Ⅰ型,然后才是Ⅱ型和Ⅲ型。

3.3　舰船供电系统在瞬变情况下的电压调整

电动机启动是舰船交流供电系统上主要的瞬变电压扰动源。由全电压启动电动机引起的电压降允许值已正式地在现行美海军舰船通用规范的第 302 章中予以规定。由额定电压供电时感应电动机或同步电动机的启动电流通常等于电机满载电流的 6 ~ 8 倍——这取决于电机设计、效率和转矩要求,功率因数约为 0. 35。这样,在舰船上有许多电动机的容量相对于发电机额定值来说,是相当可观的,当启动电动机时可能会在电站上强加一个低功率因数的大负载,所产生的电压扰动也会大于系统上任何其他负载变化所引起的扰动。

当负载突然加在一台交流发电机上时会发生电压跌落,其大小由下列因素决定:

a. 所加负载的大小和功率因数;

b. 发电机的特性;

c. 发电机励磁系统的特性。

因此,为了在瞬变负载下有效控制系统的电压,必须分析这些影响,并确定其中各个因素的相对重要程度。

通常,现行美海军舰船通用规范第 304 章允许的因电动机启动所引起的各种电压下降,取决于预计的电动机启停控制的频率如何。图 3 - 17A 和 3 - 17B 示出的是在系统标称电压下启动感应电动机所引起的典型的电压瞬变值(有效值)。应当指出,这些曲线表示最大可允许电压下跌的典型的瞬变量变化情形,而实际上可能出现许多变化。在此例中达到的最低电压就是将会出现的最小值,但应急运行情况时例外。然而,达到最小值的时间变化范围为 0. 01 ~ 0. 3 s,而恢复时间的变化范围为 0. 02 ~ 2. 0 s,这取决于发电机的定额和所用励磁系统的类型。图示的最大电压瞬变为通常出现的数值。然而,在有些情况下,最大电压瞬变可与负电压偏差一样大。图示总的恢复时间为最大瞬变电压恢复时间,在大多数情况下,电压瞬变可在 1. 2 s 或不到 1. 2 s 内恢复。

3.3.1 发电机特性

图 3-17 是按典型波形图绘制，示出一台在励磁机励磁回路中装有直接作用式自动调压器的交流发电机，当突加一恒定阻抗的负载时交流发电机的端电压、线电流、励磁电流和励磁电压。电压曲线研究表明：在加载时发生瞬时电压降（$a-b$），继之是电压衰减至最小值（c）点。此时，调压器使发电机励磁电流发生充分的变化，开始使电压恢复到正常值。由图明显可见：电压降的量值与调压器的工作完全无关，后者仅影响电压衰减的终点。

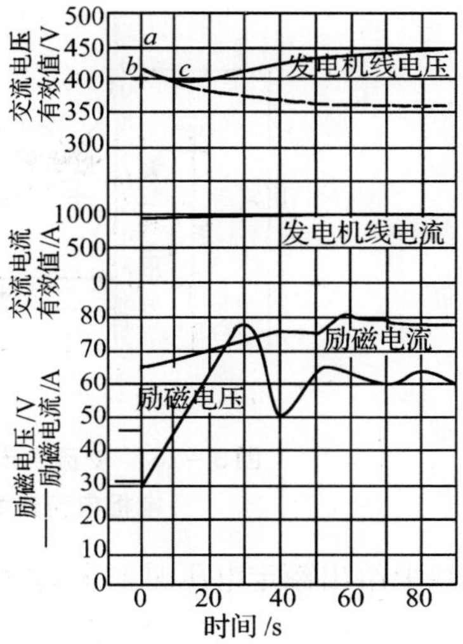

图 3-17　带有直接作用于励磁机磁场型调压器的舰用交流发电机在突加 2 倍标幺阻抗、零功率因数负载时典型的电压瞬变曲线

图 3-17B 所示为在一台绕线转子发电机上突加负载标幺阻抗为 2.0 的结果。曲线 A 为用装有静止 SCR 型调压器的发电机得出的响应特性。可以看出，电压恢复极快。曲线 B 为用静止 SCPT 型调压器取代静止 SCR 型调压器后得出的响应特性。可以看出，电压在超瞬变范围（虚线）内未得到校正，而是延伸出此点，在瞬变范围内校正的。

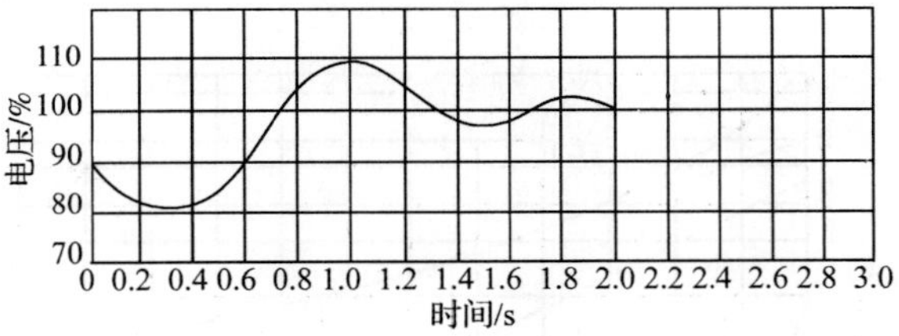

图 3-17A　在瞬变范围内工作的直接作用电阻式、旋转放大机式和静止 SCPT 式调压器典型的电压瞬变（用瞬时电压有效值百分数表示）曲线

用一台小发电机启动一台较大电动机所出现的瞬变现象很类似于一台发电机短路时所具有的现象，因此可按相同方式进行处理。图 3-18 示出一台没有调压器的发电机在空载情况下三相短路时典型的短路电流与时间关系曲线。如该图所示，总电流可分解成一个稳态、一个瞬变和一个超瞬变分量，决定各个电流分量大小的因素与启动电动机时导致发电机产生端电压下降的那些因素相同。

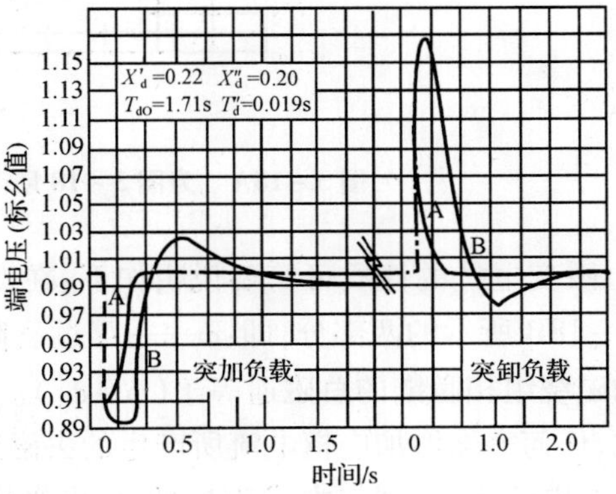

图 3-17B　发电机装有静止调压器，突加和突卸 2.0 标幺值阻抗、零功率因数负载时典型的电压变化曲线

曲线 A—静止 SCR 型；曲线 B—静止 SCPT 型

稳态短路电流为最终持续值。由于此电流去磁反应大，因而发电机中磁通密度低于饱和点。因此，稳态电流等于在空载

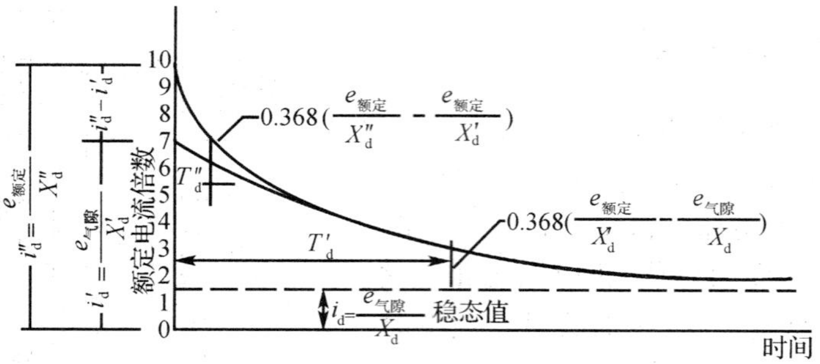

图 3-18　交流发电机在空载、额定电压下突然三相短路时电枢电流对称分量有效值与时间的关系曲线

饱和曲线上给出额定电压时要求的励磁电流所对应的气隙电压除以不饱和的同步电抗：

$$i_d = \frac{e_{气隙}}{X_d}$$

如果从总电流中减去稳态分量，并在半对数纸上绘出除去稳态分量后的剩余电流（图 3-18A），合成曲线的直线部分就是电流的瞬变分量。将直线延伸回至零时刻并加上稳态电流，就可给出瞬变电流的初始值，此电流通过一个电抗（称为瞬变电抗）来定义，由下式表达：

$$i'_d = \frac{e_{额定}}{X'_d}$$

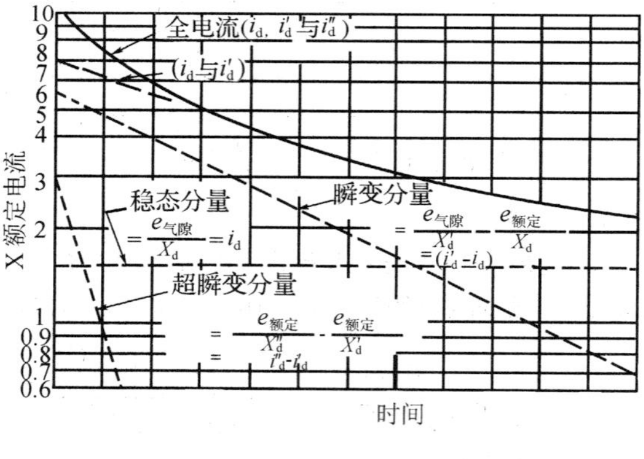

图 3-18A　为图 3-18 所示电流与时间关系的半对数曲线

瞬变电抗的性质可简要说明如下：在发生短路之前，与励磁绕组相关的磁通可分解成图 3-18B 所示的两部分，即：ϕ——穿过气隙的主磁通；ϕ_1——与励磁绕组匝链的漏磁通。同励磁绕组相匝链的总磁通等于（$\phi+\phi_1$）。在任何运行条件下，这些磁通都不能瞬时突变，因之，任何突然增加电枢电流所产生的去磁效应都必须通过增加一份励磁电流来对消。如果励磁电流增加，则与之成正比的 ϕ_1 也必增加，因此，为使（$\phi+\phi_1$）不变，ϕ 就必须减少。稳态运行情况表明，气隙电压（e_1）正比于气隙磁通（ϕ）。因而，当突然短路时，原本等于端电压的 e_1 随 ϕ 的减少而成比例地减少。瞬变短路电流的初始值等于 e_1 除以 X_1（电枢漏抗）。既然 e_1 已按上述方式减少，所以瞬变电流小于用电枢漏抗除空载开路端电压所得出的电流。不过,如把气隙磁通和电压的减少同电枢漏抗联系起来,则可得出一个等于瞬变电抗的单一的电抗,按上述方程式用它去除额定电压时就得出初始短路电流。因此,瞬变电抗稍大于电枢漏抗,并包括了短路情况下励磁电流增加而带来的磁场漏磁通增加所产生的效应。

由上述讨论可见,高起始值的电枢短路电流通过励磁回路中感应的电流来维持。励磁回路中感应的电流呈指数衰减,衰减时间常数称为瞬变短路时间常数 T_d'。因而,气隙磁通和电枢电流也按下列表达式以相同的时间常数进行衰减:

$$(i_d' - i_d)\mathrm{e}^{-\tau/T_d'}$$

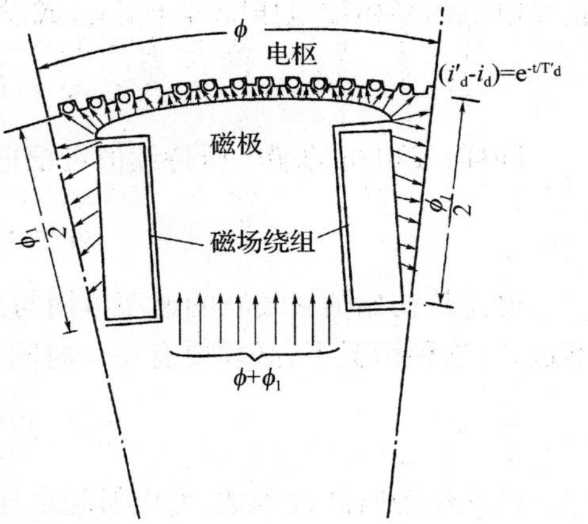

图 3－18B　空载时交流发电机中的气隙磁场和漏磁场

如励磁绕组上加一直流电压,考虑到发电机电枢开路情况,则可清楚看出时间常数 T_d' 的性质。在此情况下,建立磁场电流的速率由励磁绕组电感与电阻之比来决定。其中与励磁电流变化率有关的时间常数可用开路瞬变时间常数(T_{d0}')来表示。在电枢突然短路的情况下,发生的磁场电流增加将会减少励磁回路的有效电感(因为磁通保持不变而磁场电流却增加了)。这样,在短路情况下励磁电流的时间常数比电枢开路时的数值小。时间常数的变化正比于励磁电流的变化,由下式表达:

$$T_d' = \frac{X_d'}{X_d} T_{d0}'$$

在装有阻尼绕组的发电机中或存在其他涡流路径的情况下,在短路的最初瞬间由于在阻尼绕组中感应电流阻止了气隙磁通的变化,因为这个原因,总的短路电流的起始值实际上高于由端电压除以瞬变电抗所确定的数值。这一较高电流可表示为超瞬变短路电流,由下式中超瞬变电抗来定义:

$$i_d'' = \frac{e_{额定}}{X_d''}$$

由于阻尼绕组或维持超瞬变电流流动的感应电流有其他路径,电阻对电感之比较大,总电流的超瞬变分量衰减得很快(2～3 周波)。

因为静止 SCR 型的工作时间小于 3 Hz,所以应考虑与发电机中超瞬变电流和超瞬变电抗有关的现象;而当使用诸如直接作用电阻式、旋转放大机式和静止 SCPT 式这些作用较慢的调压器时,在电压调整问题上可忽略不计超瞬变电流和超瞬变电抗,而只需考虑瞬变电抗、同步电抗和与之有关的时间常数。在瞬变范围内工作的调压器和在超瞬变范围内工作的调压器现在都在美海军舰船中使用,这里将分别予以讨论。

3.3.2　在瞬变范围内工作的电压调整

考虑到突加负载不是零阻抗,并且发电机有一定端电压值,这能用上述有关短路情况下发电机性能的分析来确定电动机启动条件下的调压情况。为此,必须把电动机启动电流变换成一个等效阻抗,再将其同电动机馈线阻抗合并起来,随后把此阻抗连至发电机线端上,计算出实际电流和合成电压降。例如,令发电机在不带调压器、空载条件下作初始运行,求出突加一个零功率因数恒定阻抗负载时产生的电压降。令 X_e 等于所加负载的等效阻抗。使用上述公式,初始瞬变电流(由上述讨论可知,超瞬变电流可忽略不计)由下式表达:

$$i'_d = \frac{e_{额定}}{X'_d + X_e}$$

且发电机的初始端电压降等于 $i'_d x_e$,或发电机的端电压为

$$e'_t = i'_d X_e = \frac{e_{额定}}{X'_d + X_e} X_e$$

同样,发电机的端电压持续值可根据推理和利用上述公式由下式给出:

$$e_t = i_d X_e = \frac{e_{额定}}{X_d + X_e} X_e$$

电压从初始值 e_t 衰减的速率可用与短路电流相同的因数,即励磁回路时间常数来控制。不过,在这种情况下,必须要有一个时间常数的修正值,此值由下式给出:

$$T'_d = \frac{X'_d + X_e}{X_d + X_e} T'_{d0}$$

以此作为时间的函数,发电机端电压表示为

$$e = (e'_t - e_t) e^{-t/T'_d} + e_t$$

参阅图 3 – 17,可清楚看到初始电压降($a - b$)由发电机中瞬变电抗电压降决定;假如没有装调压器,电压就会衰减至由同步电抗电压降确定的数值;电压衰减速率取决于发电机励磁电路的瞬变时间常数。

3.3.3 发电机励磁系统

上述分析已表明了发电机的特性对于在电动机启动情况下如何影响系统电压降的大小。在此问题中要考虑的第二个因素是发电机励磁系统,就是调压器和励磁机的特性影响。

参见图 3 – 17 中励磁电压曲线,可以看出,在加上负载后约 6 Hz 内激励,励磁机电压开始很快地增加。它的发生是调压器短接励磁机的励磁回路中所有电阻的结果。励磁机电压建立的速度定义为励磁机响应,而且是电机的一个基本参数。励磁机电压的最大值称为它的顶值电压。

对励磁机电压上升的响应是使电机励磁电流的增加,但带有一个较小的延时,这个延时由发电机励磁回路的时间常数所确定。

在此情况下,电动机启动电流去磁效应所造成的发电机磁通的衰减被磁场强度的增加相对抗,因而在曲线的 c 点上,发电机线电压开始恢复至正常值。对应于 c 点的时间和电压恢复至正常值的速率也取决于调压器短路掉励磁机励磁电阻所需的时间、励磁机电压建立的速率以及发电机励磁电路的时间常数。

因而,通过确定发电机电压衰减曲线上电压开始向正常恢复的那一点以及达到正常电压所需时间,便可判定发电机励磁系统对于因突加负载所致的电压下降的影响情况。调压器作用时间愈短及励磁机响应速度愈快,在校正措施实施前出现的时间间隔就愈小,因而电压降愈小,恢复时间也愈短。

上述分析和图 3 – 17 的电压 – 时间曲线是针对在励磁机励磁回路内装有直接作用式调

压器的发电机的情况。对于间接作用和旋转放大机式调压器,现象基本雷同,不同的只是恢复时间。这三种调压器的性能比较示于图3-19。该图是根据在突加负载相同的情况下发电机端电压波形图绘制。应当指出的是:所获性能之间的主要差别之一是在发电机励磁电路中使用间接作用式调压器时,在瞬变电抗电压降落之后电压衰减的速率要大得多。其原因在于电动操作的变阻器插入电阻,结果使得发电机励磁回路瞬变时间常数减小。为了在这两种情况下都能将压降保持在相同值上,在发电机励磁电路中工作的调压器高速接触器必须在3 Hz频率内动作,而不是直接作用励磁机励磁式调压器所允许的6 Hz频率内动作。因为电动机是以固有的缓慢的机械速度控制变阻器,所以间接作用式的恢复时间过大,而且,提高这种变阻器的速度是不可能的。因为这样会导致在稳定负载下振荡过大。正因为旋转放大机式调压器响应速度较快,所以它具有最小的恢复时间。

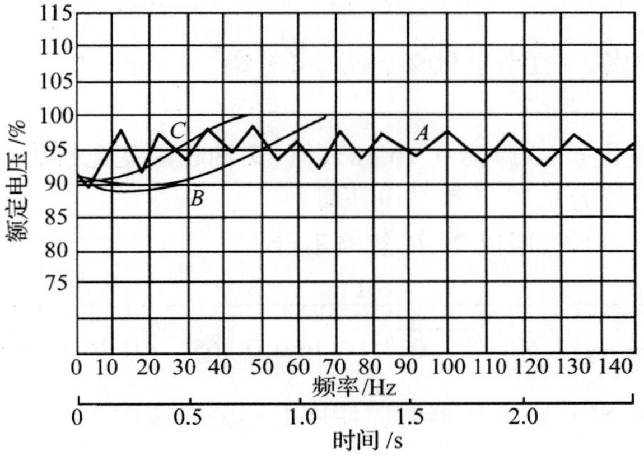

图3-19 各型交流发电机调压器的性能比较

曲线 A—在发电机励磁绕组中的间接作用式;

曲线 B—在励磁机励磁绕组中的直接作用式;

曲线 C—旋转放大励磁机式

静止电磁式励磁系统的性能特性与旋转放大机式基本相同。

3.3.4 在超瞬变范围内工作的电压调整

在超瞬变范围内工作的励磁系统的响应很快。发电机电压在初始变化之后就立即开始恢复。初始的电压升高或降落即是最大瞬变电压。试验结果(图3-17B)证实了这一点。

在突加负载或突卸负载时,初始负载或剩余负载对电压瞬变的影响是不大的。下列公式和图3-21B的诸曲线是在假定无初始负载或剩余负载的条件下得出的。

当 X''_d 和 X''_q 大致相等(差10%或不到10%)时,电机的初始(最大)电压下降是 ΔV_0(突加负载产生的初始电压下降):

$$\Delta V_0 = 1 - \frac{1}{\sqrt{1 + \frac{1}{Z_L^2}[2r_a R_L + X_L(X''_d + X''_q) + X''_d \cdot X''_q]}} \text{(标幺值)}$$

式中　R_L——突加负载的电阻，标幺值；

X_L——突加负载的电抗，标幺值；

Z_L——突加负载的阻抗，标幺值；

r_a——发电机有效电阻，标幺值；

X''_d——发电机直轴超瞬变电抗，标幺值；

X''_q——发电机交轴超瞬变电抗，标幺值。

如果负载功率因数小于90%，则r_a可忽略。如果在发电机出线端测不准电压降，则由于电缆接线、母线之类引起的外部电抗和电阻应加在发电机电抗和电阻上。

当X''_d和X''_q大致相等（差10%或不到10%）时，由于突然卸载引起的初始（最大）电压上升是：

$$\Delta V_0 = \sqrt{1 + \frac{1}{Z_L^2}[2r_aR_L + X_L(X''_d + X''_q) + X''_dX''_q]} - 1.0(\text{标幺值})$$

如果被卸负载的功率因数小于90%，则r_a可忽略。

数字实例是：

发电机直轴超瞬变电抗（X''_d）为0.16标幺值，交轴超瞬变电抗为（X''_q）为0.165标幺值，突加60%负载，功率因数为0.7，计算其电压降。

由于功率因数小于90%，所以$2r_aR_L$忽略不计。

$$\Delta V_0 = 1 - \frac{1}{\sqrt{1 + \frac{1}{(1.67)^2}[1.67\sqrt{1 - 0.7^2}(0.16 + 0.165) + 0.16(0.165)]}} = 0.06 \text{ 或 } 6.7\%$$

发电机装有一静止SCR式调压器时应使用上述公式或图3－21B的曲线估算突加负载时瞬变电压的大小。

精确计算突加负载时发电机端的电压降比上述分析所给出的要复杂一些。特别是在试图计入发电机初始负载、饱和、非零功率因数负载以及调压器的影响时尤其是这样。本文不给更为具体和精确的计算方法。而这些更精确方法无论如何并没有明显地改变所示现象的基本特性，也没有明显改变发电机特性的相对重要程度。

诸如声呐、雷达等脉冲式负载会引起电压调制。其电压调制大小取决于脉冲的幅值和两个脉冲之间的间隔及调压器与励磁机的时间常数。作为一种使用指南，大于图3－22各图中所示范围的脉冲负载所引起的电压调制将大于MIL－STD－1399第300章节中规定，见1.2节。图3－22A或3－22B应用于由装有在瞬变范围内工作的调压器和励磁机的发电机供电的各类负载情况，若向负载供电的发电机装有在超瞬变范围内工作的调压器和励磁器（静止SCR型），图3－22C应用于Ⅰ型和Ⅱ型60 Hz和400 Hz负载。而图3－22D用于Ⅲ型400 Hz负载。

3.3.5　突加负载的大小和功率因数

通过对影响一台交流发电机的调整作用的诸因素的研究可知，对一台既定的发电机和调压系统，突加负载时的电压降为所加负载的数值和功率因数两者的函数。

分析表明：如果负载功率因数在0.4和0.4以下的范围内，电压降没有实质性变化；而若功率因数较高，则对应于一既定的突加负载，电压降要明显地减少。功率因数的影响示于图3－20。

对于一个既定的突加负载，由于饱和，发电机的初始负载也在一定程度上影响加载时的电压下降，最大电压降出现在没有初始负载的情况下，并随着初始负载而减小，其电压降的减小量取决于饱和的程度和初始负载的性质，即是恒定的阻抗，还是一种电流随着电压减少而增加的那种阻抗（如一台承载中的感应电动机）。在舰船供电系统中，以后一种类型的负载为主。因此初始负载引起的电压降往往接近空载值。

综合上述分析中论述的所有因素，绘制成图 3－21各图诸曲线，供计算在一给定发电机上启动给定负载或电动机时的最大电压降使用。装有在瞬变范围内工作的调压器的发电机应使用图 3－21各图。装有在超瞬变范围内工作的调压器的发电机应使用图 3－21B。应当指出：图 3－21各图那些曲线示出的电压降仅为三个变量的函数，这三个变量就是突加负载的大小、发电机瞬变电抗和发电机瞬变开路时间常数。

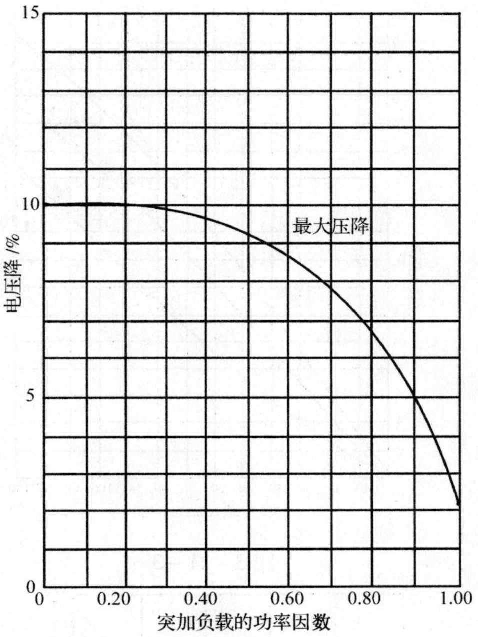

图 3－20　突加负载的功率因数与瞬变电压降的关系

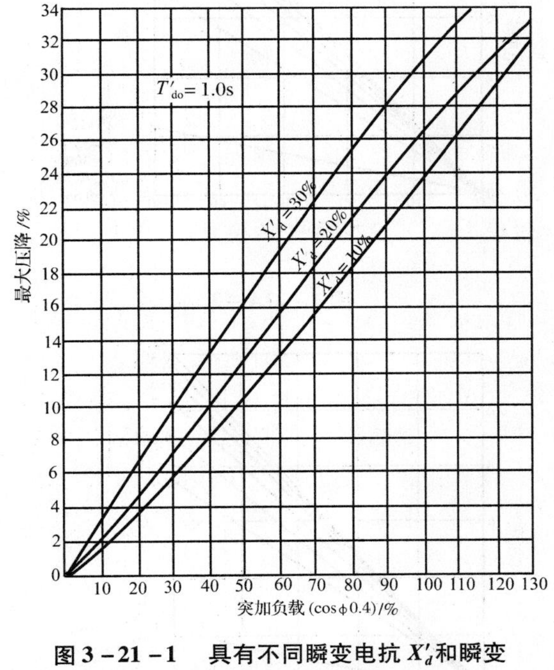

图 3－21－1　具有不同瞬变电抗 X'_d 和瞬变开路时间常数 T'_{d0} 的交流发电机瞬变电压降与突加负载的关系

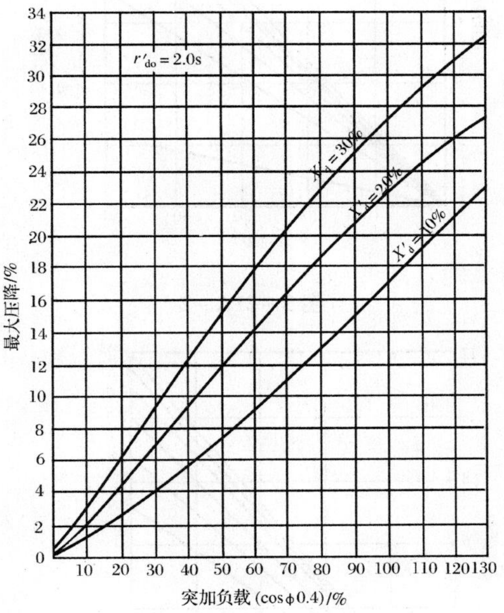

图 3－21－2

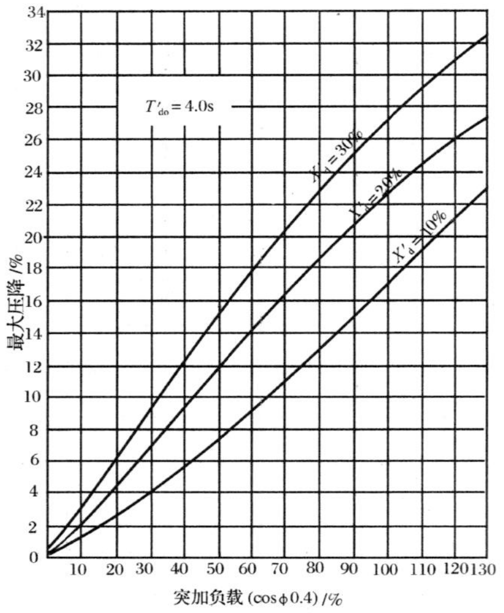

图 3－21－3

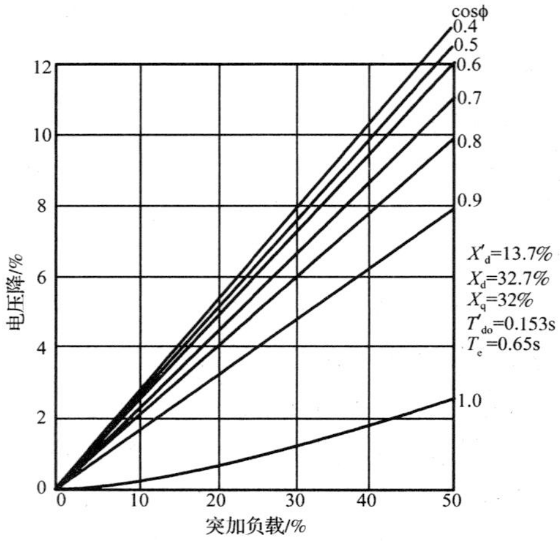

图 3－21A－1

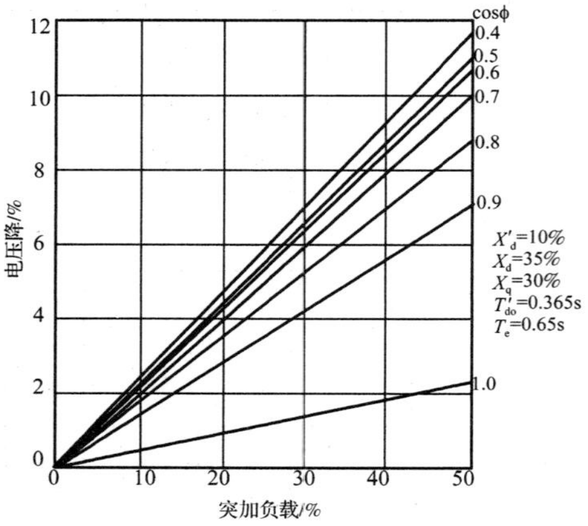

图 3－21A－2

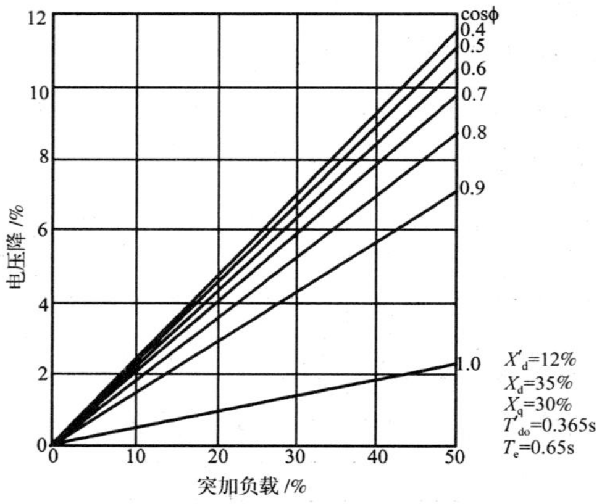

图 3－21A－3

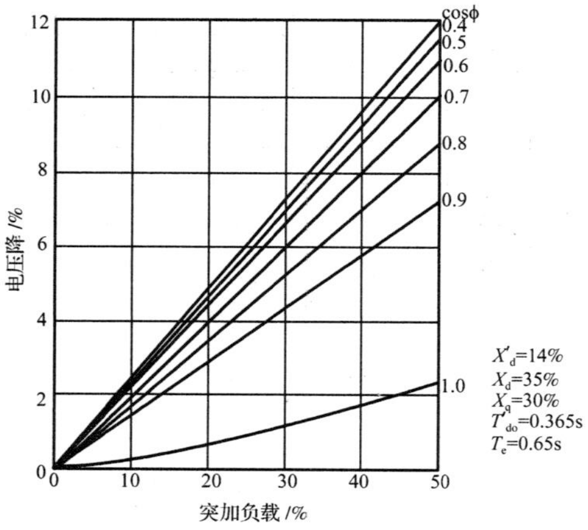

图 3－21A－4

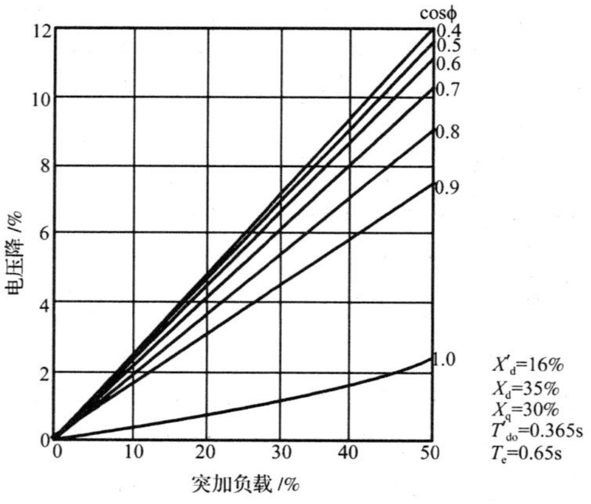

图 3－21A－5

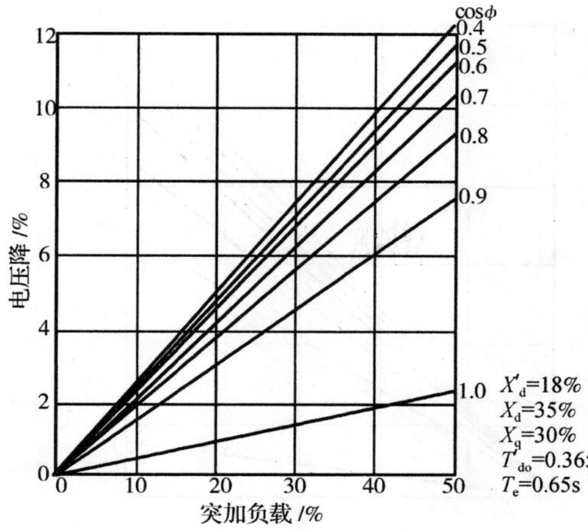

图 3－21A－6

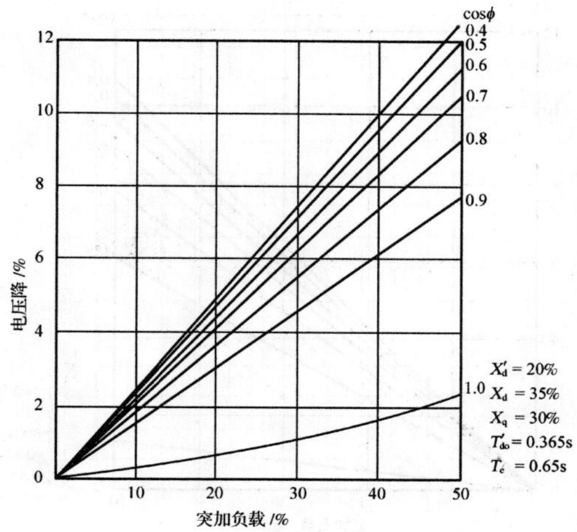

图 3－21A－7

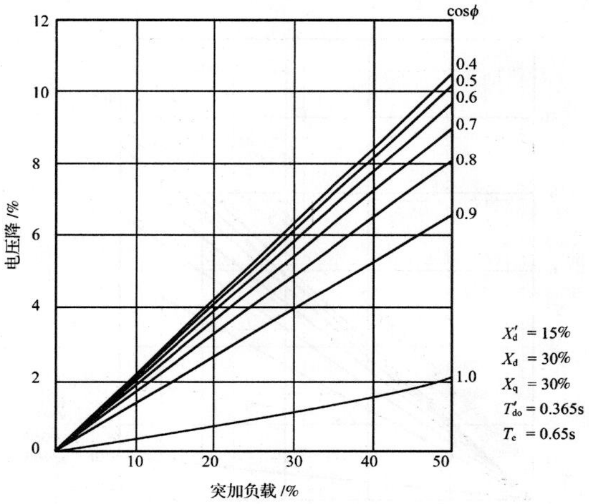

图 3－21A－8

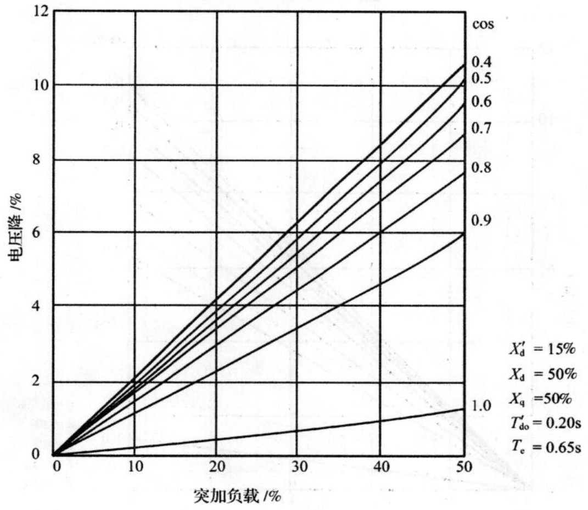

图 3－21A－9

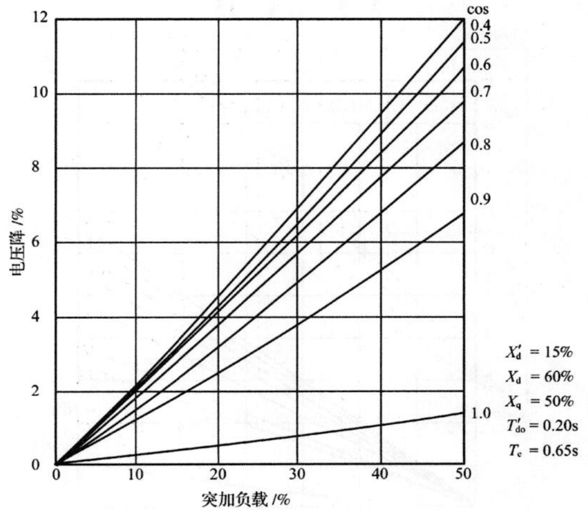

图 3－21A－10

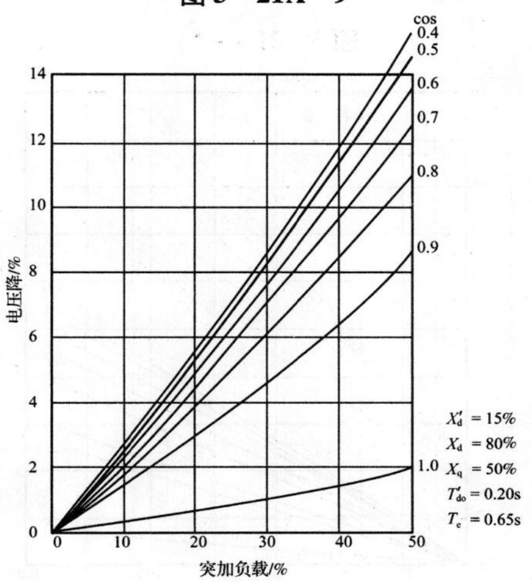

图 3－21A－11

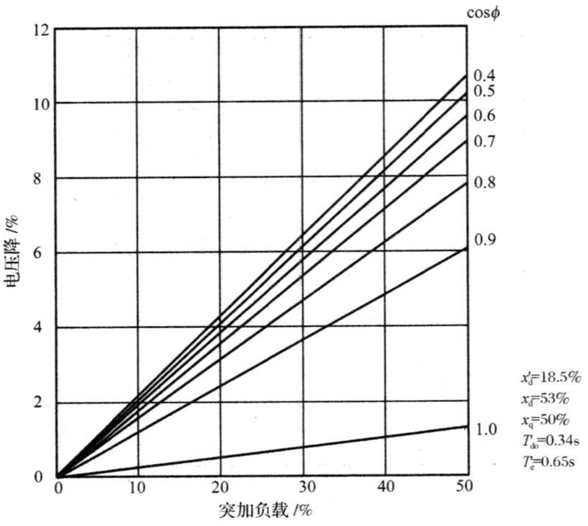

图 3－21A－12

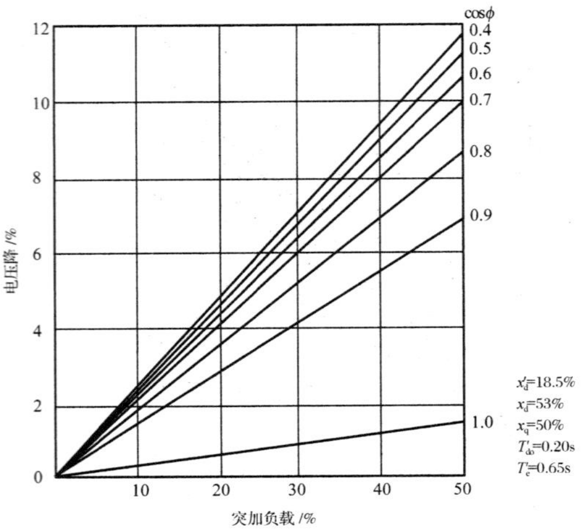

图 3－21A－13

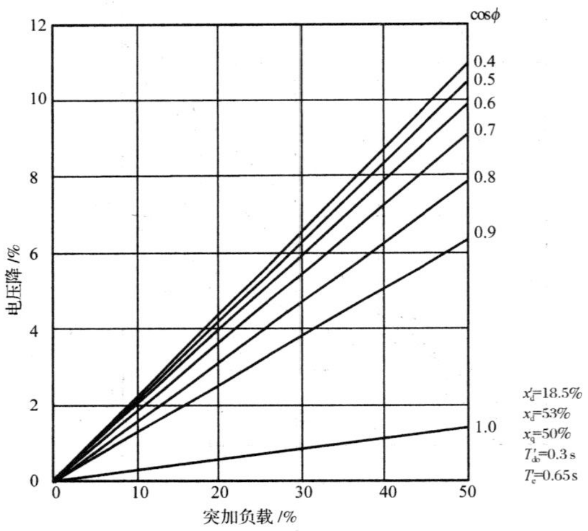

图 3－21A－14

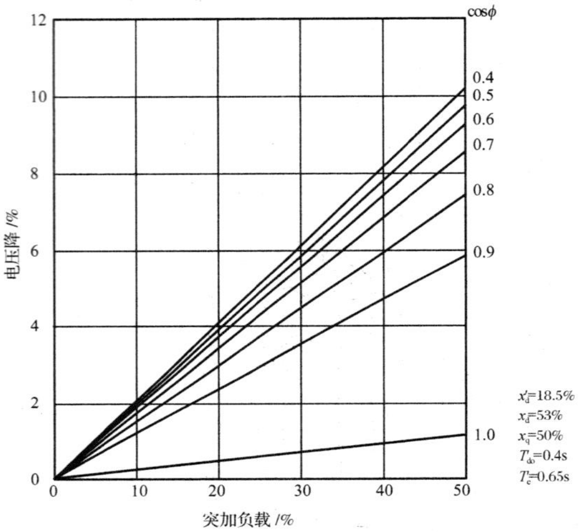

图 3－21A－15

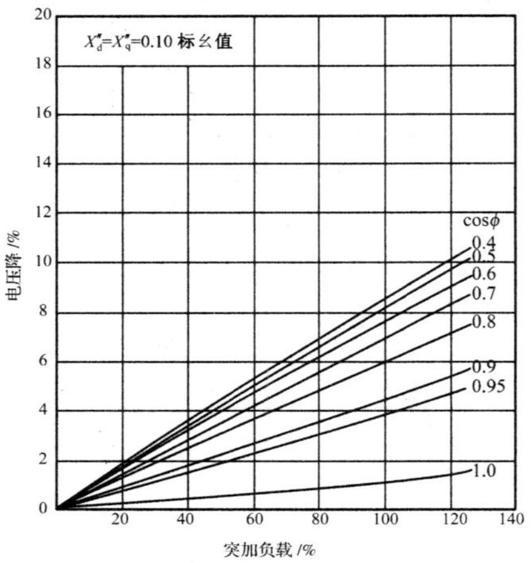

图 3－21B－1

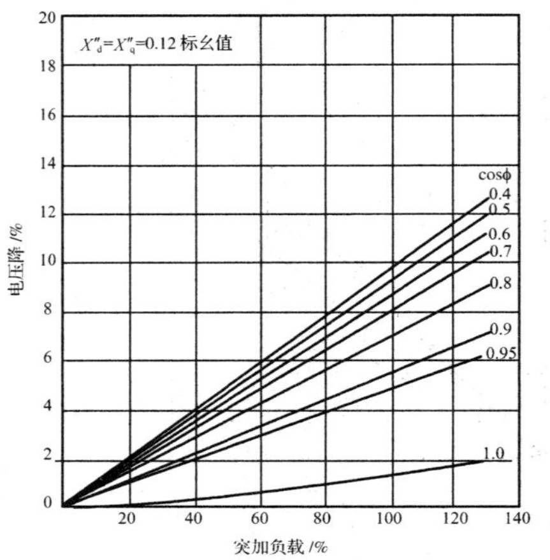

图 3－21B－2

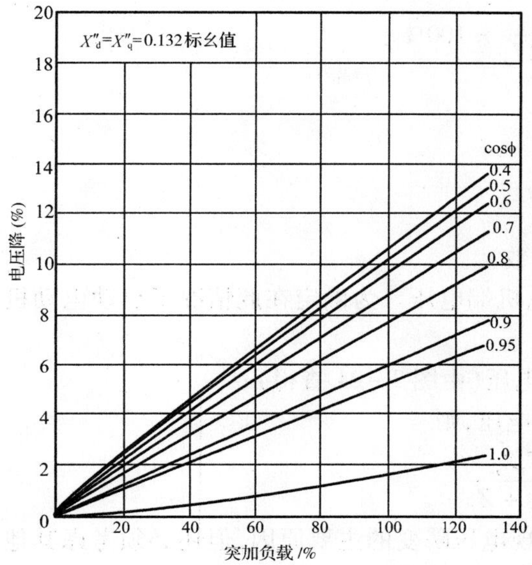

图 3 – 21B – 3

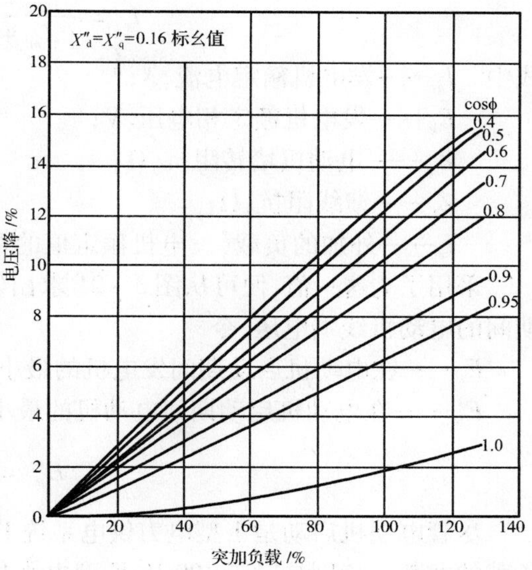

图 3 – 21B – 4

应当指出,在按图 3 – 21 各图确定最大电压降时,突加的负载用额定电压下的发电机的额定电流的百分数来表达,在计算曲线时,负载被处理为一个确定阻抗。普通感应电动机的阻抗,从堵转至少到全速的 75% 前仍保持不变。一般说来,在调压器来得及阻止发电机电压下跌前,电动机不会达到这一转速。因此,为了借助于图 3 – 21A 各图来确定电动机启动时的电压降,可假定感应电动机的阻抗不变。

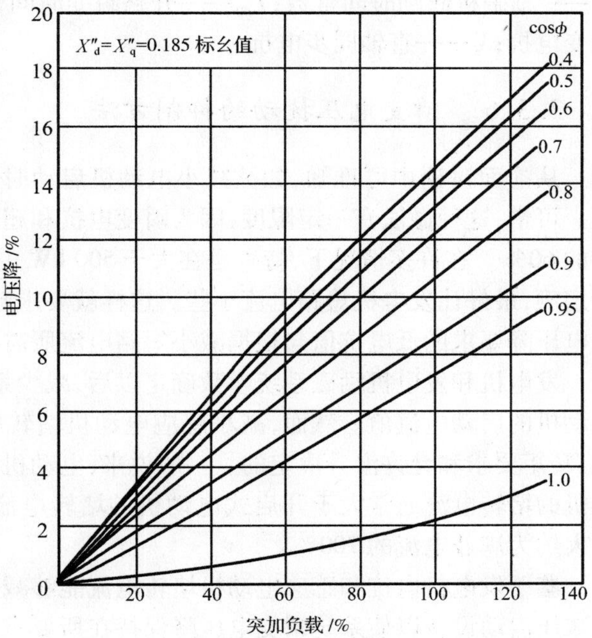

图 3 – 21B – 5

作为图 3 – 21 各图曲线用法的一个示例。假定:在一台 1 500 kW,2 400 A 发电机(其瞬变电抗为 20%、开路瞬变时间常数 T'_{d0} 为 4.0 s)线路上启动一台电动机(额定电压下其堵转电流等于 1 200 A)。电动机启动电流等效于一个 1 200/2 400 即 50% 发电机额定值的突加负载。因此,根据电抗为 20% 和 T'_{d0} 等于 4.0 s 之曲线,最大压降为 9%。

在许多情况下,待启动的电动机不是直接接在发电机端子上,因此在这类情况下计算发电机电压降时要考虑包括馈线在内的电压降。

对于装有在瞬变范围内工作的调压器的发电机,可按如下进行。

$$I_e = \frac{E_g}{(Z_m + Z_f)I_g} \times 100\%$$

式中 I_g——发电机额定电流,A;

E_g——发电机额定相电压,V;

Z_m——电动机堵转阻抗,Ω;

Z_f——馈线阻抗,Ω;

I_e——外加的负载(发电机额定值的百分数)。

采用了 I_e 这一值,便可从图 3-21 求出发电机端电压。为确定在此情况下启动电动机期间的电动机线端电压,令

E_t——在电动机启动期间发电机的最小端电压(由图 3-21 查得);

E'_m——在电动机启动期间电动机的最小端电压,则

$$E'_m = \frac{E_t Z_m}{Z_m + Z_f}$$

尽管电动机启动是Ⅰ型电力供电系统上出现电压瞬变的主要原因,但还必须考虑其他负载的通断。特别是对于 400 Hz Ⅲ型电力供电系统,其瞬变电压极限为 ±5%。既然许多重要电子和武器系统的功率因数通常为滞后 70%~90%,所以接通同样千伏安时的电压降并不像电动机启动时那样大。应该使用图 3-21A 的曲线来估算在突加这类负载时的瞬变电压大小。这些曲线是依据 400 Hz 发电机特性和参数绘制的。这些曲线上使用的参数是:T_e——励磁机起励时间常数;T'_{d0}——开路瞬变时间常数;X_q——交轴同步电抗;X'_d——直轴瞬变电抗;X_d——直轴同步电抗。

3.3.6 瞬变电压扰动的抑制方法

从前面讨论中可推知,如欲减小电动机启动时电压下跌的幅度,最好减少发电机的电抗。可惜,这种做法有一定限度,因为瞬变电抗和超瞬变电抗相互关联;后者一般不大于前者的 60%。在许多情况下,特别是在大于 500 kW 的发电机上,为了不超过断路器的短路分断定额,最好让发电机短路电流小些。这样就要求超瞬变电抗高。因此,一般地说,要在根据电压降要求的低电抗值与根据减小短路电流所需要的高电抗值两者之间取一折中值。

发电机和发电机励磁系统参数确定以后,减少系统电压扰动的唯一可行的办法是减少电动机的启动电流值。然而,减小感应电动机堵转电流的可能性是由电动机转速、防护形式、转矩要求和允许温升决定的。一般说来,电动机转速愈高,堵转电流愈大。全封闭式电动机的堵转电流通常大于开启式电动机的堵转电流。美海军舰船用电动机的平均启动电流大约为满载电流的 700%。

鉴于发电机电抗和感应电动机堵转电流能够减少的程度有限,因而必要时须采用电动机减压启动设备以使系统瞬变电压降保持在所要求的极限内。电动机减压启动器有三种:线性电阻器、线性电抗器和自耦变压器。在启动转矩相同时,电阻器和电抗器两种类型在减小线电流方面,也就是在减少电压降方面不如自耦变压器那样有效。后者的线电流减小与加在电动机上的电压平方成正比。可是,电阻器和电抗器是一种最简单类型的启动器,它可以保证平滑地加速和减少启动时间。因为随着电动机转速的增加,电流减少,从而随之增加了加在电动机上的电压。不过,舰船上最常用的一种乃是自耦变压器,主要原因在

于在转矩给定时，其减小线电流的效果较好。

使用减压启动器时，应注意保证：启动转矩的减少应不致妨碍负载的加速。从减电压转换至全电压时应不会产生过大的瞬变电流。

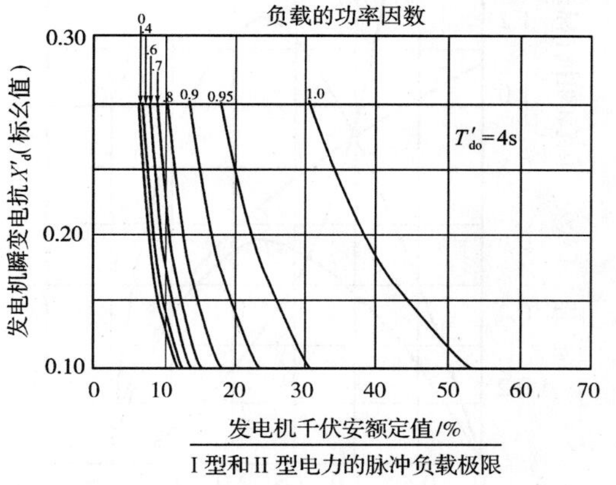

图 3-22A

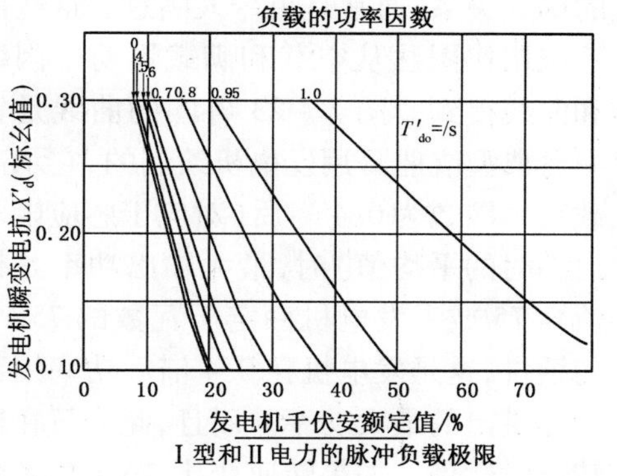

图 3-22B

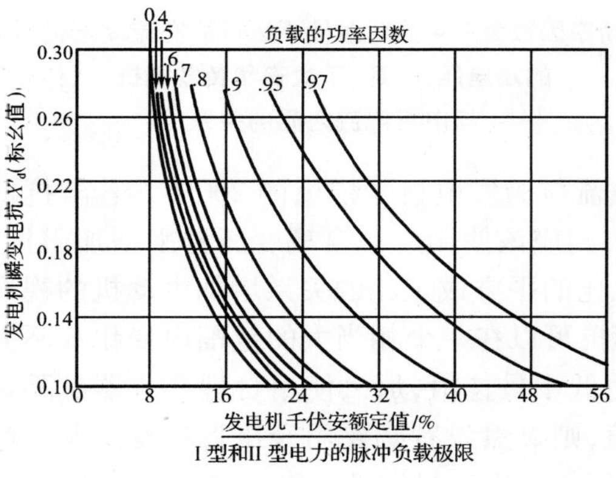

图 3-22C

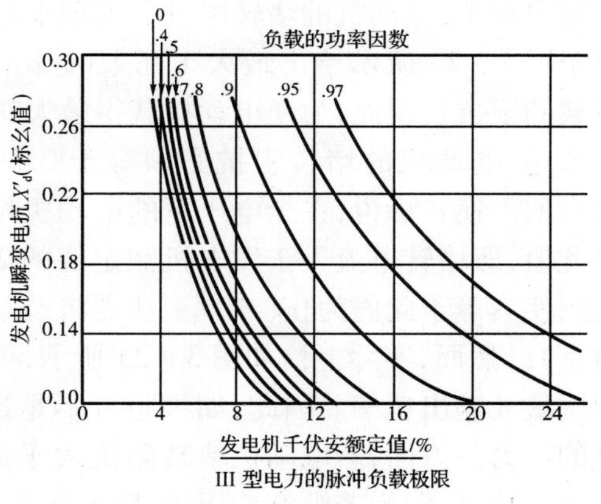

图 3-22D

3.3.7　当可以不考虑电压调整作用时，大型电动机的启动

舰船供电系统线路上可直接启动的电动机的最大规格一般取决于其对系统电压调整的影响情况。然而，某些情况下在电动机启动期间线路上未接有其他负载，有可能启动一较大电动机而不用考虑其对系统电压调整作用的影响。而且，在这样的情况下，还必须保证电动机具有最大的可能转矩输出，亦即最大功率输出，以使负载加速。从而在这种情况下，就可能提出用什么方法启动电动机最有效的问题。这一问题涉及到估算发电机及其原动机两者输出功率特性（参见图 3-23）。

可以指出，从一台交流发电机向一感性负载输送的最大功率，发生在负载阻抗绝对值等于发电机的内阻抗时。为了在启动期间向电动机输出的功率最大，如果从发电机角度来看，电动机的堵转阻抗应等于发电机的同步电抗（不计电枢电阻）。不过，如前所述，交流发电机的同步电抗不是一个常数，而是一个随励磁电流和电枢电流两者的变化而变化的参数。为此，如果在开始不知电枢电流的近似程度，便难以确定与同步电抗相匹配的负载阻抗的数值。因此,绘制一组如图 3－23 各图所示的曲线,给出在给定的负载功率因数和顶值励磁下的端电压、kW 和 kVA 与电枢电流的函数关系,通常是更令人满意。这些曲线不难用作图法从空载和满载零功率因数饱和曲线得到。图 3－23 各图的曲线是针对一台典型舰船日用发电机绘制的,它示出负载功率因数为 0.4 滞后(对应于感应电动机启动时的平均值)时,最大输出功率是标幺值 0.75 或者发电机额定千瓦数的 75%。换句话说,这是发电机在 0.4 滞后功率因数下所能供出的最大功率。而且,此值只在额定转速时适用。如果转速变化,输出功率将随转速的立方而变化。

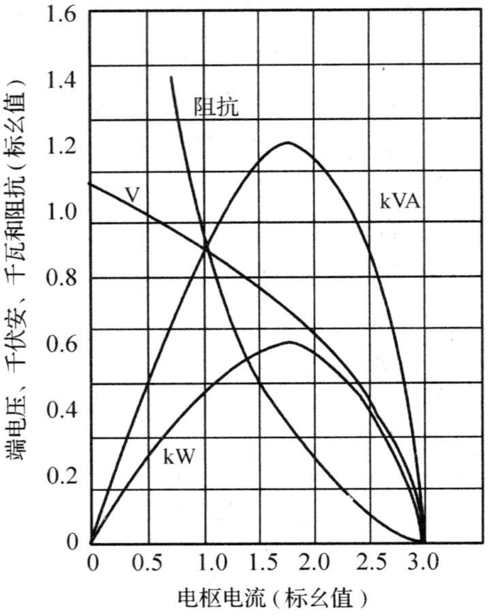

图 3－23 在顶值励磁为 3.5(标幺值)和额定负载功率因数为 0.4 滞后条件下运行的交流发电机的端电压、千瓦、千伏安和负载阻抗与电枢电流之间的关系

由上述可见,为了使一台电动机获得最大输出功率,电动机的堵转阻抗必须等于对应于图 3－23 所示给出最大千瓦数的那个负载的阻抗。因此,为使电动机获得最大功率传递,电动机的堵转阻抗必须等于 0.50 标幺值。换句话说,在全电压下的电动机堵转电流应为发电机额定值的 200%。若阻抗低于此值,即堵转电流大于发电机额定值的 200%,则应该使用一台自耦变压器来增加阻抗,直到使其等于此值为止(自耦变压器将按与降压比的平方成正比的关系增加电动机的视在阻抗)。然而,实际上恰如图 3－23 所示,负载阻抗可以在一个相当大的范围内变化却不大影响最大输出功率。因此,如果阻抗不是过分地低于最佳值,那么使用自耦变压器是不合理的。另一方面,若电动机堵转阻抗大于最佳值,则显然没有必要用升压自耦变压器来增加输入功率;因为若没有变压器,则如图 3－23 所示:在电动机端子上将保持额定电压,从而也将增加启动转矩。

应当指出,图 3－23 和上面的讨论是基于电动机投至线路上,以及调压器已达到了相当于顶值励磁位置的稳态情况。在这一时刻之前,瞬变电压降将使电力涌流量值稍小于最大值。后者是的确存在的,这可由标幺值仅约 0.20 的瞬变电抗与最大功率传递所要求的最佳负载阻抗不相匹配这个事实推知。

从上述分析可见,对于低功率因数的负载,交流发电机能自动地把峰值功率限制在低于额定千瓦数的某个数值上。因此,例如原动机为柴油机的场合,如果系统上无其他负载,在电动机启动期间,不论电动机的规格如何,柴油机均不可能停车。另外,在有其他负载的场合,除非总的负载功率因数大于 50%,系统上总的负载不会超过额定千瓦数。

3.4 等斜率负载

等斜率加载就是负载以某一功率增量(kW/s)一直增加到负载最大值。当总的等斜率负载时间大于发电机励磁调压器开始控制电压所需要的时间时,等斜率负载的最大电压偏差要小于相同大小的一个阶跃负载的电压偏差。加等斜率负载时，只有静止 SCR 型励磁调压器的工作速度才快得足以矫正等斜率负载电压偏差。

有些雷达和声呐负载使用等斜率负载技术，图 3 - 24A，图 3 - 24B 和图 3 - 24C 可用来选择在具有如图所示特性、采用静止 SCR 调压励磁器的发电机上所允许的负载斜率、MIL - STD - 1399 第 300 章允许的 2% 调制是绘制曲线的限制因素。

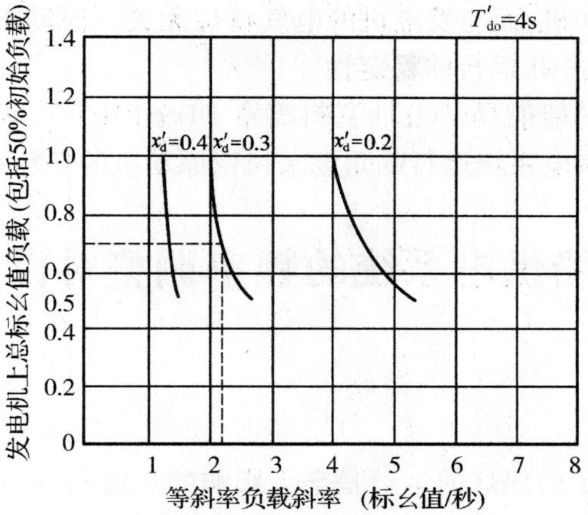

图 3 - 24A　发电机等斜率负载图

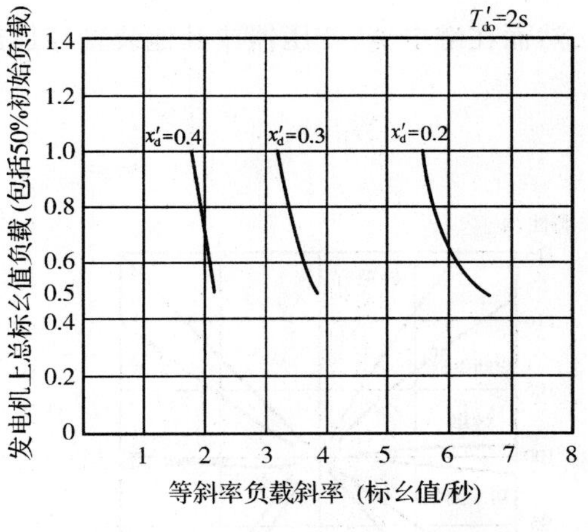

图 3 - 24B　发电机等斜率负载图

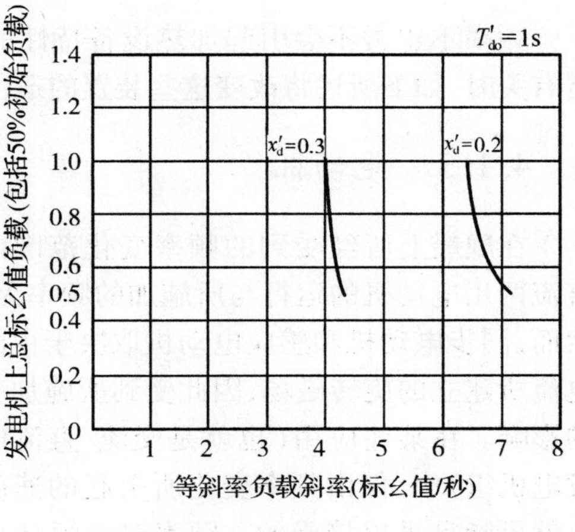

图 3 - 24C　发电机等斜率负载图

发电机等斜率负载曲线图是以在一台初始负载为 0.5 标幺值（50%）的汽轮发电机上，施加等斜率负载而绘制。

曲线图的用法举例如下：发电机：$T'_{do}=4.0\ s$，$X'_d=0.3$，初始负载为 0.5 标幺值。求允许的最大等斜率负载斜率，即负载为标幺值 0.5 额定值的发电机上所允许的等斜率负载斜率。使用图 3 - 24A 可得，最大斜率为 2 标幺值/秒（见图 3 - 24A 虚线）。

带有磁放大器或旋转放大机式调压 - 励磁器的发电机曲线没有绘出，因为即使缓慢地加载，斜率为 0.2 标幺值/秒时，其电压调制仍超出 2% 的极限。

第4章　舰船供电系统的频率调整

稳态和瞬变的频率影响电气设备的电气特性、机械性能和温升。交流供电系统的频率取决于驱动发电机的原动机，而与发电机的电气特性无关。原动机的特性也决定了有功功率(kW)的分配和发电机并联运行的稳定性。

本章将根据美海军部船舶局的设计资料篇章 DDS6101－3，叙述频率对舰船电气设备运行特性的影响以及从供电系统运行的角度来讨论原动机的特性。

4.1　舰船供电系统的频率调整对设备的影响

4.1.1　照明

合理的频率变化对于白炽灯的运行是毫无影响的。然而，在频率很低时，如 25 Hz 时，闪烁可以使人感到烦恼。除非改变辅助设备的特性，一般荧光灯的运行是与频率无关的。

4.1.2　加热器

频率不正常不会引起加热设备特性的变化，然而在继电器、变压器或其他装置与加热器有关时，如下所述将改变这些装置的运行。

4.1.3　电动机

在舰船上所经受到的频率变化范围内交直流两用电动机的运行与所施加的频率无关。然而，同步电动机和感应电动机取决于由励磁电流所建立的旋转磁场，因此受到所施加频率的影响。在某些应用(也就是交流/直流电动发电机组)中，仅由频率变化所引起的速度变化就可能是难以接受的。频率对于恒功率负载和恒电压下感应电动机运行的影响如图 4－1 所示。虽然，这些曲线是对一个典型的一般用途型的电动机作出的，但它们适用于所有的感应电动机，且带有合理的精度。舰上感应电动机负载可以是摩擦型、通风型和恒功率型。这三种负载分别对应于恒转矩、转矩正比于速度平方、转矩反比于速度。在这三种负载情况下，一个典型的感应电动机的总损耗如图 4－2 所示。电机内损耗分布的变化将引起实际温升在某种程度上越出图 4－2 总损耗曲线所预期的数值。

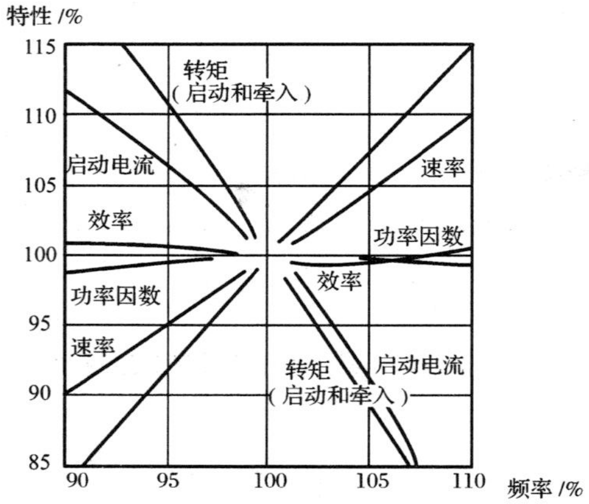

图 4－1　频率对感应电动机特性的影响

4.1.4　变压器

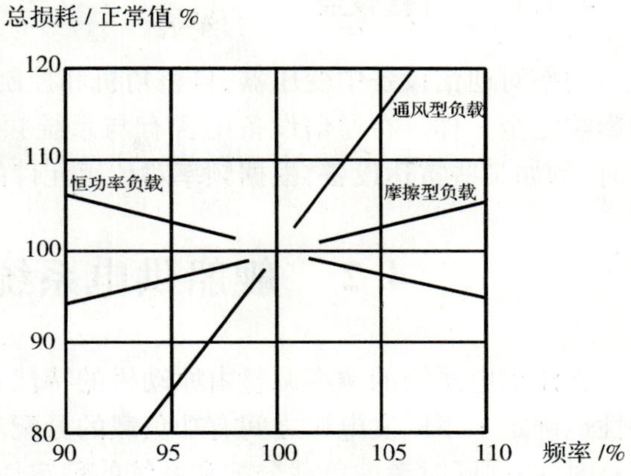

图 4－2　频率对感应电动机损耗的影响

变压器中磁通是交变的，以便在绕组中感应反电势，它的数值等于所施加的电压减去电阻和漏抗压降。在忽略饱和以及电压恒定的情况下，磁化电流与频率变化成反比，空载铜耗近似地与频率的负二次方成正比，铁芯损耗近似地与频率的平方根倒数成正比。然而，大多数舰船用变压器设计成磁通密度高并在饱和情况下运行，以至于频率变化对励磁电流和空载损耗的影响扩大化。对于这些影响的幅度给出一般性的规则是不可能的，因为在各种变压器中磁饱和度变化很大。然而可以估计到，标准的美舰船变压器在满载电流下，频率变化在 5% 以内时，或在负载电流为 75% 的变压器定额以下，额定频率为 60 Hz 时，将无过热现象发生。

4.1.5　控制设备

美舰船交流供电系统在配电板、自动母线转换装置、电动机控制器以及击指挥系统中含有大量的控制设备。在这些设备中采用变压器时，可以预计频率降低而有显著的增加，除非负载能同样地减小。直接并接在交流电压上机、继电器和其他感应装置中的温升将更高，因为这些部件的设计，即便在其励磁流下，就已达到温升的满值。除非在设计中就对低频运行采取专门的措施，认为满意的运行均不应低于 95% 的额定频率。

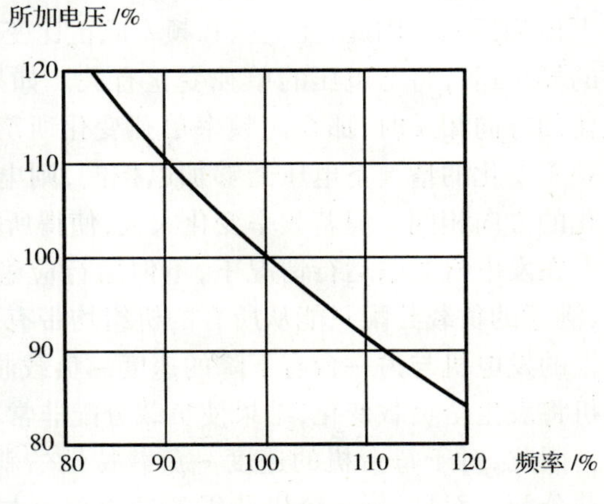

图 4－3　频率对继电器运行的影响

像自动母线转换装置中采用带有电压线圈的控制继电器，在这类继电器中存在着在非标准频率下运行的专门问题，因为在给定电压下磁路中的磁通是与频率变化成反比的，因此改变了继电器的校准值，这样实际电压数值将与所施加电压的频率成反比，这个影响可以用图 4－3 予以说明。图 4－3 表明了频率变化反映到所施加电压的视在变化，同时它能够预示电压继电器在非标准频率下运行的基础。常常可以用一个大电阻与电压线圈相串联以减小频率对较准的影响。与频率对电压继电器的影响相比较，电流继电器是不受频率影响的。因此，断路器、过载电器等的运行通常不受频率变化的影响。

4.1.6 通信设备

频率对通信设备中变压器、自整角机和控制继电器的影响与它对其他设备中这些元件的影响完全一样。在通信设备中含有与系统频率同步或依赖于频率来测定时间间隔的组件时,例如某些雷达设备,根据频率对传感元件的影响,基本上可以预测设备的性能变化。

4.2 舰船供电系统的稳态频率调整

交流供电系统的频率调整由原动机的特性及其调速器来决定,影响系统频率的原动机特性也确定了不同发电机之间有功负载的分配和并联运行的稳定性。为此,当讨论到频率调整时,必须同时考虑负载分配和系统的稳定性。

对于发电机组的稳定运行来说,速度的任何变化必须使得原动机输入和发电机输出之间的功率差趋向于恢复原来的速度状况。如图 4-4 曲线 *XY* 所示,实际上全部舰船用发电机的负载特性使发电机的输出随速度的增加而增长。一般所提供的稳态运行的实际原动机特性都是平坦的或如图中的斜线范围内呈下降的速度-负载曲线。若原动机特性略微上升(图 4-4 中线 *AB*),则发电机速度的任何增加将引起功率输入增长大于功率输出增长,因而进一步引起速度增加,导致不稳定运行。

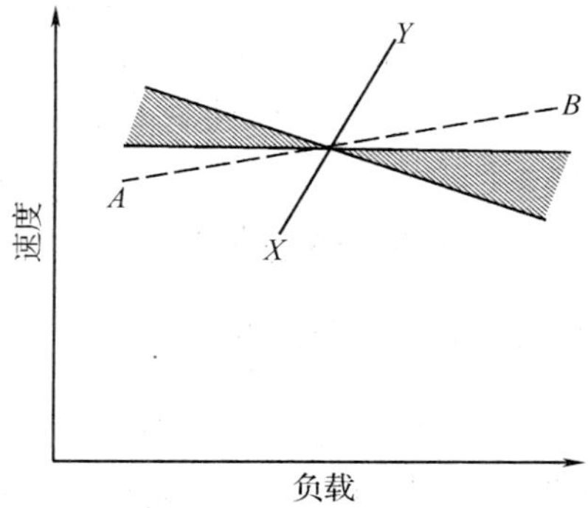

图 4-4 原动机和负载的速度——负载特性

在绝大多数情况下,舰船在经历异常频率变化的同时也有电压的异常变化发生。当电压变化与频率变化同方向且近似地正比于频率变化时,自整角机、变压器和继电器的发热将与正常的电压和频率情况下相同。频率对电动机转矩和温升的影响将由于电压变化基本上得到平衡。因此,在电压和频率成正比变化的情况下,照明、加热器和类似装置上的主要的异常运行将与电压的单独变化有关。如果电压和频率的组合变化发生在这两个数量变化的方向相反时,那么比频率单独变化所产生的预期影响要大得多。由于这些原因,若在频率变化的情况下电压能够加以控制,则电压的数值应正比于频率变化,其方向与频率变化的方向相同。但若频率变化太大,使得所需要的电压变化太大了的情况除外。

在发电机并联运行情况下,不但运行应稳定,而且负载分配也应该满意。除稳定运行外,满意的负载分配只能从所有的机组均带有下降的速度-负载曲线来获得。若带有平坦特性的发电机与另一台有下降的速度-负载曲线的发电机并联运行,则带有平坦特性的发电机将发生全负载变化,结果使负载分配非常不满意。

因此,对于每台机的速度-负载特性的斜度而言,除确定了运行的稳定性外还确定了负载分配。而且,每一台机获得的功率部分与其斜度成反比。可见,两台不同功率的机组并联运行时,希望每台机获得和输出的功率与其定额成正比。每台的速度-负载特性的斜度应该反比于它们的定额,这是当机组在从空载到满载的情况下,具有相同的速度降(速度调整）和两个速度 - 负载曲线有相类似形状的条件下才成立的。

在调速器控制原动机的情况下，除了速度 - 负载曲线的下降，还有其他因素影响着运行的稳定性。首要的因素是调节机构的无效运动和摩擦引起的不灵敏度，它使得在机组的速度有一个小量的变化时而原动机的功率输入无相应的变化；第二个因素是调速器部件的惯性，它造成速度发生变化的瞬刻和发动机输入功率发生变化的时间之间产生延时。

由上述可见，在供电系统中可以提供的恒频运行程度取决于系统的安排。如果不要求发电机并联运行，那么就可以提供很轻微的速度降，甚至于平滑的速度 - 负载特性，这就保证了优良的频率调整。另一方面，若要求发电机并联运行，则它们各自的速度 - 负载曲线的斜度必须反比于发电机的定额，同时斜度应足够大，以提供稳定的运行。在这种情况下，稳定性和负载分配的要求限制了可以获得的频率调节度。由于速度 - 负载曲线的最小斜度是限制建立运行稳定性的因素，最小的全速降可用直线的速度 - 负载曲线来求得。这种曲线突出的优点是可以使得并联运行的机组在负载分配的所有值上具有恒定的性能特性。

原动机速度 - 负载特性对交流发电机的稳定性、并联运行和频率调整影响的一般考虑适用于各种原动机。然而，每一种原动机都具有某些其他原动机所不具备的特性，在确定频率调整和负载分配的实际限度以及可以控制的方法时，应分别予以考虑。

当采用感应电动机为交流发电机的原动机时，下降的速度 - 负载曲线将显示出固有的稳定性，这可用感应电动机典型特性的图 4 - 5 予以说明。如图所示，除采用高滑率电动机外，从空载至满载的整个速度变化仅为百分之几。

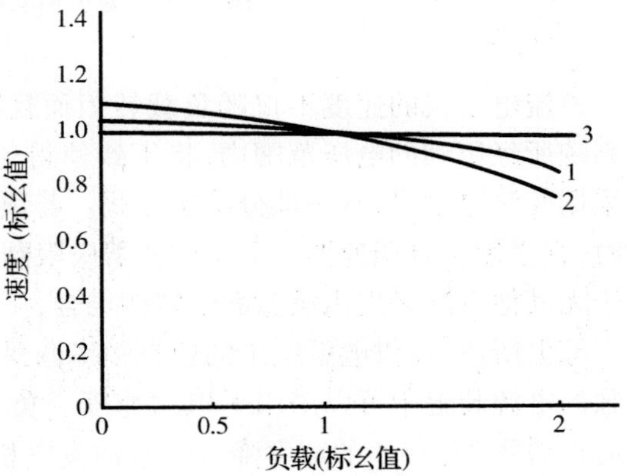

图 4 - 5　感应电动机的速度 - 负载特性

在恒定的外加电压下，直流电动机的运行速度随着磁通的增加或电枢电阻压降的增加而降低。在串激和复激电动机中，磁通和电枢电流随着负载而增加，这就使得速度随着输出功率的增加而大大减小。另一方面，在差复激电动机中，磁通随着负载增加而减小，趋向于给出上升的速度 - 负载特性。除大型电动机外，并激电动机本质上具有平坦的速度 - 负载曲线。在大型电动机中，由于电枢去磁反应的减小，磁通具有大于电枢电阻压降的补偿，有随负载增加而速度上升的特性。采用一个轻微的复激磁场就可以解决这个问题，所提供的这种并激电动机称为“稳定并激”电动机。这些电动机的特性如图 4 - 6 所示。为了使直流/交流电动发电机组能满意地运行，必须使其在空载或很大负载时速度增加趋向于稳定。由于这个理由，不采用串激和重复激（加复激或差复激）电动机。一般从稳定性角度来看，“稳定并激”电动机是满意的，但是从空载至满载给出的是 3% ~6% 的速度降，在某些应用场合显然这个数值是太大了。若将并激电动机设计成电枢磁势对磁场磁势的比例较低和磁路的饱和度也较低，则纯粹的并激电动机可以给出很好的频率调整，而无危险且运行稳定。虽然，这种设计使电机尺寸增大，但这种结构表明，它是直流/交流电动发电机组获得良好速度调整的最好方法。

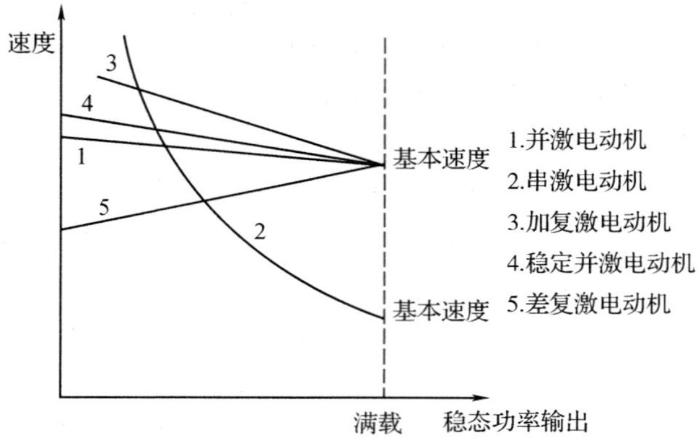

图 4-6 直流电动机的速度-负载特性

直流电动机的速度不仅随负载转矩而且随所施加的电压而变化。一般在舰船直流供电系统所经历到的电压范围内,将不致使得这种方式所引起的频率变化大到严重的程度。而采用并激电动机,有一部分确实如此。若预期电压变化范围很大而频率控制又要求很严格时,则必须备有调速器。采用调速器应限制在直流电压扰动很大和交流频率要求苛刻以至于无其他方法来提供满意的性能的场合。

综上所述,在供电系统中的稳态频率调整由并联运行的稳定性和负载分配所限制。在单独的电源装置中可以采用平坦的速度-负载特性,而对于并联运行的机组,为良好地并联运行需要 3%~5% 的速度降。当柴油发电机组并联运行时,必须考虑柴油机转矩脉动而引起的功率波动。如果并联运行发电机的电压调节器、调速器或机电系统的固有频率与柴油机转矩脉动的强迫频率相接近,就会有过分的功率波动,必须仔细地设计系统以避免这种情况的发生。

4.3 舰船供电系统的瞬态频率调整

由于电动机启动、转换或其他扰动引起的有功负载波动,将使得发电机原动机的功率需求发生突然的变化。在原动机是电动机而又无调速器的场合,频率将以类似于图 4-7 所示的方式接近于稳态值。一般机组惯量较小,迅速接近新的稳态速度。由于调速系统中无延时,因而也无超调的现象发生。

在调速器控制的原动机为柴油机、汽轮机和特殊电动机的情况下,调速系统的惯性和不灵敏度将完全阻止随后的速度变化。因此,要经过一段时间间隔,在此间隔中调速器滞后于它将达到的速度稳态位置。这就相当于增加频率扰动的数值和在恢复至稳态以前引起超调现象。图 4-8 和图 4-9 表示了典型的柴油机和汽轮机上调速器工作的试验结果。

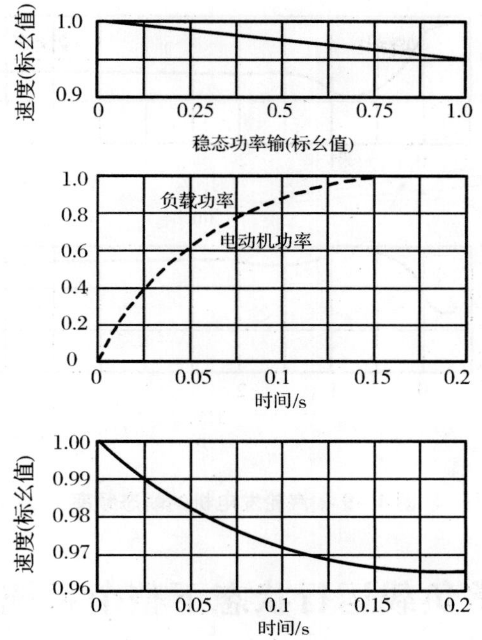

图 4－7　电动机的突加负载

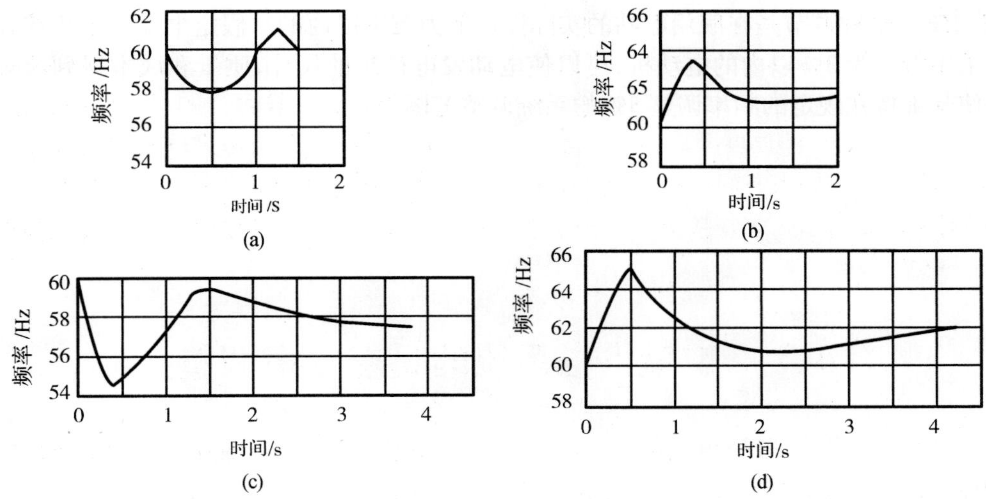

图 4－8　柴油发电机的瞬态频率

通过改变原动机或发电机的设计来有效地控制频率波动的数值是比较困难的。对于最大响应时间,可以调节调速器以便保持稳定运行。若采用飞轮或专门设计发电机来保证有大的旋转质量,就像可能产生扭振问题一样,结果将引起电机尺寸和质量有不希望的增长。若采用不符合现有标准的特殊电机,则缺点更多。由于这些理由,为避免过分大的频率波动,最好从系统设计观点和有功负载波动的基本原因方面来探讨问题,减少麻烦的另外一种办法是拆去系统中对频率敏感的辅助设备。

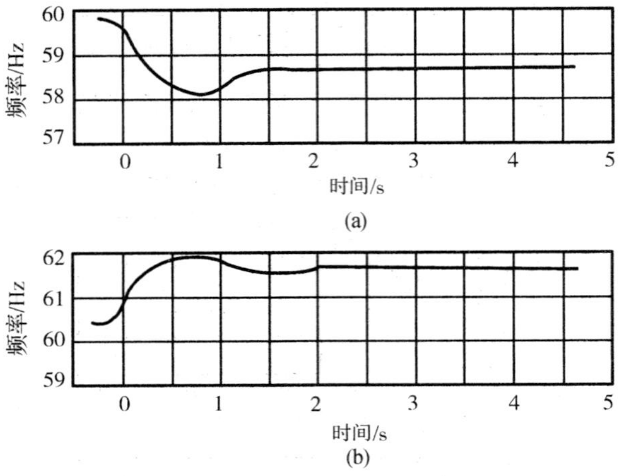

图 4-9　汽轮发电机的瞬态频率

4.4　在正常负载运行状态下整个系统的频率调整

发电机组规范要求，舰用汽轮发电机的最大允许速度降为 4%，调速器误差在 ±0.15% 以内。假定在机组上负载变化大于 50% 满载时，由操作者调节汽轮机速度，则速度变化应不大于 2%。这种调节是在舰用电站的实际操作能力范围以内的。假定电动发电机接在系统中，采用滑差为 3% 以内的电动机，可以使电动发电机组的尺寸、质量和成本得到合理的协调，使其维持在规定的频率调整 5% 的系统调整范围内。

第 5 章　舰船供电系统的尖峰过电压

美海军船舶局在 20 世纪 50 年代为选择供电系统的线制，对不接地系统过电压进行了分析，并对“大黄蜂”号航空母舰进行了测试。见 1.1.1 节。

随着半导体技术的发展和它在美舰用电气设备中的广泛应用，美海军船舶局不得不对过电压问题予以更多的重视和考虑。一般地说，任何采用单晶半导体的系统或设备在承受尖峰过电压（在美文献资料中又称为短时瞬变电压或线瞬变电压）时是很容易损坏的，也可以造成数字式设备中输入假数据或者使已经出现的数据消失，于是使得计算机、密码系统和数字式设备出现误动作。因此美海军船舶研究和发展中心及美海军电子系统工程部分别在 20 世纪 60 年代中期和 70 年代末期进行了大量的研究测试工作和统计分析。

5.1　20 世纪 60 年代中期对尖峰过电压的分析、测试和统计

20 世纪 60 年代中期，美舰船电气系统中采用固态设备日益增多，美海军研究这种高幅值的短时瞬变电压扰动问题，以帮助设计师保护固态设备，防止尖峰过电压通过配电线路进入设备。

在舰船中绝大多数的尖峰过电压，即短时瞬变电压是由于电力系统中的转换操作所引起。感性电路中电流的突然中断就产生瞬变电压，此电感可以是电动机、变压器、磁放大器和控制回路中的绕组或者甚至是一个继电器的线圈。这些瞬变电压的严酷程度是不能预示的，因为从一种转换操作至另一种转换操作都是不同的。下面是转换操作产生尖峰过电压的几个实例：

（1）当变压器原边绕组的供电断开时，就发生瞬变电压。原边绕组磁场的突然消失，在副边绕组中感应出高压。这种电压的幅值将取决于当分断电流时磁化电流的幅值、开关断开电路的速度以及副边的阻抗。当开关的断开速度很快、原边绕组中的磁化电流达到峰值时分断，此时副边绕组中又未提供低阻抗路径，也就是变压器副边接在直流侧空载的整流桥上时，就发生了最大的短时瞬变电压。在这种线路中变压器原边绕组的断电导致尖峰过电压可为副边绕组正常工作电压峰值的 10 ~ 15 倍。

（2）变压器原边绕组的供电电压在达到它的峰值时接通，可以导致瞬变电压为副边绕组正常电压峰值的二倍。

（3）若带有匝数比大的降压变压器的原边绕组，在电源电压达到峰值的瞬刻接通，则由于绕组间电容的耦合效应，可以将这个峰值瞬时电压施加于副边绕组，于是变压器副边的负载要承受高得多的副边电压。

（4）尖峰过电压也可以由大容量断路器突加与突卸负载时的电弧重燃、熔断器熔断以及反馈至配电系统的叠加在基本电压波上的负载瞬变引起。

所采用的断开电路的装置形式，对产生的尖峰过电压也有很大的影响。例如，当电路用电子开关断开时，由回路储藏能量而引起的尖峰电压将大于用真空开关断开电路时的尖

峰电压。同样,真空开关断开电路时所产生的尖峰电压将高于手动操作刀开关所发生的尖峰电压。换句话说,断开得越快,电压越高。若开关和熔断器分断电流的速度较慢,则将使尖峰过电压限制在某一个较低值上。实际上,在断开前,开关触头的电弧使得电流有明显的减小。

美海军船舶研究和发展中心对尖峰过电压所作的测试工作是在 11 艘不同类型和等级的美舰船上进行的,在所选定的供电系统和次级系统的特定点上装有三台专门研制的自动记录示波器。这种测量系统是由改进的示波器和自动记录照相机所组成,它可以自动和连续地监视电路中的瞬变工况,并提供所监视系统中发生瞬变的摄影记录,测试的电压范围为 25 V 至 12 kV,可以有 1 000 个试样,照相机暗盒内胶卷的储量足以连续监视 12 天。仪表的安装是活动的,绝大多数情况下测试仪表的位置取决于舰船的状态和电站的运行。当舰船在航行和停泊期间执行它的正常功能时,仪表进行监视,但它并不干扰舰船的正常工作。总的监视时间将近 1 132 个小时,监视时间记录了 51 次瞬变。36 次是在 120 V, 60 Hz 系统上进行测量的,其中 31 次瞬变是在一艘舰 47 个小时间测量到的,在 450 V,60 Hz 系统上测到 6 次瞬变,在 120 V, 400 Hz 系统上测到 9 次瞬变。在所研究的 11 艘美舰船中,其中有 6 艘舰未测到瞬变电压。

图 5 - 1 是对 120 V 和 450 V,60 Hz 和 400 Hz 系统作出的短时瞬变电压尖峰幅值测定的直方图。直方图表明在每一相尖峰幅值内的瞬变电压的次数。由图可见,所记录的瞬变中有 78.4% 的瞬变电压是集结在 400 ~ 599 V,600 ~ 799 V 和 800 ~ 999 V 组内。在所作出的尖峰过电压测定中,短时瞬变电压是叠加在所监视系统的连续电压波上。

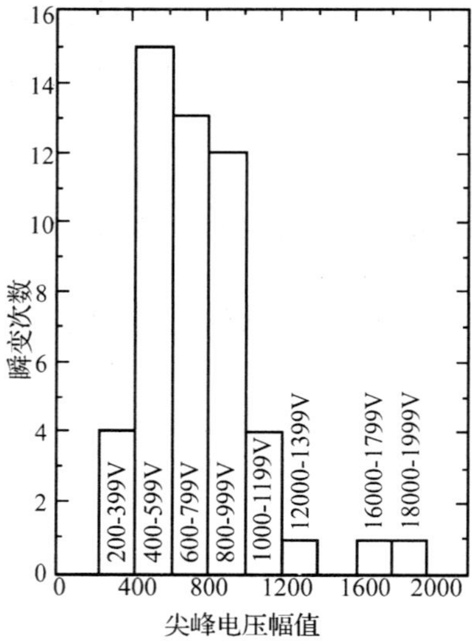

图 5 - 1 120 V 和 450 V 系统中短时瞬变电压对瞬变次数的直方图

图 5 - 2 是短时瞬变电压的尖峰幅值对瞬变累积频率的曲线。该图表明下跌到和低于给定电压值的瞬变百分数。例如,78% 的瞬变是在电压 800 V 或以下,86% 的瞬变是在电压 900 V 或以下,所记录的最高尖峰电压是发生在 120 V,60 Hz 系统中的一次单独瞬变,其尖峰幅值为 1 800 V。

图 5 - 3 是在概率纸上作出的短时瞬变电压的尖峰值对瞬变累积频率的曲线图。由图可以确定所收集到的瞬变电压数据如何接近于正态分布,也就是表明所作出的点如何接近于一直线。显然,在 400 V 和 1 000 V 短时瞬变电压之间的这些点是与直线相吻合的,因此仅这些瞬变电压值是正态分布的,它们的平均值是 660 V,在概率纸上平均值落在 50% 的累积频率坐标上。图中直线是被漏斗形带所包围,漏斗形带表示所有瞬变电压正态分布的 99.73% 落在该带内。注意图 5 - 3 中

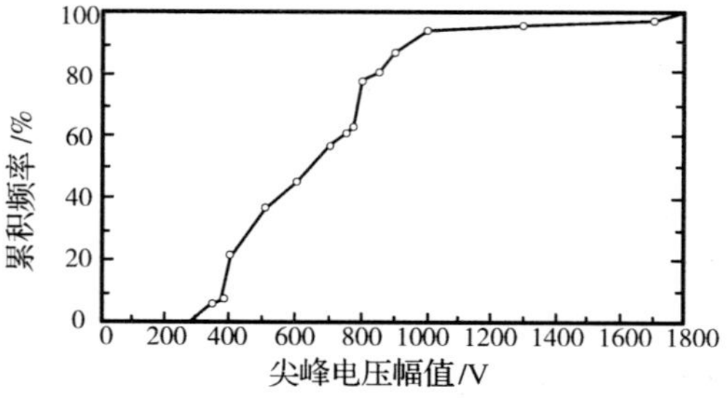

图 5 - 2 短时瞬变电压对瞬变的累积频率曲线

除 1 700 V 和 1 800 V 短时瞬变电压外所有的点落在漏斗形带内。由图可见，累积频率为 90% 的瞬变在时间的 99.73% 内落在位于 800 V 和 1 200 V 之间，累积频率为 50% 的瞬变在时间的 99.73% 内落在位于 550 V 和 770 V 之间。显然，第一个例子中跨距为 400 V，第二个例子中跨距为 220 V。漏斗形带的用途是对于各累积频率给出电压跨距。漏斗形带的宽度取决于所观察的瞬变次数，瞬变次数越多，漏斗形带的跨距越窄。

图 5 -4 是作在概率纸上的短时瞬变电压的尖峰幅值的对数与瞬变累积频率的曲线图。图 5 -4 可以用来确定包括 1 300 V，1 700 V 和 1 800 V 在内的所有短时瞬变电压的对数是否正态分布（近似为一直线）。下面的水平刻度表示对应于对数的瞬变电压，瞬变电压的刻度是非线性的。由图可见，由 400 ~ 800 V 范围内的所有瞬变近似地落在一直线上，所有作出的点都落在漏斗形带内。所以，对数正态分布比正态分布更适合于瞬变分布。例如，图中表明，在 99.73% 的时间 95% 的瞬变将落在位于 850 ~ 2 100 V 之间，50% 的瞬变在 99.7% 时间将落在 537 至 776 V 之间。99.73% 的数字意味着对于 99.73% 的置信界限选择漏斗形带的宽度。与图 5 -3 一样，所观察到的瞬变次数越多，对于一给定的累积频率电压跨距越窄。如果选择较低的置信界限，漏斗形带也将是较窄的。例如，如果选择 95% 的置信界限，漏斗形带将是图 5 -4 所示宽度的 2/3。如果选择 68% 的置信界限，漏斗形带将是 1/3 宽。

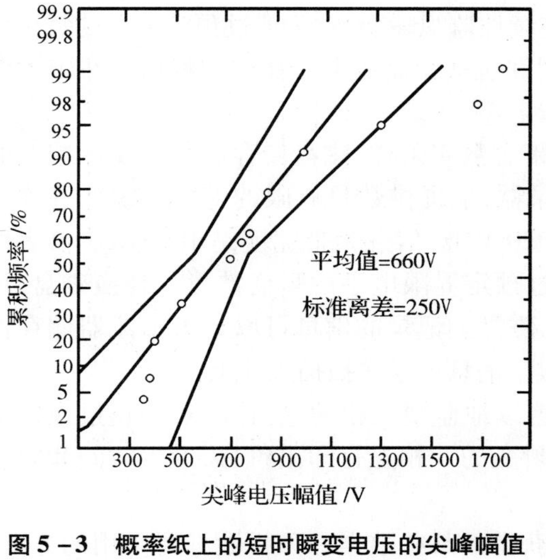

图 5 -3　概率纸上的短时瞬变电压的尖峰幅值对瞬变累积频率的曲线

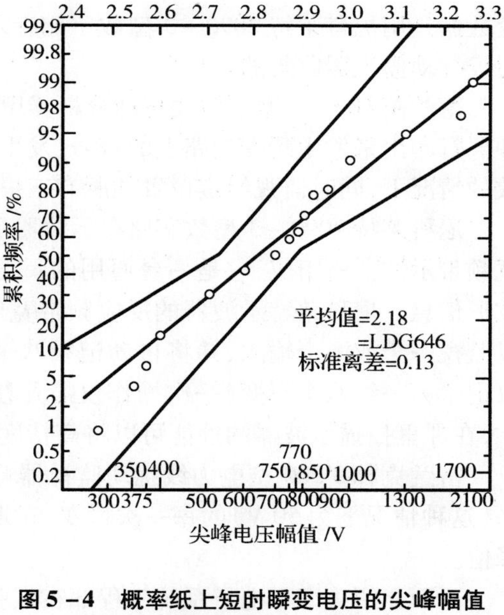

图 5 -4　概率纸上短时瞬变电压的尖峰幅值的对数对瞬变累积频率的曲线

由于监视时间相对地比较短，且不能同时监视三个以上的位置，在所研究的 11 艘舰船中仅测量到少量的短时瞬变电压，其中高幅值瞬变电压的发生率又是很低的。MIL - STD - 1399 300 章规定的尖峰电压为 2 500 V，其中包括接近 40% 的安全系数。

47 次瞬变中 31 次瞬变是在一艘舰上测量到的，而且这艘舰的监视时间并未超过同样类型和等级的其他舰的监视时间。这个事实似乎表明，若尖峰电压存在于系统中，监视时间并不是测量尖峰电压的一个因数。电站配置、船舶操作、舰船的训练和演习、示波器在系统中的位置、负载状况、系统中的转换频率和系统中是否有损坏的设备以及脉冲型设备等这些因数将对短时瞬变电压的发生有很大影响。就一般舰船而言,断路器或接触器中的故障可能是短时瞬变电压的起因,可能性较大的是故障接触器在运行中的弹跳现象。另一种可能是,在研究瞬变期间舰上经常进行的训练和演习使得这艘舰上发生瞬变的频率增加。

测试和统计结果表明,86%的短时瞬变电压的幅值不超过9 00 V,所记录到的绝大多数瞬变电压的持续时间是4~6 μs,而有几个是19 μs。

5.2 20世纪70年代末期对尖峰过电压的测试和统计

为确定美舰船供电系统中尖峰过电压的严酷程度,美海军电子系统工程部在将近一年的时间里进行了广泛的测试工作。1978年8月至1979年7月这段期间进行实船测试,监视瞬变时间超过9 400小时,记录到2 300次以上的瞬变,这是在航行和停泊时进行的,测试在CVN68尼米兹号核动力攻击型航空母舰等舰船上进行。

测试是在供电系统正常运行期间无干扰情况下进行的,监视120 V的60 Hz和400 Hz系统以及460 V的60 Hz和400 Hz系统。试验时用船电和岸电。在整个舰船的要害负载中心、母线转换点、转换开关和试验板处进行测定。

大约80%的瞬变数据是用德兰茨606-3型电力线扰动分析器收集到的,大约5%的瞬变数据是用尼科莱特2090-3型数字储存示波器收集到的,其余是用富兰克林3 500型电力线扰动监视器收集的。

德兰茨606-3型电力线扰动分析器用来连续地监视瞬变,对于超过预定电平的每一脉冲群打印出来发生瞬变线路上的符号、发生时间和包括交流线电压在内的峰值。在绝大多数的情况下,同时监视给定位置的所有三根相线。

尼科莱特2090-3型数字储存示波器是由带有数字采样、磁盘储存和数字显示装置的宽频带示波器所组成,它是一台通用的瞬变记录器,能提供数目有限的电力线瞬变的详细波形信息。尼科莱特示波器的反应频带宽度是20 MHz,信息频带宽度是10 MHz。仪表可以监视一个或两个输入,并将自动记录八个超过预定界限电平的瞬变波形。替换磁盘,可以记录另一组八个瞬变(一次操作仅需几秒)。磁盘上记录的信息可以记入示波器储存器中,在那里扫描示波器的性能可以将高精度的数量信息记录在扫描迹线上。

富兰克林3 500型电力线扰动监视器可以连续地监视三相的电力线,对于超过预定电平(这种情况下为50 V)的每一次瞬变,在发生瞬变的一相上打印出符号、发生时间和它的峰值。

下面介绍美海军电子系统工程部在试验中获得的某些数据和分析数据所采用的方法,从而表明在美舰船供电系统中短时瞬变电压的频率和严酷程度与舰船等级、电源、采用的试验设备和其他参数的关系。

(1)短时瞬变电压的幅值统计

在所测试的美舰船上,对于120 V线路和460 V线路所收集到的短时瞬变电压幅值的数据见图5-5。短时瞬变电压幅值的统计对于120 V线路是以50 V为下限,对于460 V线路是以200 V为下限。在进行幅值测定前先滤波,除去电力线的频率。由图5-5可见,对于120 V和460 V线路,除在低幅值处外,短时瞬变电压的幅值是按正态曲线分布。分布的正态部分的标准离差对于120 V线路为350 V,对于460 V线路为550 V。

显然,较高幅值的短时瞬变电压发生在电压较高的电力线路上。在120 V线路上测到的短时瞬变电压的最高幅值为 676 V,在 460 V 线路上测到的短时瞬变电压的最高幅值超过 1 488 V。

短时瞬变电压在 120 V 线路超过 50 V 或在 460 V 线路超过 200 V 的发生率是相当低的。120 V线路中大约是每小时 0. 19 次瞬变或每 5 小时一次瞬变,而在 460 V 线路中大约是 120 V 线路的二倍,即每 2. 5 小时一次瞬变。可以发现所测定的短时瞬变电压的发生率和尖峰幅值对个别舰船是较敏感的。例如,在二艘斯普鲁恩斯级驱逐舰上短时瞬变电压的发生率是很低的,而在如 LST1188、FF1092 和 DDG41 的老式舰船上短时瞬变电压的发生率和尖峰幅值相当高。

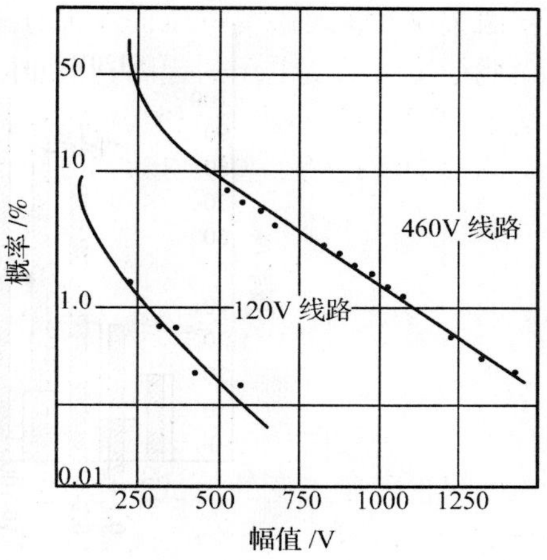

图 5 –5　在概率纸上作出的短时瞬变电压幅值统计

(2)舰电和岸电的统计

在由舰电和岸电供电的情况下,对于 120 V 和 460 V 线路分别作出短时瞬变电压的幅值统计,结果见图 5 –6。

由图 5 –6 再次可见,除较低的短时瞬变电压幅值范围以外,由舰电和岸电供电的二组曲线其幅值统计均是正态分布。此外,从图 5 –6 中还可以看出在系统由岸电供电的情况下,发生短时瞬变电压幅值要高很多。实际数据表明,对于相同的发生概率来说,可以预期系统在由岸电供电的情况下发生的短时瞬变电压的尖峰幅值将比系统由舰电供电的情况下发生的短时瞬变电压的尖峰幅值大 2 倍。

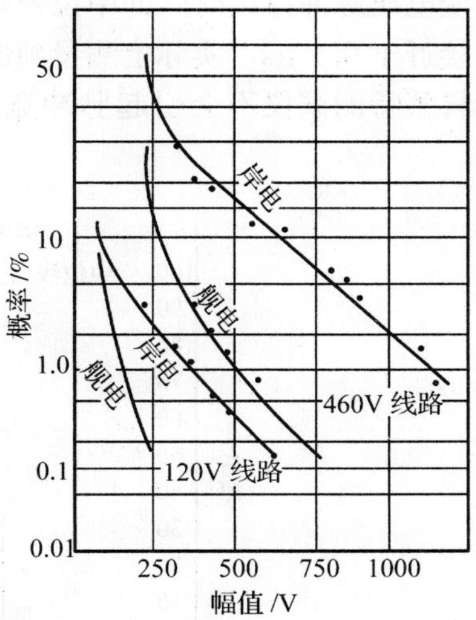

图 5 –6　在由舰电和岸电供电的情况下德兰茨分析器测定的短时瞬变电压幅值统计

(3)短时瞬变电压上升时间的统计

由记录短时瞬变电压的尼科莱特显示器取得的信息确定其瞬变上升时间。120 V 和 460 V 线路的短时瞬变电压上升时间的统计如图 5 – 7 所示。图中作出了短时瞬变电压上升时间的概率分布(非阴影带)和累积统计(阴影带)。对于从 0. 1 ~0. 2 μs 至 10 ~100 μs 的统计范围采用了直方图,而对于 0. 05 μs 的脉冲上升时间带有一单独的直方图。注意,二组数据中发生在最宽分组内的短时瞬变电压上升时间(如 60 μs 之长),这是相当稀少的。图 5 –7 中所示的上升时间中位数对于 120 V 线路为 0. 25 μs,而对于 460 V 线路为 1. 2 μs,比获得的最大值要低得多。得到的结论是,所发生的大量短时瞬变电压的上升时间为 0. 05 μs 或以下(实际上大约 10% 的数据),而试验设备的反应极限可以降低短时瞬变电压的幅值。

(4)短时瞬变电压脉冲持续时间的统计

由记录短时瞬变电压的尼科莱特显示器取得的信息确定瞬变持续时间。120 V 和 460 V 线路的短时瞬变电压持续时间的统计如图 5 – 8 所示。图中作出了短时瞬变电压持续时间的概率分布和累积统计。从大于 0. 4 μs 至小于 1 000 μs 的统计范围采用直方图。由图

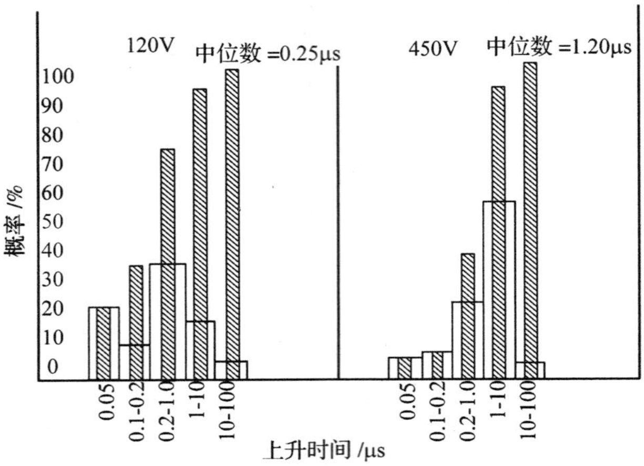

图 5－7 短时瞬变电压上升时间的统计

可见,仅仅几个 460 V 线路上的瞬变脉冲持续时间落在最宽的分组内。在 120 V 线路上短时瞬变电压脉冲持续时间的中位数是 14 μs,在 460 V 线路上它为 18 μs。未记录到的持续时间接近于 0. 1 μs。实际上测量到的最低值大约是 0. 3 μs。可以认为,带有 50 nm 分辨率的尼科莱特测试仪不会引起脉冲宽度的显著畸变,它能精确地表示短时瞬变电压的持续时间。

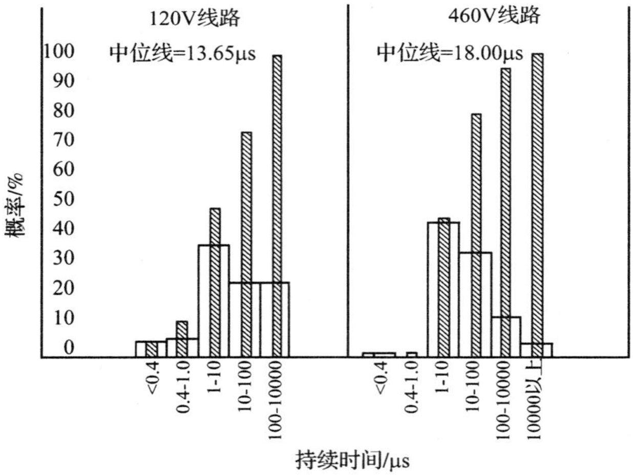

图 5－8 短时瞬变电压持续时间的统计

(5)短时瞬变电压的波形统计

由尼科莱特显示器收集到的信息统计在表 5－1 中。表 5－1 提供短时瞬变电压的特性数据,它分成 9 类波形。表中每一类短时瞬变电压的数据包括:所测到各类短时瞬变电压的百分数、所涉及电力线路的电压等级、短时瞬变电压幅值范围、上升时间和发生的振荡频率。

表 5-1　尼科莱特显示器收集的瞬变数据

类型	说明	波形	百分数	被测试电力线路的电压等级		幅值范围/V	上升时间范围/μs	持续时间范围/μs	振荡频率范围/kHz	
				120 V	460 V					
Ⅰ	带有欠阻尼振荡的尖峰电压	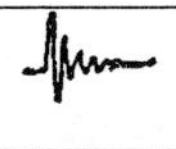	3.5	X	X	52~560	0.1~5.3	32.6~106.2	108~895	某些波形已叠加了较高频率的阻尼振荡
Ⅱ	类似于Ⅰ型但有更大的阻尼	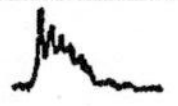	4.4	X		54~86	0.1~2.6	8~60.5	123~740	
Ⅲ	有临界阻尼回路的尖峰或脉振电压	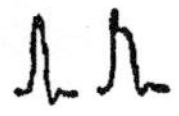	16.7	X	X	53~656	0.05~26.8	0.3~180（中位数=22）	不适用	一个上升时间慢的瞬变，紧接着最快的是 9.9 μs
Ⅳ	类似于Ⅲ型但有振荡叠加	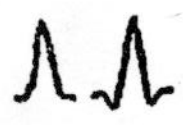	18.4		X	141~1438	0.1~33.2（中位数=8.0）	3~91.4（中位数=6.2）	所有高频振荡为 6.4MHz	一个上升时间慢且持续时间长的瞬变，紧接着最快的是 13.8 μs 上升时间和 26.6 μs持续时间
Ⅴ	带有过阻尼（有些带有纹波）的尖峰电压		21.0		X	112~848	1~60（中位数=3.8）	13~2460	不适用	一个上升时间慢的瞬变，紧接着最快的是 6.6 μs，有时有一个或几个狭窄尖峰电压领先
Ⅵ	有噪声叠加的缓慢过阻尼瞬变	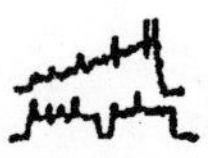	19.3		X	160~640	0.05~0.35 衰减时间	1.6~43.8（中位数=2.7）	不适用	其特征是衰减时间比上升时间快，一个持续时间长的瞬变，紧接着最长的是 6.2 μs
Ⅶ	有噪声叠加的脉振瞬变		7.0	X	X	53~1136	0.2~2	4.3~1558	不适用	在 460 V 线路上发生高幅值瞬变电压
Ⅷ	噪声脉冲群		4.4	X	X	58~1120	0.05	4~832	不适用	在 120 V 线路上幅值低和持续时间短，在 460 V 线路上幅值高和持续时间长
Ⅸ	混合的	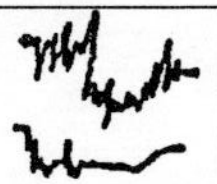	5.3	X	X	70~1376	0.3~1.6	0.7~7	不适用	

由表 5－1 可见，临界阻尼尖峰电压（35%）和过阻尼短时瞬变电压（40%）起主要作用。所测到的这些类型的短时瞬变电压主要发生在 460 V 的电力线路上。临界阻尼尖峰电压有宽的幅值范围、相当快的上升时间和短的持续时间。过阻尼短时瞬变电压具有中等的电压幅值和持续时间。在 DDG41 和 LST1188 中的一艘舰上，其 460 V 电力线路中测量到所有的高值短时瞬变电压（大于 1 000 V）。

（6）与 MIL－STD－1399 的规定限度相比较

MIL－STD－1399 第 300 章涉及到舰船交流电力的界面要求。在这个标准中规定了供电系统的尖峰过电压的限度。根据这个标准，供电系统很少有可能短时瞬变电压超过 2 500 V，同时接在这个供电系统上的设备必须设计成具有在这种瞬变环境中运行的功能。根据试验中收集到的数据，用统筹的方法可以确定发生指定幅值的短时瞬变电压的概率，详见表 5－2。

表 5－2　美舰船电力线路的短时瞬变电压统计

供电线路	瞬变发生率次/小时	每年瞬变/次数	在 120 V 线路上预期发生至少 825 V 一次瞬变的时间	在 460 V 线路上预期发生至少 1925 V 一次瞬变的时间	尖峰电压/V		
					预期一星期一次	预期一个月一次	预期一年一次
所有 120 V 线路 舰电 岸电	0. 19 0. 18 0. 2	1 669	5 年	不适用	125	325	625
所有 460 V 线路 舰电 岸电	0. 39 0. 33 0. 49	3 416	不适用	3 年	1 000	1 325	1 750

若与 MIL－STD－1399 的规定限制相比较的话，则试验表明短时瞬变电压比规定的限度要低得多，在 120 V 线路上预期 625 V 的尖峰电压超过一年一次，在 460 V 线路上预期 1 750 V的尖峰电压超过一年一次。

第 6 章　I 型电力供电系统的电源装置——发电机组

I 型电力供电系统的发电机组用于舰船日用和应急使用。美海军在一艘舰船上使用的各台日用发电机组都具有相同的额定功率、型号、设计和制造工艺。任何一艘舰船用的应急发电机组的选用也具有同样的要求。

美海军水面舰船中日用发电机组之间要求相互长期并联运行，仅在需将负载从一台向另一台转移时才要求与岸电并联运行。应急发电机组不要求相互并联运行，也不要求与舰船日用发电机组或与岸电并联运行。在美海军潜艇中，艇上日用发电机组、柴油发电机组和岸电仅在需将负载从一个向另一个转移时才要求并联运行。

发电机组有汽轮发电机组、柴油发电机组和燃气轮机发电机组。

6.1　舰船用交流发电机的性能要求

除很少几个例外，交流发电机用作美海军舰船的主电源，这些发电机是三相、60 Hz、450 V 电制。在某些辅助船上装有几台三相、60 Hz、230 V 发电机。在美舰船上也有几台三相、400 Hz、1 000 V 或 450 V 的发电机作为特种电源。三相、60 Hz、450 V 发电机的最大功率为 2 500 kW。表 6－1 表明在有代表性的美海军舰船上有关交流发电机的功率和台数的情况。

表 6－1　美舰用三相、60 Hz、450 V 交流发电机装置(主电源)

舰船类型	台数	原动机	单机额定功率/kW
战列舰(BB)	8	汽轮机	1 250
重巡洋舰(CA)	4	汽轮机	750
	4	汽轮机	1 000
	4	汽轮机	1 500
导弹巡洋舰(CG)	4	汽轮机	750
核动力导弹巡洋舰(CGN)	6	汽轮机	2 500
轻巡洋舰(CL)	4	汽轮机	600
导弹轻巡洋舰(CLG)	4	汽轮机	600
攻击型航空母舰(CVA)	4	汽轮机	1 250
	8	汽轮机	1 250
	8	汽轮机	1 500
	6	汽轮机	2 500

表 6－1(续)

舰船类型	台数	原动机	单机额定功率/kW
核动力攻击型航空母舰(CVAN)	8	汽轮机	2 500
反潜航空母舰(CVS)	4	汽轮机	1 250
驱逐舰(DD)	2	汽轮机	200
	2	汽轮机	250
	2	汽轮机	350
	2	汽轮机	400
	2	汽轮机	500
	4	汽轮机	500
	3	燃气轮机	2 000
导弹驱逐舰(DDG)	4	汽轮机	500
雷达哨驱逐舰(DDR)	2	汽轮机	400
护卫舰(DE)	2	汽轮机	300
	2	柴油机	200
	2	汽轮机	200
	3	柴油机	200
	2	汽轮机	500
	3	汽轮机	500
导弹护卫舰(DEG)	2	汽轮机	500
雷达哨护卫舰(DER)	2	柴油机	200
	2	汽轮机	200
驱逐领舰(DL)	4	汽轮机	750
导弹驱逐领舰(DLG)	4	汽轮机	750
	4	汽轮机	1 000
	4	汽轮机	1 500
驱逐布雷舰(DM)	2	汽轮机	400
两栖船坞运输舰(LPD)	4	汽轮机	750
两栖攻击舰(LPH)	2	汽轮机	2 500
	4	汽轮机	1 250
火箭登陆舰(LSM)	2	柴油机	100
舰队扫雷舰(MSF)	2	柴油机	100
	3	柴油机	100
远洋扫雷艇(MSO)	1	柴油机	60
	3	柴油机	100
巡逻炮艇(PG)	2	柴油机	100
远洋巡逻护卫舰(PF)	4	柴油机	1 000

由于蒸汽轮机的功率大、运行安全可靠、发展比较成熟，在美海军现有的大中型水面舰船动力装置中，蒸汽动力装置仍占有主要地位。在核动力航母、核动力巡洋舰和核动力驱逐舰中，无疑地除以反应堆代替锅炉作蒸汽源外，其后面仍然是采用蒸汽轮机齿轮减速动力装置；至于驱逐舰，除美海军的"斯普鲁恩斯"级新舰采用燃气轮机动力装置外，其他也还是采用蒸汽轮机动力装置；在护卫舰这挡功率范围内，蒸汽轮机的优点并不突出，但在美"PF－109"级之前的护卫舰仍然全是蒸汽轮机动力装置。因此，在表 6－1 中绝大多数舰用交流发电机是由汽轮机驱动。仅某些护卫舰和小型舰船的主发电机以及水面舰船的应急发电机由柴油机驱动，如美"奥·哈·佩里"级的远洋巡逻护卫舰中四台 1 000 kW 发电机由柴油机驱动。在 DD963"斯普鲁恩斯"级的大型驱逐舰中三台 2 000 kW 的发电机由燃气轮机驱动。

汽轮机的运行速度大约为 5 000～24 000 r/min，通过减速齿轮驱动 60 Hz 发电机。60 Hz 的发电机一般与柴油机直接相连。

虽然某些小容量的交流发电机是旋转电枢型，但美舰用交流发电机一般是旋转磁场型。由柴油机驱动的美舰用交流发电机为凸极结构，由汽轮机驱动的美舰用交流发电机可以为凸极或隐极结构，一般转速为 3 600 r/min 及其以上的转子为隐极结构。

MIL－G－3124D 规定美海军舰用交流发电机的功率等级为 30，60，100，200，300，500，750，1 000，1 500，2 000，2 500，3 000，4 000，8 000 kW。

根据 MIL－E－2036 的规定，美舰用交流发电机的防护外壳可以是开启式、防滴式、防溅式、全封闭式、封闭自通风式和水－空气冷却式中的任何一种形式。但美海军经过长期使用，证明大型舰用交流发电机采用带海水冷却器全封闭结构是最可靠和最经济的外壳防护形式，这是由于这种防护形式具有下列的优点：

（1）发电机损耗所产生的热量是由空气冷却器中的冷却海水带走，避免了机舱内部由于这部分热量所引起的温度上升；

（2）机舱空气中的油雾、灰尘不易进入发电机内部，避免电机绝缘沾污、老化；

（3）降低了发电机噪声；

（4）减少了发电机的维护保养工作量。

因此，MIL－G－3124D 规定，500 kW 及其以上的舰用交流发电机为带海水冷却器的封闭结构。发电机的机座做成有或装有挡板，以使得发电机空气冷却器组件的凝露水不滴到发电机绕组上，这种凝露水排出到壳体的外边。

美舰用交流发电机无论是由柴油机驱动还是汽轮机、燃气轮机驱动，其轴承大多采用强制润滑的滑动轴承，滑油来自原动机的滑油系统。在轴承油排出管路上有液流观察器。单轴承发电机有整体法兰，并有适当的尺寸和结构以便用螺栓与驱动法兰相连接。200 kW 及其以上的发电机备有插入轴承壳的热敏装置，当轴承达到预定的温度时，热敏装置将直接或通过继电器来操作报警系统。美海军使用经验证明，独立的座式滑动轴承比端盖式滑动轴承能更有效地排除滑油漏入电机内部的可能性。

在美舰用交流发电机中，温度指示设备作为每台发电机的一部分供应。该设备为 10 Ω 的电阻型的埋置测试线圈。每台电机至少有六个埋置温度计，第一个尽可能接近绕组的估计热点，其他的以 60 度的相同间隔予以安置。试验电阻和必需的开关由配电板制造厂供应。

美舰用交流发电机还备有电加热器，以防止发电机停车时潮气在绕组上凝露。每一台发电机至少备有两个定额为 500 W、115 V 的单相交流加热器。

现在,美舰用交流发电机的电压调节和励磁系统是 MIL－R－2729 规定的Ⅱ类旋转无刷励磁机型和Ⅲ类静止型(详见 6.2 节)。若采用Ⅲ类静止型,则电力整流器装在发电机封闭壳体内的冷却空气流中,同时它的安装位置应易于接近,以便进行检查移动、拆卸或调换。

美舰用 60 Hz 交流发电机的主要性能要求如下:

(1)过载

每台发电机应能输出 150% 额定电流历时 2 min。

(2)波形

(a)偏离系数

任何一相的开路端电压的偏离系数不超过 5%。

(b)谐波分量

从空载到满载,输出电压波形中全部谐波分量总和的均方根值不超过额定输出电压均方根值的 1%。任何单次谐波分量的均方根值不超过额定输出电压均方根值的 0.3%。

(3)不平衡负载

在额定功率因数和 1 之间的任何功率因数下单相负载为额定电流 15% 并且发电机没有其他负载的情况下,相间电压的变化应不超过额定电压的 5%。

(4)超速

发电机应能安全地承受 25% 的超速和 15% 的超速运行不大于 5 000 h(r)。

(5)短路

在电压调节器控制下,发电机应能承受出线端三相短路和单相短路而无任何零件损坏。历时由 $I^2t=180$ 确定。式中 I 为持续线电流,标幺值;t 为时间 s。除非另有规定,在三相或单相短路时电流的持续值应不低于 3.2 倍的额定电流。

发电机瞬变电抗应不大于 20%,超瞬变电抗范围应在 13%~16% 之间。

(6)电压降

当带有指定的电压调节器运行时,在功率因数为 0 到 0.4 滞后的情况下,对发电机配电板上突加平衡的 2 倍标幺阻抗的负载,在配电板上电压降应不超过 14% 的额定电压,假定发电机出线端和配电板之间电缆长为 25 ft(英尺,1ft＝0.3 m),有一台断路器和两个电流互感器。

(7)电磁干扰

发电机及其相关控制设备的电磁干扰应按照 MIL－STD－461 和 MIL－STD－462 符合下列项目要求:CE01,CE03,CS01,CS02,CS06,RE01,RE02,RS03,VM05。

(8)计算

当发电机带有以下规定数值的起始负载和感应电动机具有以下给出的特性时,应确定感应电动机启动时其端子上的电压降,电压降应不大于 16%。

(a)电动机特性

额定电压　440 V;

堵转电流　0.67 标幺值;

堵转功率因数　0.25;

满载功率需求　在额定功率因数 0.20 标幺值。

(b)发电机配电板上的起始负载

在额定功率因数时的负载 0.80 标幺值。

(c)潜水型船舶日用电动机应用电缆

型式　按 MIL－C－24543 LSTSCA－400;

长度　从配电板至电动机为 114 ft;

四根电缆并联;

对于其他应用　电缆阻抗为 0.022＋j0.016 标幺值。

由表 6－1 可见,美最大的 60 Hz、2 500 kW 舰用发电机用于攻击型航空母舰(CVA)、两栖攻击舰(LPH)、核动力导弹巡洋舰(CGN)和核动力攻击型航空母舰(CVAN)上。在核动力舰船上,为了供电给反应堆冷却泵电动机,2 500 kW 发电机需要变频运行。因此,美舰用 2 500 kW发电机分Ⅰ类恒频运行、Ⅱ类变频运行以及Ⅲ类恒频与变频运行三种,它的规格和要求按 MIL－G－19287B 规定。三种类型的发电机都具有下列的技术要求:

(1)过载

在额定电压和额定频率以及功率因数为 0.5 时,发电机应能输出 150% 额定电流历时 1 min。

(2)波形

(a)偏离系数

任何一相或所有三相的开路端电压的偏离系数不超过 6%。

(b)谐波分量

从空载到满载,输出电压波形中全部谐波分量总和的均方根值不超过额定输出电压均方根值的 6%,任何单次谐波分量的均方根值不超过额定输出电压均方根值的 3%。在决定输出电压波形的谐波分量时,等于或小于 0.2% 额定输出电压的均方根值的谐波可以不加考虑。

(3)短路

在与有关电压调节器运行时顶值励磁值相对应的恒定磁场励磁下,发电机能承受出线端的三相短路历时 30 s 而无任何部件损坏。在与有关电压调节器运行时顶值励磁值相对应的恒定磁场励磁下,发电机能承受二出线端之间的单相短路历时 30 s 而无任何部件损坏。

(4)电抗

若发电机在突加功率因数为 0 到 0.4 滞后的二倍标幺阻抗时的电压降不超过 13%,则发电机的瞬变电抗可以不超过 0.25 标幺值。

Ⅰ类恒频运行的 60 Hz,2 500 kW 发电机,其额定转速为 1 200 r/min,电压调节器和励磁系统为旋转放大机型或静止型,有并联运行的要求。Ⅱ类变频运行和Ⅲ类恒频与变频运行发电机,其电压调节器和励磁系统仅为旋转放大机型。

Ⅱ类变频运行的 2 500 kW 发电机,在 30 至 60 Hz 时连续运行,在 15 至 30 Hz 时每 12 h(r)以后 15 min 运行。在 15 Hz 时仅在汽轮发电机和电动发电机之间为转移负载有瞬时的整步操作要求。发电机供电给反应堆变速泵,变速泵电动机的负载特性如表 6－2 规定。

因此,Ⅱ类的 2 500 kW 发电机的设计还具有下列的特征。

(1)电压直接正比于速度。

(2)在下列情况下启动泵用电动机:

(a)三台泵在 15 Hz 和 49 Hz 之间的任何频率下带有热的泵液运行时,启动第四台泵;

(b)两台泵在 49 Hz 和 60 Hz 之间的任何频率下带有热的泵液运行时,启动第三台泵;

(c)假定在 2 s 内泵用电动机达到同步速,发电机启动时的电压不低于表 6 -2 中所表明的数值。

表 6 -2　反应堆变速泵电动机的负载特性

负载特性					
泵的台数/台	泵液的温度	频率/Hz	输入/kW	功率因数	电源/V
4	冷	30	576	0. 66	220
3	冷	30	433	0. 66	220
4	热	49	1 930	0. 84	359
4	热	45	1 468	0. 82	330
3	热	60	2 500	0. 88	440
3	热	56	2 070	0. 87	411
3	热	49	1 450	0. 84	359
3	热	45	1 101	0. 82	330
3	冷	15	96	0. 28	110
4	冷	15	127	0. 28	110
3	热	15	80	0. 28	110

启动要求(每个泵)				
频率/Hz	功率因数	启动电流/A	启动电压/V	允许的最低电压/V
60	0. 20	5 800	440	300
56	0. 21	5 700	411	275
49	0. 23	5 600	359	225
45	0. 25	5 500	330	200
30	0. 33	5 400	220	110
15	0. 57	4800	110	60

Ⅲ类恒频和变频运行的 2 500 kW 发电机,其频率范围为 15 ~60 Hz。它用来供电给变速泵或以恒频 60 Hz 供电给舰用电力负载。供电给变速泵电动机有关要求与Ⅱ类变频运行发电机的要求相同。

随着美舰船武备系统的发展,对电力的需要以显著的速度增长。特别是第一艘核动力航空母舰的建造,表明 450 V、60 Hz 系统对于电压和功率已达到实际的设计限度了。因此美海军船舶局研制了 2 300 V 设备,其中包括 2 400 V 的 6 000 kW 发电机、电动机、断路器和接触器。美海军船舶局研究表明,2 400 V 系统与 450 V 系统相比,质量约减轻 34% ,空间减小 14% ,成本降低 16% 。

尚应指出,在美 CVA -63 级航空母舰上有两台 600 kW,1 000 V,三相汽轮发电机(在 CVA -67 级航母上用 300 kW 电动发电机组代替 600 kW 汽轮发电机),发电机和汽轮机均为 12 000 r/min,发电机转子为四极的隐极结构,发电机为带有海水冷却器的全封闭型式,采用静止式励磁系统。

6.2　舰船用交流发电机的励磁和调节系统的性能要求

电压调节器基本上是由控制元件和为维持发电机端电压恒定而产生发电机磁场电流变化的有关机械和电气的手段所组成的。当交流发电机采用电压调节器时,电压调节器及其辅助设备的功能是维持发电机端电压在规定的限度内,以及在并联运行的发电机之间进行无功电流的合适分配。

每台发电机备有一个电压调节器。在某些美舰用装置中,配电板上装有备用的电压传感(控制)元件和转换开关,以便在任何一个控制元件损坏时,备件能够投入使用。在美应急发电机上所采用的电压调节器并不装有备用的控制元件。

舰用交流发电机电压调节器的性能要求如下。

根据 MIL－R－2729D 美舰用交流发电机电压调节器分为三种类型:

Ⅰ型——不采用;

Ⅱ型——旋转无刷励磁机和电压调节系统;

Ⅲ型——静止励磁和电压调节器组合型。

它们具有下列的性能要求:

(1)稳态电压调节

在所有无功补偿线路不参与情况下,在额定频率的 95% ～105% 之间的任何频率时,电压调节系统应维持发电机的平均电压在预定的 2% 额定电压的稳态电压调节带内。发电机在 0.5 滞后至 0.8 超前之间的任何功率因数时空载至额定有功负载的任何负载下运行,在每一负载点三个线电压的平均值应作为发电机的平均电压。上述限度适用于时间的延长期(8h(r)内)和调节器－励磁装置的任何安装固定位置。在规定的单相负载时由电压调节器励磁装置维持的平均电压在 3% 额定电压以内。在高碰撞冲击试验的任何一次或全部撞击以后,由电压调节器－励磁装置维持的平均电压与冲击试验前维持的平均电压相差不大于上下 1%,而无须调整。

(2)瞬态电压变化(电压降或电压升)

在电压调节器－励磁装置系统自动状态情况下,对于给定的负载变化的发电机最大电压降或电压升按 MIL－G－3124 所要求。(见 6.1 节)。

(3)恢复时间

在突加或突卸功率因数为 0 至 0.4 滞后的 2 倍标幺阻抗负载时,恢复至并保持在 3% 额定电压的恢复时间应不大于 1.5 s。

(4)短路电流

在发电机出线端三相和单相短路时,电压调节器－励磁系统应能维持由下式而定的时间,而无任何部件损坏。

$$I^2t = 180$$

I 为持续线电流,标幺值;t 为时间,s。

在三相或单相短路中电流的持续值至少为 3.2 标幺值。在短路解除后,系统应能恢复至正常电压。

(5)发电机过载

发电机在 0.5 滞后功率因数和额定频率时,传递 150% 额定线电流历时 2 min 的过载情况下,电压调节器和励磁装置应能维持发电机电压在额定电压的 5% 以内。在规定发电机功率过载定额的场合,电压调节器和励磁装置对于规定的过载和持续时间应维持额定的发电机电压。

(6)电压整定范围和精度

从空载至满载在额定功率因数下的任何负载时,对于"自动"和"备用"方式所提供的电压整定措施应能以不大于 1% 额定电压的精度改变电压从额定电压以下的 3% 至额定电压以上的 7% 。该要求应满足无功下垂补偿线路要求(如果提供的话)。

(7)发电机并联运行

当规定并联运行时,应提供无功补偿线路。

(a)无功下垂补偿

当有规定时,应提供可调无功下垂补偿线路,调整范围应从零到至少为 10% 额定电压,精度不超过 0.2% 的额定电压。

(b)无功差动补偿

当有规定时,应提供无功差动补偿线路。

(c)无功负载分配

当负载从零到 100% 所有发电机的总的 kvar 定额,0.5 滞后到 0.8 超前的任何功率因数下,任何一台发电机的无功负载(表示成它的 kvar 定额的百分数)与所有并联运行发电机的总的无功负载(表示成所有并联运行发电机总的 kvar 定额的百分数)的相差应不大于 5% 。

(8)电压波形

电压调节励磁系统对于发电机电压总的谐波畸变的贡献应不大于 0.5% ,对于任何频率的电压单次谐波的贡献应不大于 0.5% 。

(9)功率因数

舰船负载一般为滞后功率因数。然而,有可能发电机可以偶然地运行在超前功率因数情况下。在额定功率负载带有 0.8 超前功率因数时,调节励磁装置应能维持发电机端电压在稳态电压调节带内。

(10)过电压限制

在电压调节器 - 励磁系统内应加入过电压限制线路,该线路应自动地限制发电机过电压不超过 105% 和 130% 之间的一个整定值,整定精度不超过 2% 额定电压。对于过电压限制的正常整定值应为 110% 额定电压。

6.3 舰船用电液载敏调速器的性能要求

为了更好地满足供电系统的频率控制要求,美海军舰用汽轮发电机组和柴油发电机组上现已广泛地使用电液载敏调速器。电液调速器可以设计成在所有负载下达到恒速的要求,或者为了与其他机械调速的发电机组并联运行而设计成带有下垂的速度特性。

6.3.1　舰船用发电机组转速调节的术语和定义

为了清楚地理解美海军舰船用发电机组的各项调速指标，根据 MIL－STD－178A 的规定，列出美海军舰用发电机组转速调节的术语和定义。该术语主要用于整台原动机带动的发电机和发电机组的机械和电气的转速调节，此处原动机与发电机的转速比为常值。

(1)稳态调节转速带

稳态调节转速带是转速－时间曲线的具有代表瞬时最高和最低转速的包络线，它们发生在给定的稳态运行工况下并在机组调速系统作用时。稳态调节转速带的限值是由观察的转速带中对于中间转速的振幅确定的，该振幅是以额定转速的百分数表示。

(2)观察的转速带

观察的转速带是转速－时间曲线的具有代表瞬时最高和最低转速的包络线，它们发生在抽样试验的时间间隔中，在这段间隔内所规定的工况重复出现且需选择有代表性的转速－时间关系实测曲线段。观察的转速带是示出最高和最低转速值与中间转速的偏差，此处偏差的幅度是用额定转速的百分数表示。

(3)中间转速

中间转速是当发电机组以稳定电负载运行时在观察的转速带中最高和最低的瞬时转速的平均转速。

(4)平均调节转速

平均调节转速即平均转速，它是在给定周期中，带有调速系统控制的发电机组在任何持续电负载下运行时所发生的。平均调节转速是在所考虑周期中所有转速瞬时值的平均值。

(5)稳态负载增量的调速率

稳态负载增量的调速率是相对于各稳定电负载工况下的输出功率的转速变化率，它是由平均转速－功率曲线上所考虑的输出功率点的切线的斜率来表示。稳态负载增量调速率是以额定转速百分数表示；而在有转速表时，则将一定切线上两点转速差除以相应的功率差(以额定输出功率的百分数表示)，并可用下式的百分数表示：

$$R_i = \frac{P_c(n_2 - n_1)}{n_r(P_1 - P_2)} \times 100\%$$

式中　n_r——额定转速；

n_1——对应于较大功率 P_1 的转速；

n_2——对应于较小功率 P_2 的转速；

P_c——额定输出功率。

(6)转速改变机构

转速改变机构是调速系统的一部分，它是在发电机组运行中提供改变发电机组的平均调节转速的方法。

(7)调速率调节机构

调速率调节机构是调速器中调节发电机组稳态调速率的那一部件。

(8)瞬时过速率

瞬时过速率是在两个给定的稳定的电负载之间由第一个工况突卸到第二个工况时所发生的，在第二个工况的中间转速以上的转速增量，以额定转速的百分数表示。

(a)突卸全负载

$$S_0 = \frac{n_{\max} - n_0}{n_r} \times 100\%$$

式中 n_r——额定转速；

n_0——空载的中间转速；

$n_{\max}$——在额定转速和稳定电负载等于额定功率情况下突卸全负载时瞬时最高转速。

(b)突卸部分负载

$$S_0 = \frac{n_{\max} - n_1}{n_r} \times 100\%$$

式中 n_r——额定转速；

n_1——在第二个稳定电负载时的中间转速；

$n_{\max}$——从第一个突卸到第二个稳定电负载时的最高瞬时转速。

(9)瞬时欠速率

瞬时欠速率是在两个给定的稳定电负载之间由第一个工况突加到第二个工况时所发生的在第二个工况的中间转速以下的转速减量，以额定转速的百分数表示。

$$S_0 = \frac{n_1 - n_{\min}}{n_r} \times 100\%$$

式中 n_r——额定转速；

n_1——在第二个稳定电负载时的中间转速；

$n_{\min}$——从第一个突加到第二个稳定电负载时的最低瞬时转速。

(10)恢复时间

恢复时间是发电机组在稳定电负载下从负载开始突变瞬间至转速恢复到稳定状态瞬间为止所经过的时间。这个时间以 s 为单位，是从初始负载工况改变的瞬间至转速逐渐减少振荡进入规定的转速带为止。

(11)规定的转速带

规定的转速带是转速－时间曲线的具有较高和较低限度的包络线，这个限度分别表示瞬时最高和最低的转速，以用来确定恢复时间间隔的终点，限值是用相对于观察转速带的中间转速的波幅来规定，波幅是以额定转速的百分数表示。

(12)稳态调速率

稳态调速率是中间转速的变化率，以额定转速的百分数表示，这是在被驱动的发电机的输出功率从额定降到零，而调速系统的所有调节在固定的整定时发生的。调节在固定的整定时的意思是额定功率时的中间转速与额定转速重合。

(13)稳定电负载

发电机组的稳定电负载是保持一个恒定平均值所需的电功率，它可能有下列一种或两种偏差：

(a)随机偏差不超过额定输出功率的 ±0.25%；

(b)周期性偏差不超过额定输出功率的 ±0.1%。

6.3.2 舰船用发电机组的载敏调速器的性能要求

根据 MIL－G－21410A 的规定，美舰用发电机组载敏调速器分为下列类型：

柴油发电机组用的 DE 型；汽轮发电机组用的 ST 型；单轴燃气轮机发电机组用的 GT 型。各型调速器的性能要求如下：

(1)稳态调节转速带

对于零和100%之间的任何负载，调速系统应调节原动机的平均调节转速，带有的稳态调节转速带为额定转速的0.25%。

(2)稳态调速率

(a)无差方式

在有功差动补偿不作用的情况下，调速系统的稳态调速率应在0和正1%之间。

(b)有差方式

在调速率调节机构整定在0%时，调速系统的稳态调速应与无差方式所得到的相同。

在调速率调节机构整定在(5)条款规定的范围内时，调速系统的稳态调速率应如(a)条的规定值加上调速率调节机构的整定值。

(3)稳态增量调速率

从空载至满载的所有负载值，调速系统的稳态增量调速率应为正值以确保稳定性。有差方式的稳态增量调速率应与无差方式相同，加上调速率调节机构的整定值。

(a)DE 和 GT 系统

稳态增量调速率在无差方式应小于1%。

(b)ST 系统

稳态增量调速率在无差方式应小于3%。

(4)转速改变机构的范围和灵敏度

在无差方式、有功差动补偿不作用的情况下，DE 型的转速改变机构应提供的最大调节范围为90%~116%额定转速。对于 ST 型转速改变机构应提供的最大调节范围为90%至113%额定转速。正常转速范围停车应整定在95%~105%额定转速。DE 型应具有高速超越停车允许调节至116%额定转速，ST 型应具有高速超越停车允许调节至113%额定转速。

(5)调速率调节机构的范围和灵敏度

在有差方式时，调速率调节机构应能以正方向增加稳态调速率(增量转速调节)。调速率调节机构作用范围应从零至5%连续可调。调速率调节机构应随负载增加线性地减小整定转速，以确保并联运行发电机的稳定性和负载分配。

(6)瞬态响应

对于 DE、GT 型，取决于突加或突卸100%额定功率(kW)负载的最大允许的瞬时欠速率或过速率应为3%的额定转速。对于 ST 型取决于突加100%额定功率(kW)负载的最大允许瞬时欠速率应为3%的额定转速，取决于突卸80%(从100%至20%)额定功率(kW)负载的最大允许瞬时过速率应为3%额定转速。以规定转速带1%额定转速(加或减0.5%)为基础，所有类型的恢复时间在无差方式或有差方式时均应不超过1.5 s。

6.3.3 系统要求

在无差方式中，调速系统应趋向于使任何运行状态下发生的转速误差减小至零。

(1)负载传感器

系统应包括一个负载传感器，测量发电机组的有功负载或者正比于有功负载的一个量。对于所有类型的发电系统，负载传感器与调速系统其他部件的动作应使得并联运行发电机之间有功负载分配在5%额定功率之内。

(2)转速检测器

系统应包括一个转速检测器,测量发电机组的转速或者正比于转速的一个量。转速检测器与调速系统其他部件的动作应使得校正对转速改变机构的整定值的任何转速偏差。

(3)阻尼

系统应具有阻尼,使得在突加或突卸负载引起的瞬变振荡的半个周波内的超出规定转速带的最大转速偏差小于前半个周波内类似偏差的三分之一。这仅仅适用于瞬态振荡起始半周波以后发生的半周波。

(4)稳定性

调速系统应是稳定的。调速系统的提供者应从数学上证实在所有预期的运行方式下带有正常的和备用的转速控制时发电机组的稳定性。在下列状态下试验时应证实发电机组的稳定性。

(a)所有的负载值不超过发电机组额定过载能力,功率因数从0.4滞后至0.8超前,单机运行或并联运行,无差方式或有差方式,包括一台有差方式的发电机组与一台或几台无差方式的发电机组相并联的所有组合,以及一台或几台有差方式发电机组与岸电并联运行。

(b)发电机电压由75%至130%的额定值。

(c)对于ST和GT型发电机组的转速由90%至113%的额定转速。对于DE型发电机组的转速由90%至116%的额定转速。

(5)超速保护

万一电子部件失效、调速器激励失电或者发电机输出失电,系统应阻止发电机组达到下列转速:

(a)DE型为115%额定转速;

(b)ST型为112%额定转速;

(c)GT型为125%额定转速。

(6)并联运行

调速系统在有差方式时应满足下列(a)负载分配和(b)电流脉振的要求。调速率调节机构应提供适当的下垂特性。

在规定无差方式并联运行的场合,应采用有功差动补偿的办法,以满足在无差方式下的下列(a)负载分配和(b)电流脉振的要求。

(a)负载分配

当负载从零至100%总的额定负载、功率因数从0.4滞后至0.8超前的范围内变化时,任何一台发电机的有功功率(kW)负载(表示成它的额定功率(kW)的百分数)与所有并联运行发电机总的有功功率负载(表示成所有并联运行发电机总的额定功率的百分数)相差应不大于5%。

在负载变化时应不调整转速控制,为了不影响所要求的负载平衡,负载平衡应完全自动的。稳定地分配负载所要求的时间应不超过5 s。

(b)电流脉振

从空载至额定负载和功率因数从0.4滞后至0.8超前的任何负载时,最大允许的电流脉振应为额定电流的2%。

(7)GT 型的附加系统要求

(a)除了正常的转速/负载控制器通道以外,GT 型系统也应具有燃气透平进口温度(TIT)控制器通道;

(b)GT 型应提供启动时电子控制的燃油程序;

(c)GT 型应具有备用的转速控制器。

(8)DE 型的附加系统要求

DE 型应具有加速控制器和备用转速控制器。

(9)发电机短路

当发电机组在正常运行状态及额定负载的情况下,发电机输出端突然发生单相短路或三相短路时,调速系统应不允许发电机组失速或超速。由于正常运行状态的恢复,调速系统应自动地按规定性能要求继续工作。

6.4　舰船用发电机组的性能要求

6.4.1　水面舰船交流汽轮发电机组的性能要求

根据 MIL - G - 3087C 的规定,美海军水面舰船用交流汽轮发电机组的额定电压为 450V(三相、三线),功率等级为 300,500,750,1 000,1 500,2 000 和 2 500 kW。汽轮发电机组分组装式和非组装式。美海军水面舰船用交流汽轮发电机组的主要性能要求如下:

(1)寿命、可靠性和维修性

(a)寿命

要求汽轮发电机组的使用寿命为 150 000 h(r),其中额定负载时为 20 000 h(r),60% 额定负载时为 90 000 h(r),40% 额定负载时为 40 000 h(r)。在这个使用寿命内至少启动1 500 次和停车 1 500 次。

(b)可靠性和维修性

汽轮发电机组的平均故障间隔时间(MTBF)至少为 1 500 h(r),发电机组的平均修理时间不大于 6 h(r),汽轮发电机组大修期为 15 000 h(r)。

(2)短路

在电压调节器自动控制发电机励磁和发电机带有在零至额定负载之间的任何负载下,交流汽轮发电机组能承受在配电板(假定从每台发电机出线端至配电板有 25ft(英尺,1 ft = 0.3 m)长互连的电缆)上的三相完全不对称短路,而无任何部件损坏。承包者向美海军船舶工程中心提交报告,报告应表明:预期的发电机气隙短路转矩、整个转子的弹性特性、轴负载特性和短路转矩系数。制造厂的数据表明:设计时已考虑了这种短路转矩的所有因素,所有部件将承受得住这种负载而无损坏。

(3)噪声

一般并未提出特殊要求的场合,汽轮发电机组和所有可拆卸附件的设计使其空气噪声级不超过表 6 - 3 的规定。

表 6-3 标准倍频带中心频率时的声压级(dB)(基准为 0.002 dyn/cm²(1dyn = 10^{-5}N))

中心频率/Hz	31.5	63	125	250	500	1 000	2 000	4 000	8 000
声压级/dB	110	110	105	100	90	85	85	85	85

(4)调速特性

汽轮发电机组的调速器是按 MIL-T-24398 的液压替续器、离心控制型或者是按 MIL-G-21410 的电液载敏型。对调速器有并联运行的要求。当汽轮发电机组采用电液载敏调速器时,其性能要求按 MIL-G-21410 规定的 ST 型(见 6.3.2 节)。若调速器为液压替续器、离心控制型时,其性能要求按如下规定:

(a)在由空载至最大连续额定负载范围的平均调节转速调节在额定转速的 ±5% 以内。

(b)负载-转速特性

从空载至 100% 连续额定负载的负载-转速曲线处在具有表 6-4 项 1 所示的空载至连续额定负载的转速降和表 6-4 项 2 所示的负载范围的平行直线之间,从空载至额定负载转速降的最大值和最小值如表 6-4 项 3 所规定。

(c)转速波动

对于无过载容量的汽轮发电机组从零至 100% 连续额定负载的任何负载下,任何恒定负载时的转速波动不超过表 6-4 项 4 所示的数值。

(d)突加负载变化

发电机组的惯性、汽轮机和减速齿轮(如果设计中采用减速齿轮的话)的特性以及调速器的响应使得一次突加 80% 连续额定负载和从起始所施加的 80% 负载中一次突卸 70% 连续额定负载时,与起始转速的最大转速偏差不超过表 6-4 项 5 所示的数值。此外,在突加和突卸负载后转速恢复和维持在最终稳定转速的 1% 以内的时间不超过 2 s。

表 6-4 带液压替续器、离心控制型调速器的汽轮发电机组的负载-转速特性

项 目	1	2	3	4	5
发电机的连续额定功率负载/kW	负载-转速曲线限度的直线降/%	负载-转速曲线的直线负载范围/%	如项 1 和 2 一样确定的整个转速降范围(0 至 100% 的负载)/%	周期性转速波动的最大值/%	突加负载后的最大转速偏差/%
小于 249 kW	3.1	3.0	2.2 至 4.0	0.15	6.0
250 kW 及其以上	3.3	2.0	2.7 至 4.0	0.15	6.0

(5)发电机组的并联运行

带有电液载敏调速器的交流汽轮发电机组在并联运行时,负载分配和电流脉振的要求按 MIL-G-21 410 的规定(见 6.3.3 节)。

其他的交流汽轮发电机组的并联运行符合 MIL-R-2729 的无功功率分配要求,并符

合下列的有功功率分配要求：在规定的试验条件下的任何指定的负载分配时，表示成它的连续功率定额百分数的任何一台发电机组的实际有功负载，与表示成所有连接发电机组总的连续功率定额百分数的总的系统有功负载之差，对于相同规格、型式、设计和定额的发电机不大于5%；对于不同规格、型式、设计和定额的发电机不大于10%。功率脉振不大于一台发电机组额定功率的3%。

6.4.2　核潜艇用汽轮发电机组的性能要求

早在蒸汽轮机实用化开始阶段，动力装置是采用汽轮机与被拖机械直接连接的方式。随着冶金、机械、热工技术发展的结果，舰用汽轮机为了高效率向高转速发展，汽轮机与被拖机械开始采用减速齿轮连接。但是，美海军的第一艘核潜艇"魟鱼"号于1955年服役后，发现噪声是个大问题，而其中减速齿轮的噪声成为核潜艇的一个主要噪声源。降低核潜艇航行中的噪声，对提高潜艇的隐蔽性，增大潜艇声呐系统的作用距离有着重要意义。为了使核潜艇安静化，美海军在"小梭鱼"号、"白鱼"号、"一角鲸"号核潜艇中就采用汽轮机与被拖机械直接连接的方法。当然，汽轮发电机组无例外地采用直接连接方式，美"通用电气公司"按MIL－G－19650B规格生产的2 000 kW交流汽轮发电机组，汽轮机与发电机就为3 600 r/min，发电机为单轴承，机组无减速齿轮，直接法兰连接，应用于美海军SSN593，SSN603，SSN604，SSN605，SSBN608，SSBN610核潜艇上。

美海军核潜艇用2000 kW汽轮发电机组的主要性能要求如下：

（1）主要参数

节流阀处蒸汽气压——285 $lbf/in^2$①表压至750 lbf/in^2表压；

节流阀处蒸汽温度——干的饱和蒸汽（最大湿度为1%）；

排出压力——3至7 in的绝对汞柱；②

功率——2 000 kW、最大连续定额（包括励磁）；

电压——450 V；

转速——3 600 r/min；

结构类型——隐极式；

防护型式——带海水冷却器的闭路循环通风式；

励磁方式——静止型；

绝缘等级——B级或H级。

（2）当进口蒸汽状况为由285 lbf/in^2表压的干饱和蒸汽至750 lbf/in^2表压的干饱和蒸汽和冷凝器压力由3至7in的绝对汞柱时，汽轮发电机组包括调节在内的各个方面应满意地运行。汽轮机的设计能承受进口蒸汽压力为850 lbf/in^2的表压。在进口蒸汽最大湿度为1%的情况下应能满足规定的运行要求和寿命要求。

（3）当排出到冷凝器的压力为10 in绝对汞柱时，不保证耗水率的情况下，汽轮机能驱动输出额定容量的发电机。

（4）机组的短路要求与水面舰船用交流汽轮发电机组的短路要求相同。

---

① 1 lbf/in^2 = 6 894.76 Pa

② 1 inHg = 3 386.38 Pa

(5)按自动并联运行要求设计,汽轮机和交流发电机除由空载至满载时机组总的转速降可以为4.2%外,负载分配按MIL-G-3087的规定。然而,实际上机组并不自动并联运行,只是在手动控制下短时间内将负载从一台发电机转移到另一台发电机,调速和调压系统的调节使得负载转换时运行稳定,同时,在排出压力为3至7 in的绝对汞柱的情况下,在285 lbf/in^{2}至750 lbf/in^{2}表压的压力范围内可以加以控制。

(6)除负载-转速曲线直线降的限度可以为4.2%以外,调速器的设计满足MIL-G-3087的要求。由于机组并不自动并联运行,在低压点(285 lbf/in^{2}表压)调速器的调节既要满足稳定地转移负载的要求,又要具有最小的转速降。

(7)为降低汽轮发电机组的噪声,采用下列措施:

(a)精密加工转动的摩擦件,如滑环和配合件;

(b)在通风系统中避免突然截断和紊流,必要的话对通风导管和壳体予以减振,防止空气流的激励振动;

(c)静平衡和动平衡达到最优良的程度;

(d)将下列发电机设计特点进行最佳组合:

每极距内槽数为整数;

一个极内在磁性上槽数为整数;

槽频率为磁性机座固有频率的函数;

定子斜槽;

斜极尖和极尖边缘整形。

(e)发电机定子冲片的弹性安装;

(f)发电机气隙的公差更精密;

(g)直接驱动调速器。

美核潜艇用2 000 kW发电机的短路比不低于0.8,如采用H级绝缘在50%负载时效率不低于88.2%,在100%负载时不低于91.8%,除短路、过载、稳态电压调节带与美海军水面舰船用发电机和电压调节器的要求相同以外,对电压瞬变性能和并联运行另有下列的要求:

发电机在额定电压、额定频率和额定功率因数时以67.5%额定kVA的恒定负载阻抗运行,然后突加标幺阻抗为1.40,$\cos\phi=0.4$以下的三相静负载,在突加负载后的0.8至1 s的时间内突卸标幺阻抗为1.89,$\cos\phi=0.4$以下的三相静负载。在这种突加和突卸负载下,发电机端电压既不低于80%,也不高于120%的起始电压。在突卸1.89标幺负载阻抗后,2 s内恢复到和维持在最终稳态电压的±3%以内。

以一台发电机的连续kVA定额为基准,两台发电机所供应的无功kVA的最大相差在90%负载范围内不超过15%,在90%负载至满载之间的无功负载分配按MIL-R-2729的规定最大相差为6%。空载时在额定频率的±5%的频率带内的任何频率下,并联运行的两台发电机之间的环流不超过一台发电机连续电流定额的7.5%。

发电机轴承是由汽轮机滑油系统供油的强迫润滑的滑动轴承,空气冷却器符合MIL-C-19836的I级,按规定的潜水设计压力和潜水试验压力设计。

6.4.3 舰船交流柴油发电机组的性能要求

根据MIL-G-21296(B)的规定,美海军舰船柴油发电机组分四种类型:

I型 水面舰船用单发动机驱动的直流柴油发电机组;

Ⅱ型　水面舰船用单发动机驱动的交流柴油发电机组；

Ⅲ型　水面舰船用双发动机驱动的交流柴油发电机组；

Ⅳ型　潜艇用单发动机驱动的交流柴油发电机组。

柴油发电机组提供下列的一种使用类别：

船舶日用　供电给所有重要负载和非重要负载所要求的主电力。

应急使用　万一船舶日用电力失电，所有重要负载要求的次电力。

船舶日用/应急使用　提供船舶日用和应急使用的机组。

Ⅱ型、Ⅲ型和Ⅳ型交流柴油发电机组的功率等级为：

30，60，100，200，300，500，750，1 000，1 500，2 000，2 500，3 000，3 600，4 000，5 000 和 8 000 kW。功率因数为 0. 8 滞后。

6. 4. 3. 1　舰船交流柴油发电机组的一般性能要求

(1) 寿命、可靠性和维修性

(a) 寿命

船舶日用和应急交流柴油发电机组的设计以预期寿命 125 000 运行 h(r) 为基础，其中无启动和停车次数的限制，包括额定负载时 100 000 h(r)，50% 和 100% 额定负载之间为 20 000 h(r)，低于 50% 额定负载为 5 000 h(r)。

(b) 可靠性和维修性

柴油发电机组的平均故障间隔时间(MTBF)至少为 1 000 h(r)，发电机组的平均修理时间不大于 24 h(r)，大修期不低于 20 000 h(r)。

(2) 短路

发电机及其相关励磁系统应能承受发电机出线端三相和单相(线对线)短路历时时间由下式决定，而无任何部件损坏。$I^2t=180$，式中 I 为持续线电流的标幺值，t 为时间，s。在三相或单相短路时持续线电流值应不低于 3. 2 倍额定值。

(3) 启动

柴油发电机组的启动设备有电启动或压缩空气启动系统。超过 100 kW 的机组由空气启动。启动系统的操作有自动、半自动、手动或其组合。Ⅳ型潜艇用柴油发电机组仅为压缩空气启动。当船舶日用电力失电或者船舶日用电压下降到它的额定电压 65% 以下时，压缩空气系统应自动地启动柴油发动机，并在发动机启动后切断气源。

(a) 启动方法

船舶日用机组采用正常启动和维护启动，应急机组采用应急启动和维护启动，船舶日用/应急机组采用正常启动、应急启动和维护启动。

正常启动　正常启动是操作者初始启动，要求启动至空载转速，并保持到发动机适当的暖机为止。用手动或自动并联措施将机组带到运行转速。

应急启动　应急启动是由于柴油发电机配电板上失电，操作者一种初始的自动启动。在启动顺序开始后发电机组应启动、连续运转，并无须借助冷启动在 10 s 内交流发电机组的出线端上提供额定电压。在启动顺序完成以后，机组应立刻提供全功率输出。

维护启动　维护启动是采用正常启动顺序将柴油机带到空载转速的一种启动。为了将柴油机带到额定转速，要求操作者进一步干预。

(4) 调速特性

调速系统为机械液压型或电液型。机械液压型的调速特性如下：

(a)稳态调速率限度 1.0%；

(b)最大的稳态调节转速带 ±0.2%的额定转速；

(c)调速率调节机构的最小范围 0~5.0%的额定转速；

(d)转速改变机构的最小范围 90%~105%的额定转速；

(e)允许最大的瞬时欠速率和过速率 对于无差运行为4.0%的额定转速；对于调速率为3.0%的运行为2.5%的额定转速；

(f)欠速和过速后允许的最大恢复时间 2 s；

(g)确定恢复时间的规定转速带 ±0.5%的额定转速。

若采用电液型调速系统，其调速特性应符合MIL-G-21410的DE型(见6.3.2节)。

(5)过载

发电机组应能在额定功率因数时传递110%额定功率2 h(r)而无任何部件损坏。

(6)并联运行

(a)船舶日用机组和船舶日用/应急机组

同一合同中的同规格、同型号和同设计的船舶日用发电机组和船舶日用/应急发电机组在柴油发动机允许的负载内应彼此并联运行。

(b)应急发电机组

应急柴油发电机组应按并联运行和有功与无功功率分配要求制造。然而，机组并不持续的并联运行，但为了与其他船舶发电机组、电动发电机组或岸电连接短期转移有功和无功功率，在手动和自动控制情况下应并联操作。应提供调速器和电压调节器的调整措施，并予以调节，以使得在任何要求的运行情况下在这种转移功率时，运行是稳定的。

(7)电磁干扰

电磁干扰控制应符合MIL-STD-461的第5部分或第6部分的要求。控制和减小电磁干扰所安装的电力线滤波器和电容器应符合MIL-STD-461的第1部分的要求。

(8)空气噪声

柴油发电机组在额定负载时的声压级应不超过下列数值：

倍频带 中心频率/Hz	声压级/dB 参照20 μPa
31.5	91
63	88
125	85
250	82
500	79
1 000	76
2 000	73
4 000	70
8 000	67

(9)结构噪声

在任何方向和任何测定位置的结构噪声应不超过规定值，见MIL-STD-740-2。

6.4.3.2　水面舰船单发动机驱动的交流柴油发电机组的补充性能要求

(1)定额和特性

额定功率——按规定;

转速——按规定;

电压——交流 450 V;

频率——60 Hz;

相数——3;

功率因数——0.8 滞后;

环境温度——50 ℃;

绝缘等级——B,F,H 或 N 级;

发电机防护等级——500 kW 及其以上为水 - 空气冷却的全封闭式;
500 kW 以下为防滴式;

电压调节器——符合 MIL - R - 2729 的Ⅱ型或Ⅲ型。

(2)机组的并联运行

船舶日用发电机组和船舶日用/应急发电机组应符合 MIL - R - 2729 规定的无功功率分配要求和下列的有功功率分配要求。在规定的并联运行试验时,任何一台发电机组的实际有功功率负载(表示成它的连续额定功率的百分数)与总的系统有功功率负载(表示成所有并联发电机组总的连续额定功率的百分数)相差不大于如下:

(a)同功率、同规格、同型号和同设计的发电机组为 5%;

(b)不同功率、不同规格、不同型号和不同设计的发电机组为 10%。

(3)交流发电机

发电机电抗实际值和计算值之间的变化大于 10% 时应经有关机构审批。发电机短路比应不小于 0.8。

6.4.3.3　水面舰船双发动机驱动的交流柴油发电机组补充性能要求

除满足 6.4.3.2 要求外,尚应满足下列发动机负载分配要求:

在满载时每台发动机承受的负载差不超过 2.5% 的发电机额定功率。

6.4.3.4　潜艇用单发动机驱动的交流柴油发电机组补充性能要求

(1)定额和特性

额定功率——在水面和通气管状态的功率定额按规定;

转速——按规定;

电压——450 V 交流;

频率——60 Hz;

相数——3;

功率因数——0.8 滞后;

环境温度——50 ℃;

绝缘等级——B,F,H 或 N 级;

发电机防护等级——水 - 空气冷却的全封闭式;

启动方式——空气;

电压调节励磁系统——符合 MIL - R - 2729 的Ⅱ型或Ⅲ型。

(2)规定负载下的连续运行

在规定的进口真空度和排气背压的情况下,在额定的通气管和水面状态的负载时,潜艇用单发动机驱动的交流柴油发电机组应连续运行。发电机组也应符合下列规定:

(a)在通气管和水面状态下机组带有规定的基准负载,发电机组在规定功率定额的液压泵电动机启动时,保持发电机端电压在起始端电压的 ±18% 以内,端电压应在开始启动后 2 s 内恢复和保持在最终持续电压的 ±3% 以内。

(b)发电机组在空载时应启动规定功率定额和启动电流的电动发电机组。

6.4.4 舰船交流燃气轮机发电机组的性能要求

根据 MIL-G-22077C 的规定,美海军舰船交流燃气轮机发电机组分为二个等级:

A 级——舰船日用机组;

B 级——应急用机组。

机组的额定电压为 450 V(三相、三线),在功率因数 0.8 滞后时功率等级为 300,500,750,1 000,1 500,2 000,2 500,3 000 和 3 500 kW。

(1)寿命、可靠性和维修性

(a)寿命

A 级船舶日用机组的使用寿命不小于 100 000 h(r),B 级应急用机组的使用寿命不小于 25 000 h(r),整个寿命期不小于 30 年。寿命预期如下:

	A 级船舶日用发电机组	B 级应急用发电机组
额定负载小时数	10 000	8 000
60% 负载小时数	65 000	15 000
40% 负载小时数	25 000	2 000

在使用寿命期内,A 级船舶日用发电机组启动次数应设计成不低于 12 500,B 级应急用发电机组的启动次数应设计成不低于 30 000。在大修期内 A 级发电机组应有 12 000 h(r)的满意运行,B 级发电机组应有 3 000 h(r)的满意运行。

(b)可靠性和维修性

A 级的舰船交流燃气轮机发电机组的平均故障间隔时间(MTBF)不小于 3 000 h(r),B 级的舰船交流燃气轮机发电机组的平均故障间隔时间(MTBF)不小于 1 000 h(r)。发电机组的平均修理时间不大于 8 h(r)。

(2)短路

舰船交流燃气轮机发电机组应符合 MIL-G-3124 的发电机短路要求(见 6.1 节)。

(3)启动

燃气轮机发电机组应按规定采用电气、液压、燃烧系统或压缩空气系统启动。在激励启动系统以后的 60 s 内发电机组应启动,在发电机出线端产生额定电压和频率并提供额定负载。

(4)负载和过载

燃气轮机发电机组应在标准的运行状态下在额定功率因数时连续传递额定功率负载而无部件失效或降低发电机组寿命。发电机组应传递 150% 额定电流功率因数 0.5 历时 2 min。

(5)调速特性

交流燃气轮机发电机组应采用电液载敏型,其调速特性应符合 MIL－G－21410 的 GT 型要求(见 6.3.2 节)。

(6)并联运行

交流燃气轮机发电机组的并联运行应符合 MIL－G－21410 的负载分配要求(见 6.3.3 节)。

(7)空气噪声

燃气轮机发电机组在额定负载时的声压级应不大于下列数值:

倍频带 中心频率/Hz	声压级/dB 参照 μPa
31.5	91
63	88
125	85
250	82
500	79
1 000	76
2 000	73
4 000	70
8 000	67

(8)结构噪声

在任何方向和任何测定位置的结构噪声应不超过规定值。

第7章 Ⅱ型和Ⅲ型电力供电系统的电源装置

7.1 舰船用电动发电机组的性能要求

如2.2节所述，电动发电机对美海军舰船带来空间、质量、维修等一系列问题，但是由于电动发电机组对电网起隔离作用，因此，在美海军舰船上仍然广泛使用。美海军舰船用电动发电机组分成下列三类：

直流－交流电动发电机组；

60 Hz交流－400 Hz交流电动发电机组（电压可调型）；

60 Hz交流－400 Hz交流电动发电机组（电压和频率可调型）。

按MIL－M－19097规定直流－交流电动发电机组分成Ⅰ型和Ⅱ型。Ⅰ型用于水面舰船的一般用途，Ⅱ型仅用于潜艇。Ⅰ型电动发电机组的额定功率为1.5，3，5，10，15，30，60和100 kW，额定输入电压为115和230 V，电压变化范围相应为105～125 V和210～250 V。Ⅱ型电动发电机组的额定功率按规定，额定输入电压为250 V，电压变化范围相应为210～355 V。电动发电机组的额定输出电压为120 V或450 V，相数为单相或三相，功率因数为0.8滞后。

按MIL－M－19160规定，对于60 Hz交流－400 Hz交流电动发电机组（电压可调型）驱动电动机为鼠笼型，其额定电压440 V、三相、同步速1 200 r/min，当发电机额定负载且电动机输入电压在－10%额定电压时滑率不超过2%，在输入电压变化±10%和频率变化±5%时电动机能满意地运行。发电机的定额为0.5，1.5，3，5，10，15，30，60，100，200或300 kW，120或450 V，三相、400 Hz，功率因数0.8滞后。发电机为旋转磁场型。

按MIL－M－19633规定，60 Hz交流－400 Hz交流电动发电机组（电压和频率可调型）分成Ⅰ型和Ⅱ型。Ⅰ型用于一般用途，Ⅱ型带有电压平衡调节器，，用于特殊用途。并分A和B两种配置方式，配置方式A带有仪表和开关装置，配置方式B无仪表和开关装置。电动机为线绕或感应电动机，其额定电压440 V、三相、同步速1 800 r/min、60 Hz，在输入电压变化±10%和频率变化±5%时电动机能满意地运行。发电机的定额为5，10，15，30，60，100，200或300 kW，450 V、三相、400 Hz、功率因数0.8滞后，发电机为旋转磁场型。

根据MIL－M－19097、MIL－M－19160和MIL－M－19633的规定，美海军舰船用电动发电机组的主要性能要求如下：

（1）稳态电压调节

见表7－1。

表 7－1

<table>
<tr><td rowspan="2">稳态电压调节</td><td colspan="3">条件</td></tr>
<tr><td>直流－交流电动发电机组</td><td>60 Hz 交流－400 Hz 交流电动发电机组（电压可调型）</td><td>60 Hz 交流－400 Hz 交流电动发电机组（电压和频率可调型）</td></tr>
<tr><td>维持单相发电机电压或三相发电机平均电压在额定电压的 ± 0.5% 以内</td><td>(a)负载在空载和额定负载之间变化；
(b)负载功率因数在 0.8 滞后与 1 之间变化；
(c)发电机频率在额定频率的 ±2% 内变化；
(d)输入电压在规定范围内变化；
(e)设备温度由规定环境温度下的冷态至满载温升；
(f)不平衡负载为额定输出的 15%；
(g)电压整定在调节带内的任何点</td><td>(a)负载在空载和额定负载之间变化；
(b)负载功率因数在 0.8 滞后与 1 之间变化；
(c)输入电压和频率在规定的范围内变化；
(d)设备温度由规定环境温度下的冷态至满载温升；
(e)在额定功率因数和 1 之间的任何功率因数时，发电机的不平衡负载为额定电流的 15%</td><td>(a)负载在空载和额定负载之间变化；
(b)负载功率因数在 0.8 滞后与 1 之间变化；
(c)输入电压和频率在规定的范围内变化；
(d)设备温度由规定环境温度下的冷态至满载温升；
(e)电压整定在调节带内的任何点；
(f)在规定的不平衡负载情况下</td></tr>
</table>

(2)瞬变电压变化和恢复时间

见表 7－2。

表 7－2

<table>
<tr><td></td><td>直流－交流电动发电机组</td><td>60 Hz 交流－400 Hz 交流电动发电机组（电压可调型）</td><td>60 Hz 交流－400 Hz 交流电动发电机组（电压和频率可调型）</td></tr>
<tr><td>条件</td><td>(a)突加 50% 额定电流、功率因数 0.8 滞后的负载；
(b)由 100% 负载突卸 50% 额定电流、功率因数 0.8 滞后的负载</td><td>功率因数为 0.8 的负载对发电机从空载突加至半载、从半载突加至满载、从满载突卸至半载和从四分之三负载突卸至四分之一负载</td><td>功率因数为 0.8 的负载从空载突加至半载、从半截突加至满载、从满载突卸至半载、从四分之三负载突卸至四分之一负载</td></tr>
<tr><td>瞬变电压变化</td><td colspan="3">电压降或电压升不大于额定电压的 9%</td></tr>
<tr><td></td><td>直流－交流电动发电机组</td><td>60 Hz 交流－400 Hz 交流电动发电机组（电压可调型）</td><td>60 Hz 交流－400 Hz 交流电动发电机组（电压和频率可调型）</td></tr>
<tr><td>恢复时间</td><td>对于 400 Hz 发电机恢复和保持在起始电压值的 ±0.5% 以内的时间不大于 0.5 s。对于 60 Hz 发电机恢复时间不大于 1 s</td><td>恢复和保持在稳态电压额定值的 ±0.5% 以内的时间不大于 0.5 s</td><td>恢复和保持在稳态电压额定值的 ±0.5% 以内的时间不大于 0.1 s</td></tr>
</table>

(3)电压整定范围

在额定功率因数时从空载至100%额定负载的任何负载下提供措施使整定发电机电压在额定电压的±5%范围内,电压的整定精度不大于额定的0.2%。

(4)稳态频率调节

见表7-3。

表7-3

	直流-交流电动发电机组	60 Hz交流-400z交流电动发电机组(电压和频率可调型)	60 Hz交流-400 Hz交流电动发电机组(电压可调型)
条件	(a)负载在空载和额定负载之间变化; (b)负载功率因数在0.8滞后与1之间变化; (c)输入电压在规定范围内变化; (d)设备温度由规定环境温度下的冷态至满载温升; (e)发电机电压按上述3)的规定整定; (f)发电机频率整定在调节带内的任何点	(a)负载在空载和额定负载之间变化; (b)负载功率因数在0.8滞后与1之间变化; (c)输入电压和频率在规定范围内变化; (d)设备温度由规定环境温度下的冷态至满载温升; (e)发电机电压按上述3)的规定整定; (f)发电机频率整定在调节带内的任何点	—
稳态频率调节	输出频率在额定频率的±0.5%以内		—

(5)频率变化和恢复时间

见表7-4。

表7-4

	直流-交流电动发电机组	60 Hz交流-400z交流电动发电机组(电压和频率可调型)	60 Hz交流-400 Hz交流电动发电机组(电压可调型)
条件	(a)电动机施加额定电压; (b)发电机空载情况下突加50%、功率因数0.8滞后的负载; (c)发电机满载情况下突卸50%、功率因数0.8滞后的负载	功率因数为0.8的负载时发电机从空载突加至半载,从半载突加至满载,从满载突卸至半载	—
频率变化	最大的频率变化不超过起始值的4%		—
恢复时间	对于400 Hz发电机频率恢复在额定值的0.5%以内的时间不超过0.5 s; 对于60 Hz发电机频率恢复在额定值的0.5%以内的时间不超过1 s	恢复和维持在稳态频率额定值的±0.5%以内的时间不超过0.5 s	—

(6)频率整定范围

见表7－5。

表7－5

	直流－交流电动发电机组	60 Hz 交流－400z 交流电动发电机组（电压和频率可调型）	60 Hz 交流－400 Hz 交流电动发电机组（电压可调型）
条件	(a)发电机在额定功率因数时从空载至满载的任何负载下； (b)电动机的输入电压在规定范围内变化	(a)发电机在额定功率因数时从空载至满载的任何负载下； (b)电动机的输入电压和频率在规定范围内变化	—
频率整定范围	额定频率±2%范围以内	额定频率±1%范围以内	—
频率的整定精度	不大于额定频率的0.1%	不大于额定频率的0.1%	—

(7)发电机电压波形

从空载至满载发电机输出电压波形中所有谐波含量的均方根值不超过额定输出电压有效值的3%（对于60 Hz发电机不超过额定输出电压有效值的5%），任何单次谐波的有效值不超过额定输出电压有效值的2%（对于60 Hz发电机不超过额定输出电压有效值的3%）。在决定输出电压波形的谐波含量时，可以将为额定输出电压有效值的0.1%或以下的谐波予以忽略。

(8)幅值调制

当发电机带有预定的电压调节器运行时，在空载和额定负载之间的任何负载以及0.8滞后和1之间的任何功率因数下，发电机输出电压的幅值调制不超过电压峰值的1%（对于直流－交流电动发电机组不超过电压峰值的0.5%）。

(9)三相发电机的电压平衡度

在空载或小于额定电流的任何平衡三相电流以及在0.8滞后和1之间的任何功率因数下，电源输出端（断路器的负载侧）的线电压差不超过0.5%。

(10)不平衡负载

除Ⅱ型60 Hz交流－400 Hz交流电动发电机组（电压和频率可调型）以外，发电机承受不平衡负载的性能见表7－6。

表 7 – 6

	直流 – 交流电动发电机组（三相发电机）	60 Hz 交流 – 400 Hz 交流电动发电机组（电压可调型）	I 型 60 Hz 交流 – 400 Hz 交流电动发电机组（电压和频率可调型）
条件	将 15% 额定电流、0.8 滞后和 1 之间的任何功率因数的单相负载施加至带有 75% 额定电流的三相平衡负载的发电机上		
电压偏差	线电压之间的变化不大于额定电压的 5%		线电压之间变化不大于额定电压的 3%

Ⅱ型 60 Hz 交流 – 400 Hz 交流电动发电机组（电压和频率可调型）承受不平衡负载的性能规定如下：

在表 7 – 7 规定的不平衡负载情况下，三相系统的线电压变化以及四线系统的线对中点的电压变化不大于 1%。

表 7 – 7

运行方式	A 相	B 相	C 相	负载功率因数
	线电流在 ±5% 范围内	线电流在 ±5% 范围内	线电流在 ±5% 范围内	
1	零	零	零	零
2	半载	—	满载	0.8
3	满载	—	半载	0.8
4	满载	半载	—	0.8
5	半载	满载	—	0.8
6	—	半载	满载	0.8
7	—	满载	半载	0.8
8	满载	满载	满载	0.8

（11）短路性能

电动发电机组及其控制设备产生的短路电流满足下列的要求：

（a）$I^2 t = 1\,100$

式中 I——发电机的持续稳态输出电流（标幺值）；

t——时间（s）；

（b）发电机短路电流的最小值（标幺值）为 3。

（c）短路电流峰值（标幺值）不超过 11。

上述要求是在发电机起始负载为空载、自动电压调节器控制以及磁场温度为热态下进行三相短路（对于单相发电机为单相短路）予以满足的。所谓热态磁场温度相当于满载温升加上规定的环境温度。电动发电机组和控制设备的设计使得它能承受所要求的短路电流幅值而无设备损坏。在消除短路后能自动地恢复额定电压。

(12)并联运行

见表7-8。

表7-8

	直流-交流电动发电机组	60 Hz 交流-400 Hz 交流电动发电机组(电压可调型)	60 Hz 交流-400 Hz 交流电动发电机组(电压和频率可调型)
条件	(a)输入电压在规定范围内变化; (b)设备温度由规定的环境温度至满载温升; (c)功率因数在0.8滞后与1之间变化; (d)负载在20%和100%额定负载之间变化	(a)输入电压和频率在规定范围内变化; (b)设备温度由规定的环境温度至满载温升; (c)功率因数在0.8滞后与1之间变化; (d)负载在20%和100%额定负载之间变化	
有功功率分配	对于额定输入电压为115和230 V的电动发电机组,并联运行发电机所提供的最大有功功率(kW)差不大于一台发电机有功功率(kW)定额的8%,对于额定输入电压为250 V的电动发电机组,不大于一台发电机有功功率(kW)定额的10%	—	并联运行发电机所提供的最大有功功率(kW)差不大于一台发电机有功功率(kW)定额的10%
无功功率分配	并联运行发电机所提供的最大无功功率(kvar)差不超过一台发电机无功功率(kvar)定额的6%	并联运行发电机所提供的最大无功功率(kvar)差不超过一台发电机无功功率(kvar)定额的10%	

7.2 舰船用静止变频器的性能要求

按MIL-F-24638的规定,美海军非核动力水面舰船60 Hz三相变换为400 Hz三相变频器的主要性能要求如下:

(1)输入电力

变频器的输入是不接地的三相,60 Hz,400 V电力,它符合MIL-STD-1399,300章所规定的稳态和瞬态特性及范围的I型电力。当输入电压的相位是逆相序(AC-CB-BA)时,不会损坏设备。

(a)对输入电压变化和瞬变的自保护

当变频器供电给由空载至额定负载的任何负载时,它能承受(无损坏或熔断器熔断)任何输入电压或频率或二者超出MIL-STD-1399,300章所规定的瞬变限度。这种运行限度可以取下列任何一种情况:

ⓐ输入电压瞬时下降至零。

ⓑ输入电压下降至额定值的0至82%之间和输入频率下降至额定值的0和92%之间。在此期间电压－频率关系是在频率下降至额定值的83%之前保持额定电压。然后,在频率低于83%时,电压与频率按比例下降,最终在频率大约为35%时输入电压降至零。

ⓒ输入电压上升至额定值的150%或输入频率上升至额定值的125%。

当输入电压和频率恢复到规定的范围,变频器应运行和供电给负载,其输出电压和频率的数值与输入电力变化之前电压和频率的数值相同。无须调整和替换部件,设备的性能满足所有要求。如果设备已关闭,应采用正常的启动程序重新启动变频器。

(b)对输入尖峰电压的自保护

当变频器的输入受到如图1－2所示的基本脉冲级波形的小于2 500 V的电压尖峰时,它的输出电压波形并不违反上述规定。变频器可以连续运行,不至于停机或产生误动作。60 Hz电源的波阻抗计算值如表7－9所规定。

表7－9 计算的60 Hz电源的波阻抗

美海军型电缆	在50 ℃时电缆的电流定额/A	波阻抗/Ω
T14	47	26
T23	64	26
T50	101	20
T75	136	20
T100	160	19
T150	216	18
T200	250	18
T300	320	18
T400	400	17

(c)输入电流的谐波

当变频器由(1)规定输入电力范围内的60 Hz正弦电压供电和它的供电负载由空载至额定负载时,总的电流谐波含量不大于额定负载输入电流的5%;从2次到11次的单次谐波电流不大于4.5%;大于11次至333次的单次谐波电流应不大于49.5/n%(n为谐波次数)。

(d)输入电流的平衡

当变频器供电给10%至额定负载的任何负载和输入三相电压不平衡在4伏以内时,任何输入线的电流与三个输入线电流的算术平均值相差不大于额定负载输入电流的5%。变频器供电给10%至额定负载的任何负载和输入三相电压的不平衡度为3%时,任何输入线的电流与三个输入线电流的算术平均值相差不大于额定负载输入电流的10%。

(e)启动时间

在启动后的5 s内,变频器能承受从空载至额定负载的任何负载并按规定的要求运行。当输入电压和频率在上述规定的范围内变化时,变频器不要求调节就可满足这些要求。

当输入电压在409 V至471 V和输入频率在57 Hz至63 Hz范围内时,变频器应启动;当输入电压或输入频率超出输出功率有可能保持的范围时,应不予启动。

(f)启动输入电流

在启动时间内限制输入电流。输入启动(或侵入)电流的峰值不大于稳态满载输入电流峰值的150%。

(g)空载输入电流

最大空载输入电流不大于额定负载输入电流的10%。

(h)接地

当变频器接至具有线对地为20 μF电容的不接地船舶输入电力系统上,或者任何单独的输入或输出线或接线端为间歇性或永久性接地时,变频器的运行满足所有要求。

(i)输入功率因数

变频器的输入功率因数处于0.75滞后和0.9超前之间。

(2)输出电压

额定输出电压为450 V(均方根值)。对于所有变频器,输出电路为△连接、不接地、三相、三线、400 Hz。输出电压的相位为AB - BC - CA的顺时针次序。

(a)电压调节

在将电压整定在规定的调整范围内的下列变动情况及其相结合时,在调节点(设备的输出端)的输出电压均方根值的平均值维持在额定输出电压的±0.5%以内:

由变频器的出线端至调节点的电压降为额定输出电压的0至+7%;

负载由空载变到额定负载的125%;

负载功率因数由0.6滞后变到0.9超前;

输入电压和频率在规定的范围内变化;

变频器的温度由冷态启动(环境温度由0 ℃至50 ℃范围)变到最大运行温度(环境温度由0 ℃至50 ℃范围);

在(k)条规定的不平衡负载情况下。

(b)线路压降补偿

变频器应能补偿由于负载引起的满载线路电压降7%。在线路压降补偿方式下运行时,变频器应满足在负载端的电压调节要求(见(a)条)。在变频器的输出端所有的其他性能要求应予以满足。

(c)电压整定

变频器内设有措施,在稳态输入情况下从空载至125%额定负载的任何负载时,在被调点整定输出电压的范围超过额定电压的±5%,并带有整定分辨力不大于50 mV。

(d)瞬变输出电压和恢复

由空载至半载、由半载至额定负载、由额定负载至半载和由3/4负载~1/4负载的0.9滞后功率因数负载的突然变化引起输出电压的偏离不大于额定电压的±5%。变频器输出端的电压在0.025 s内恢复和维持在稳态调节带内;电路的设计使在变频器内形成的电压瞬变不反映到输入电力系统中去,不至于使交流输入(Ⅰ型电力)超过MIL - STD - 1399,300章规定的瞬变限度。

(e)频率调节

在下列情况及其组合时,输出频率维持在额定频率的±0.1%以内。

负载由空载变到额定负载;

负载功率因数由0.6滞后变到0.9超前;

输入电压和频率在规定的范围内变化；

变频器的温度由冷态启动（环境温度由 0 ℃至 50 ℃范围）变到最大运行温度（环境温度由 0 ℃至 50 ℃范围）；

输出电压在上述（c）的规定范围内整定。

（f）瞬变频率偏离和恢复

变频器由空载至额定负载和由额定负载至空载的 0.9 滞后功率因数负载的突然变化不引起频率偏离大于上述（e）中规定的稳态带。

（g）幅值和频率调制

在上述（e）中规定的情况或其组合时，输出电压的幅值和频率调制（如 MIL - STD - 1399，300 章所定义）分别不超过 1% 和 0.5%。

（h）输出电压波形

在空载至额定负载之间的任何负载下，输出电压中所有谐波含量和的均方根值不超过额定输出电压的 3%。任何单次谐波的均方根值不超过额定输出电压均方根值的 2%。输出电压波形的偏离系数（如 MIL - STD - 1399，300 章所定义）不超过 5%。任何频率的电压尖峰的峰对峰的幅值不超过额定输出电压均方根值的 3%。

（i）输出相位移

在规定的所有情况下，电压相邻相之间的位移角为 120° ±1°。

（j）在平衡负载情况下输出电压的平衡

在空载以及 0.6 滞后和 0.9 超前之间的任何功率因数的小于额定电流的任何平衡三相负载下，变频器电压可调点的相电压之差不大于额定电压的 0.5%。

（k）在不平衡负载情况下输出电压的平衡

当在变频器的输出端调节输出电压时，在表 7 - 10 规定的不平衡负载情况下，变频器输出端相间电压的变化不大于额定电压的 1%。变频器能以功率因数为 0.6 滞后、15% 额定电流的单相负载运行。在电压可调点带载相的电压调节按上述（a）的规定。

表 7 - 10 变频器的不平衡负载

负载状况	A 相 额定电流/%	B 相 额定电流/%	C 相 额定电流/%	功率因数
1	90	75	75	0.6 滞后至 1
2	75	90	75	0.6 滞后至 1
3	75	75	90	0.6 滞后至 1

（l）输入电压变化的影响

当变频器供电给由空载至额定负载之间的任何负载以及输出和输入的稳态电压和频率在规定的范围内时，对于 MIL - STD - 1399，300 章 I 型电力所规定的小于 ±20% 且恢复时间为 2 s 的输入电压瞬变不至于引起输出电压偏离大于起始值的 ±3%。从输入电压开始变化起的 0.02 s 内输出电压将恢复和维持在稳态调节带内。

(3)功率定额和工作制

变频器的功率定额为0.9滞后功率因数时为110 kW。对于功率定额的千伏安定额和功率因数在图7-1所示的功率范围(阴影部分)内。变频器以图7-1所示的功率因数范围内的规定功率定额而连续运行。

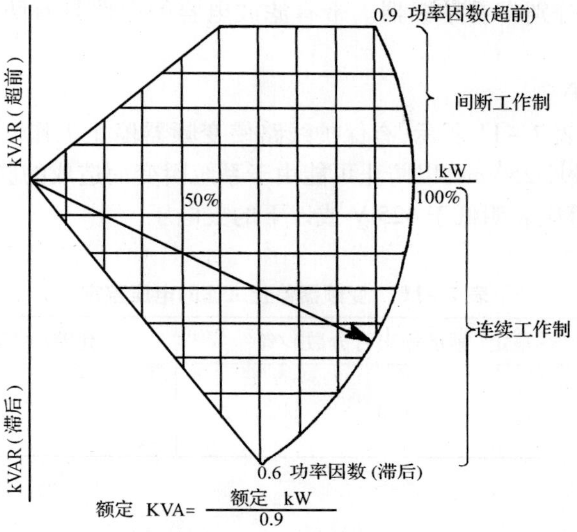

图7-1　变频器的定额

(4) 效率

当变频器运行在额定的输入电压、频率、负载和功率因数时,它的最低总效率为86%。

(5) 空载损耗

变频器的空载损耗不大于在额定输入电压和频率时额定负载损耗的60%。

(6)过载

变频器能提供和承受在额定输出电压时125%额定电流的过载至少历时30 min,并满足规定的所有要求。当过载电流在125%以下额定负载电流并在额定输出电压时,变频器的输出电压调节应按(2)(a)条规定。若关键部件和空气的温度超过,则变频器自动地关闭,提供指示器表明关闭温度。

(7) 故障和误动作保护

(a)故障隔离

对于变频器的每个模块或抽屉可以故障隔离,以防止对于其他模块或抽屉引起一连串故障。除可以烧断熔断器外,短路或非换向的电力半导体并不引起任何其他部件的损坏。

(b)故障电流

认为在125%和150%额定电流之间的输出电流为故障电流。当在变频器供电的外电路中产生故障时,变频器能提供和承受小于150%额定电流的故障电流历时15 min。

(c)短路保护

认为超过150%额定电流的输出电流为短路电流。变频器能保护本身不由于任何一相或全部输出相的短路电流而引起的任何部件的损坏。通过将电流限制在不小于150%额定电流来提供保护。变频器应传递至少275%额定负载电流至短路，当短路电流超过275%额定负载电流时，在经过不小于1.5 s时间间隔后，变频器应自动关闭。应提供指示器表明短路的发生。若限流电路故障应采用熔断器保护设备。

(d)内部电路保护

变频器中，对于电力电路和半导体提供熔断器作为限流保护的后备保护。含有电力开关半导体的每个抽屉分别带有熔断器。带有滤波电容的电路具有防止电容器故障的熔断器保护。

(e)用电设备保护

如果输出电压如表7-11所示，有保护线路使变频器停止工作。变频器的停止工作要延时，最短45 ms至最长250 ms，以防止可能由于系统瞬变而造成的脱扣。灯光报警应表明过电压，此外灯光报警应表明低于425 V或以下的欠电压。

表7-11 变频器停止工作的电压整定

状态	整定(额定输出百分数)/%	允差(额定输出百分数)/%
过压	110	+4 -0

(8) 并联运行

变频器具有并联运行的能力，同时具有规定的可靠性和可维护性水平。最多有可能六台变频器并联运行，将不造成中断负载，不至于引起输入线与输出负载母线上的电压瞬变超过规定的限度。为并联运行接通变频器，手动调节每台变频器的输出电压，使变频器之间的最大端电压差不超过1 V以后，就自动地完成变频器的同步和并联运行，并满足所有的规定要求。变频器在空载至额定负载的任何负载状态下应可以并联运行。

(a)同步

在连接变频器并联以后应自动地同步并无延时。

(b)有功和无功负载分配

当相同规格的变频器并联运行时，在并联运行的变频器总的额定负载的10%和100%之间的任何负载情况下，由并联运行变频器所提供最大有功功率(kW)相差不超过一台变频器有功功率(kW)定额的10%。当不同规格的变频器并联运行时，每台变频器的输出直接正比于单个设备的功率定额。在并联运行的变频器总的额定负载的10%和100%之间的任何负载情况下，每台变频器所提供的实际有功功率(kW)和总的有功功率(kW)按比例分配额之间最大有功功率(kW)相差不超过并联运行变频器的平均有功功率(kW)定额的±5%，上述要求在(1)所规定的输入电压变化情况下和其他环境条件下同样适用。

(c)选择性脱扣

当并联运行中任何一台变频器发生误动作时，误动作的变频器自动地停止工作，其余的变频器继续并联运行。

(d)并联运行的配置

最多六台变频器在并联运行时的连接有公共母线配置、分裂式母线配置。上述(a)(b)(c)要求适用于二种配置方式。

当并联运行的变频器馈电至一个公共母线(如图7-2所示)时，若400 Hz母线位于变频器同一舱室内时，由变频器至 400 Hz 母线的 400 Hz 电缆的阻抗可以忽略，公共母线的电压满足所有的输出要求。

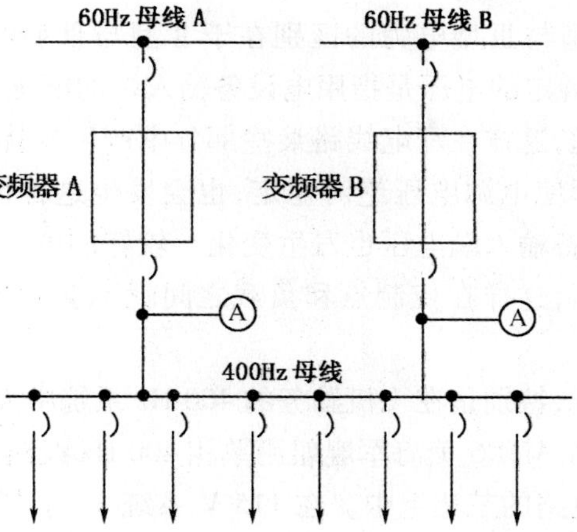

图 7－2　变频器的并联运行——公共母线的配置方式

当变频器以图 7－3 所示的分裂式母线配置方式运行时，最多六台变频器和三根母线。若每台变频器接近于它自己的 400 Hz 母线，可以忽略 400 Hz 的电缆阻抗。母线连接电缆的最大阻抗为 2%，它是以一台变频器的额定输出电流为基值的。400 Hz 母线 A，B 点电压满足所有的输出要求，满足输出电压要求的母线选择可以通过控制变频器和它的母线之间的电缆连接予以达到。

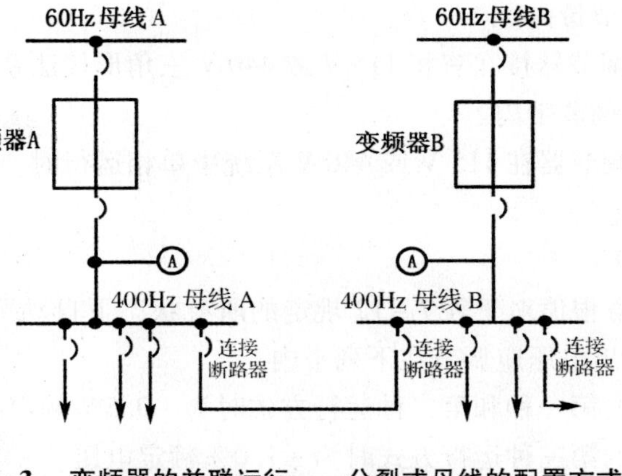

图 7－3　变频器的并联运行——分裂式母线的配置方式

在每台母线连接线路断路器中有一个常开和常闭的辅助触头，这些辅助触头可以用来提供母线连接线路断路器状态的信息，以控制分裂式母线并联运行。

(9) 可靠性和维修性

变频器的平均无故障时间 MTBF 至少为 3 000 h(r)。平均修理时间 MTTR 不大于 2 h(r)。

(10) 电磁干扰发射

变频器符合 MIL－STD－461 第 5 部分 CE03、RE02 和 RS01 的电磁干扰和敏感度要求。

7.3 舰船用单相 400 Hz 线路电压调节器的性能要求

如上所述,I 型和Ⅱ型与Ⅲ型电力的区别在于Ⅱ型与Ⅲ型电力对电压的要求更严格,MIL－STD－1399 300 章规定的电压是指用电设备输入端的电压,而并不是发电机电压。用电设备可能离发电机很远,这样在配电线路某些部分中产生的扰动就使用电设备到电源电压降发生了很大变化。即使电源电压绝对稳定,也会发生这种情况,因为线路上其他负载引起压降变化,使用电设备输入端电压也发生变化。较好的解决方法是在用电设备输入端的稍前的部位来控制电压,这样在控制点和负载之间就不会发生扰动,而对电源设备也很少有影响。

美航母上电缆线路长,特别是在飞机勤务的 400 Hz 系统中大量采用线路电压调节器。

按 MIL－R－23098 A AME6 美海军舰船用单相 400 Hz 线路电压调节器用于四线、星形接法电路或三角形接法电路的三相组中。在 115 V 系统中,单相线路电压调节器最大连续输出线电流定额有 75 A,150 A 和 225 A 三个规格;在 440 V 系统中有 20 和 40 A 二个规格。

其主要性能要求如下:

(1)运行方式

线路电压调节器以下列三种运行方式调节输出电压:内部(或机旁)传感和在线路电压调节器的出线端调节输出电压;遥远传感和直接在负载和其他遥远点调节电压(不采用输出电压补偿);对于单相和三相星形接法,带有输出电压补偿措施,内部(或机旁)传感线路电压调节器出线端的输出电压。

(a)当线路电压调节器接在三相 115 V 四线星形接法系统中,它应调节线对中点的输出电压在规定的稳态调节带内。

(b)当线路电压调节器接在三相 115 V 或 440 V 三角形接法系统中,它应维持输出线电压在规定的稳态电压调节带内。

(c)当线路电压调节器在 115 V 或 440 V 系统中单相运行时,它应维持输出电压在规定的稳态电压调节带内。

(2)稳态电压调节

(a)输出电压均方根值对于表 7－12 规定的所有状态下自动可调。对于线路电压调节器的运行方式稳态输出电压应调节在下列带内:

在上述(1)规定的第一种和第二种运行方式时为 ±0.5% 额定电压;

在上述(1)规定的第三种运行方式时为 ±1.0% 额定电压。

(b)在表 7－12 规定的不平衡线电流的情况下,当线路电压调节器接成三相三角形接法时,稳态电压调节性能应如上述(1)中第一种和第二种运行方式所规定的。

(c)在表 7－12 规定的不平衡线电流的情况下,当线路电压调节器接成三相四线星形接法系统时,稳态电压调节性能应如上述(1)中规定的第一种和第二种运行方式所规定的。

表 7－12　电气运行特性

最大连续输出线电流/A 115 V 系统 440 V 系统	 75,150,225 20,40
额定电压/V	115，单相 115，三相三角形接法，线对线 115，三相星形接法，四线，线对中点 440，单相 440，三相三角形接法，线对线
稳态输入电压带	±5% 额定电压
稳态输入和输出频率	400 Hz 的 ±0.5%
输出负载变化	空载至额定满载，三相平衡
输出功率因数	0.75 滞后至 1
输出负载不平衡（最大） 三相星形接法、四线 三相三角形接法	 一相额定输出线电流的 10%；其他二相额定输出线电流 一相额定输出线电流的 20%；其余二相额定输出线电流的 80%
环境温度	+23℃至 +50℃

（3）输出电压补偿（三相四线星形接法系统）

每台线路电压调节器应有输出电压补偿措施，包括的最小范围为在额定满载时从 0 ~ +7.07% 额定输出电压用以补偿在线路电压调节器和所接负载之间电缆的电压降。应以单独的电阻补偿和电感补偿的形式提供补偿，每种补偿在额定满载时从 0 ~ 5% 额定电压的范围内独立可调。电阻和电感的补偿程度用内部的可变电阻分别单独可调，但在船上必须调整时应可接近和有效。由输出电压补偿所引起调节误差应限制到负载电缆端的输出电压有效值应保持在从空载至额定满载的负载范围上有 ±1% 额定电压内可调。当线路电压调节器运行在三相四线系统（中线接地）平衡的负载情况下，输出电压补偿的幅值和允许的调节误差要求应予以满足。

当为满足上述的性能要求调节时，补偿与负载应成线性函数的关系。补偿回路和部件的调整使调节器出线端输出电压在任何负载时不超过 110% 额定电压。

（4）输入/输出电压的瞬变效应

如果最大幅值为 5% 的额定电压峰值叠加在稳态输入电压上，那么在输出电压中发生的峰值瞬变应不超过 8% 额定输出电压峰值。在输入电压已经恢复到规定的 5% 稳态带以后，输出电压在 0.1 s 内恢复和保持在上述（2）条规定的稳态调节带内。

（5）输出电压瞬变

当线路电压调节器按照上述（1）条的第一种运行方式运行并承受从额定负载至 10% 额定负载的阶跃突卸负载时，在阶跃负载变化后的最初六个周波中输出电压发生的最大过电压瞬变偏差应不超过 10% 额定峰值电压、输入电压瞬变的峰值。紧接着阶跃负载突卸的六个周波以后输出电压的最大过电压瞬变应不超过5%的额定峰值电压、输入电压过电压瞬变的峰值。当线路电压调节器按照上述(1)条的第一种运行方式运行并承受从10%额定负载至额定负载的阶跃突加负载时,在阶跃负载突加后的三个周波中输出电压发生的欠电压瞬变偏差应不超过5%额定峰值电压、输入电压瞬变的峰值。在负载突变前后线路电压调节器运行在输入电压处于±5%稳态电压调节带内,在输入电压已经恢复至规定的±5%稳态带以后的0.1 s内输出电压恢复并保持在规定的±0.5%稳态调节带内。应不发生持续振荡。

(6)输出电压调制

当线路电压调节器接到一个调制小于0.2%的电源(是将电源供电给与线路电压调节器具有相同的kVA负载效应的无源负载予以确定的)时,以峰值计算为基础,在线路电压调节器输出电压中的幅值调制不超过0.5%额定电压。

输出电压调制增益如下:

在星形接法的线路电压调节器运行在额定输入电压、带有±5%稳态带以及额定频率的情况下,当稳态输入电压的均方根值的幅值调制等于额定电压均方根值的2.5%～10%和频率范围为10～100 Hz叠加在稳态400 Hz的波形上时,稳态输出电压由于输出调制所引起的最大幅值应不超过150%的相应输入调制。

当线路电压调节器接成三相三角形组和在上述规定情况下运行时调制增益应在180%范围内。

(7)空载输入励磁电流特性

每台线路电压调节器的空载输入励磁电流特征尚需符合下列(a)和(b)条规定的幅值和斜度。

(a)空载励磁电流(稳态)

在输入电压从额定电压以下的12.5%的欠电压至额定电压以上的10%过电压的范围内的任何稳态运行情况下,表示成额定满载输出线电流百分数的空载励磁电流(线路电压调节器的输入线电流)应符合下列规定:

对于单相或三相星形接法(四线),150 A和225 A定额的调节器为3.5%;75 A定额的调节器为6%;20 A和40 A定额的调节器为6%。

对于三相三角形接法,150 A和225 A定额的调节器为6%;75 A定额的调节器为10%;20 A和40 A定额的调节器为10.5%。

在上述输入电压的范围内,输入线电流的超前分量对于单相或三相四线星形接法不超过最大额定输出线电流的1.5%;对于三相三角形不超过最大额定输出线电流的3%。

空载输入电流限度适用于线路电压调节器通电以后输入电流最初10个周波以后。

(b)空载输入电流斜度

当线路电压调节器在空载情况下通电时,有输入电流随输入电压减小而增加的特性趋向。每减小4.5%额定电压的增量输入电流的增加不超过0.9%的额定电流。在稳态输入电压从额定电压以下的12.5%至额定电压以上的10%的范围的任何增量应满足上述特性。

(8)输出电压建立

线路电压调节器的输出电压应在通电后的100 ms内建立至85%额定电压,此后应继续增加输出电压至额定电压的±0.5%带内。电压调节的稳态运行状态应在通电后250 ms内达到。如果在线路电压调节器通电以后的100 ms内输出电压过调大于10%额定电压,则在定额以内的任何负载情况下应规定输出电压的建立。

(9) 波形畸变

(a)谐波畸变

线路电压调节器在任何输出负载和功率因数情况下，线路电压调节器所产生的输出电压波形中所存在的全部谐波分量应不超过额定电压的 3%，输出电压的单次谐波不超过额定电压的 2%。

(b)偏离系数

当线路电压调节器按规定运行时波形的偏离系数不超过 5%。

(10)效率

(a)千伏安效率

在三相四线星形接法系统中，每台线路电压调节器的千伏安效率在 60% 负载和额定满载之间的任何负载以及 0.75 滞后和 1 功率因数时应至少为 70%。在三相三角形接法系统中，每台线路电压调节器的千伏安效率在 60% 负载和额定满载之间的任何负载以及 0.75 滞后和 1 功率因数时应至少为 60%。

(b)千瓦效率

每台线路电压调节器的千瓦(功率)效率在 60% 负载与额定满载之间的任何负载以及 0.75 滞后和 1 功率因数时应至少为 90%。

第 8 章　舰船交流配电系统

8.1　舰船交流配电系统一般描述

美海军舰船交流配电系统包括船舶日用配电系统、应急配电系统、故障配电系统和专用电力配电系统。

8.1.1　船舶日用配电系统

众所周知，绝大多数美海军舰船用 450 V、三相、60 Hz 的三线系统。

发电机和配电板间是用母线连接线互连，任何一个配电板可以与一个或几个其他配电板相连，使得负载可以由指定的发电机供电。母线连接线也连接两个或几个配电板，可以使发电机并联运行，在美海军大型舰船中，配电是由发电机、配电板或开关设备组合至负载中心，再至分配电板和最终至某些负载，或者由负载中心直接至某些负载(见图 8－1)。

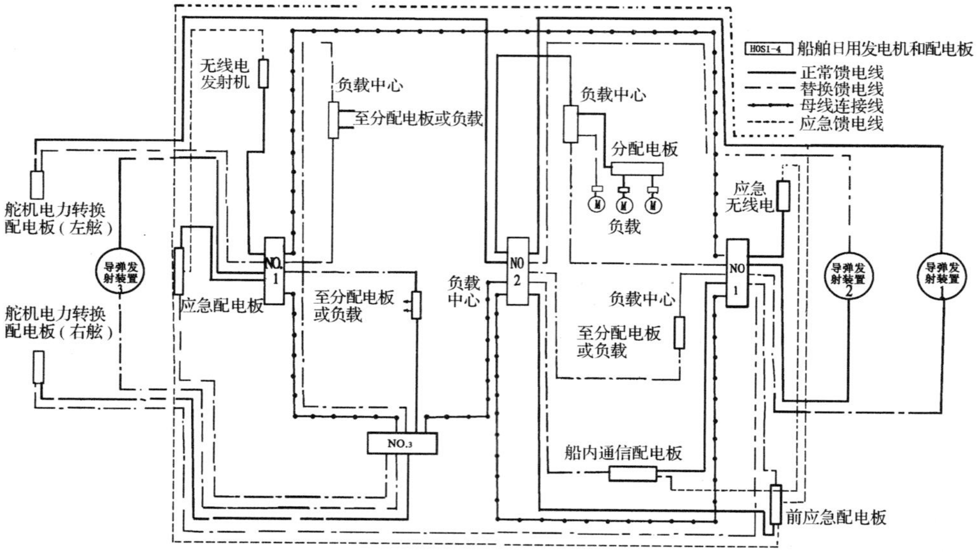

图 8－1　美海军大型舰船中的配电系统

在某些美海军舰船如大型航空母舰中，设有船舶日用配电和应急配电的区域控制系统。一般该系统设立许多垂直区，每个垂直区含有一个或几个由船用开关设备组合通过母线馈电线馈电的负载中心配电板，负载中心配电板供电给它所管辖的电气区域内的负载，为电气区域内的所有电力提供分区控制。应急配电板可以供给几个区域，此区域的数目取决于所装的应急发电机的数目。

在美导弹驱逐舰中，发电机和配电板直接馈电给分配电板(见图 8－2)。对于所馈电的负载来说,分配电板和负载中心(若有的话)是中心设置。这种布置不但简化了安装,而且对质量、空间和设备的要求也比每个负载接至配电板来得低。

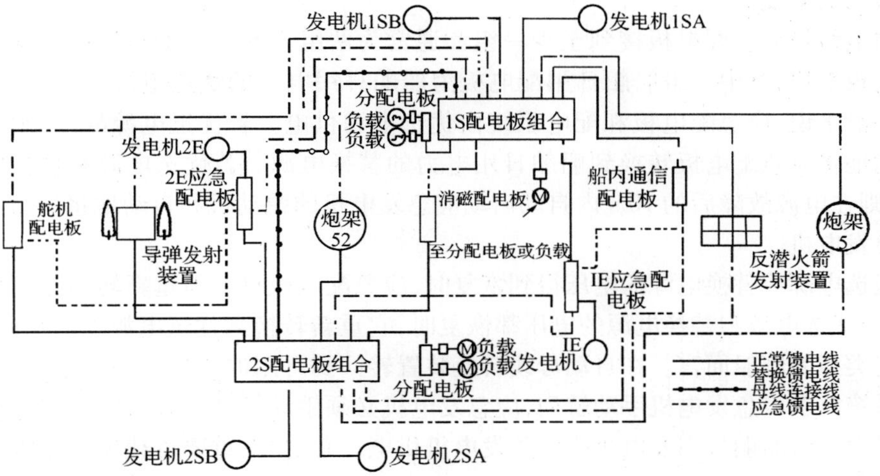

图 8－2　美导弹驱逐舰的配电系统

对于所选择的重要负载,至少应提供两个独立的电源。这种双重电源的配电方式是用几种连接方法来实现的。这几种方法就是:

(1)正常和替换的船舶日用馈电线;

(2)正常的船舶日用馈电线和应急馈电线;

(3)正常和替换的船舶日用馈电线以及应急馈电线。

各个舰船日用配电板的配电负载的分配原则是等分负载,即在巡航和战斗工况条件下,任意一个和所有舰船日用配电板上的负载在所有舰船日用配电板上的平均负载 ±10% 以内。

8.1.2　应急配电系统

应急配电系统完成下列功能:向维持舰船控制、通信、操纵和照明等舰船要害功能设备提供应急电源,为损管功能设备以及选定的军械如飞机设备的操纵提供应急电源。通过与舰船日用系统一起的母线连接线由应急发电机供电启动任何一种机械装置。经过母线连接线由应急发电机提供正常日用电源。

如果正常的船舶日用配电系统发生故障,应急配电系统可立刻对所选择的有限数目的重要负载自动提供电源。应急配电系统与船舶日用配电系统是分离开的,而且它们也是截然不同的,应急配电系统包括一组或几组应急配电板。每组应急配电板由有关的应急发电机供电。应急馈电线的敷设路线是从应急配电板起到分配电板的手动或自动母线转换装置为止,或者到获得应急电力的负载为止。应急配电系统还在应急配电板内带有变压器组,该变压器将 450 V,三相,60 Hz 电力变成 120 V,三相电力,以对应急照明系统提供电力。

应急发电机和配电板所处的空间与船舶日用发电机和配电板所处的空间是相分离的。

应急馈电线靠近船的中心线敷设，它在船上的敷设位置高于正常和替换的船舶日用馈电线（高于水线）。这种布置使它与正常和替换的船舶日用馈电线之间水平分离，并且应急馈电线与这些馈电线之间还进行垂直分离，这样，这三种类型馈电线同时都损坏的可能性就可以减至最低的限度。

用馈电线将应急配电板接到至少一组和通常为两组不同的船舶日用配电板上。对于应急配电板来说，其中一组船舶日用配电板为船舶日用电力的优选电源，而另一组是替换电源。一般来说，应急配电板和配电系统由优选电源供电。若优选电源故障，则母线转换装置自动地将应急配电板转换到船舶日用电力的替换电源。若优选电源和替换电源都发生故障，则在电源故障后的 10 s 内自动启动应急发电机的原动机和自动地将应急配电板转换到应急发电机。

当优选电源或替换电源的电压得到恢复时，应急配电板自动地重新转换到可用的电源上，或者当优选电源和替换电源的电压都恢复时，它重新转换到优选电源上。然而，这仅仅是对某些类型的舰船而言。在自动母线转换装置转回到可用的优选电源或替换电源之前，若有的系统要求应急发电机手动解列，应急发电机必须手动停车，因此，应急配电板和配电系统总是由一台船舶日用发电机或应急发电机供电。总之，在重要负载失去正常电源和替换电源时，那么应急配电系统就会供电给这个负载。若应急配电板由船舶日用发电机供电，应急发电机将不予自动启动。

船舶日用发电机组、应急发电机组和它们相应的配电板之间的连接（图 8－3），以及配电板母线连接线断路器之间的互连，应使得当一台机组停止使用时，另一台发电机能供电给两个船舶日用配电板，也能为两台发电机组提供并联运行。然而，当电站分区供电时，发电机单机运行，此时每台机组将供电给它本身所处的船舶部分。

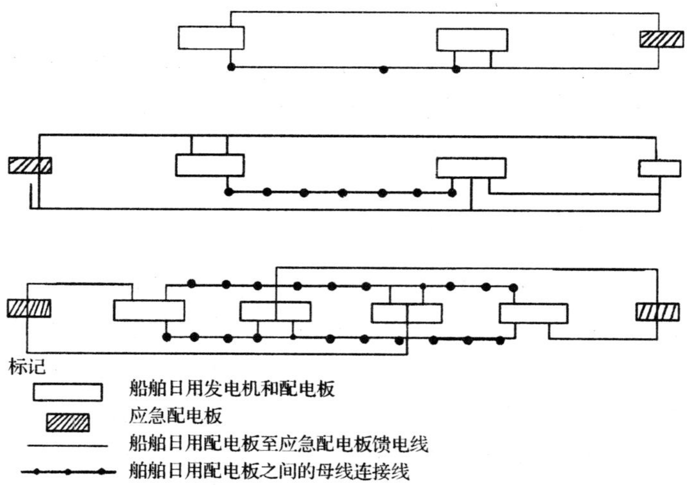

图 8－3　应急配电系统和船舶日用配电系统的互连

每组应急配电板有一个正常电源、替换电源和应急电源。应急电源由各自的应急发电机供电。在正常的运行情况下，应急配电板由它的正常电源供电。在失去正常电源情况下，在应急配电板上可以使用替换电源。失去正常电源时，转换开关将自动选择替换电源。

若正常电源和替换电源都失去时，则应急柴油机自动启动，馈电给它自己的配电板。

该系统备有起反馈作用的断路器，可以从任何一个应急配电板提供有限的电力给船头或船尾的船舶日用的开关设备组合。

为了使应急配电板自动运行，在图 8－4 中装置 83E 的主触头 SLC 和发电机断路器 52E 必须手动闭合（合闸），若正常电源为优选电源，则选择开关 10 转到“正常位置”，它使继电器 CR1 的线圈电路中的触头闭合，替换电源自动地成为备用电源。

当从正常电源获得电力的电压在 382 V 或以上时，电压继电器 V1 通电，它的常开触头闭合和常闭触头断开，这样通过触头 V1/2 和 10（正常）将继电器 CR1 的电路接通，也通过触头 V1/1 将时间继电器 TR1 的电路接通。继电器 CR1 通电时，断开它的常闭触头和闭合它的常开触头，通过触头 LS1、CR1 和 43 将装置 83N 的电动机电路接通，于是这台电动机运转。在大约延时 3 s 后闭合主触头 SSC1。由于主母线通电时，通过触头 V1/1 使主触头 SSC1 通电，所以 TR1 断开了柴油机启动电路中的常闭触头（未画出），使应急柴油发电机无法启动。当选择开关 10 在“正常位置”，并从正常电源得到电力时，触头 SSC2 和 S2 既不闭合也不发生转换。触头 SSC2 的闭合程序是用 CR1 的常开触头予以闭锁（block），触头 ESC 也用柴油机启动电路中 TR1 的常开触头予以闭锁，这样就没有可以使用的电力用来闭合触头 ESC。

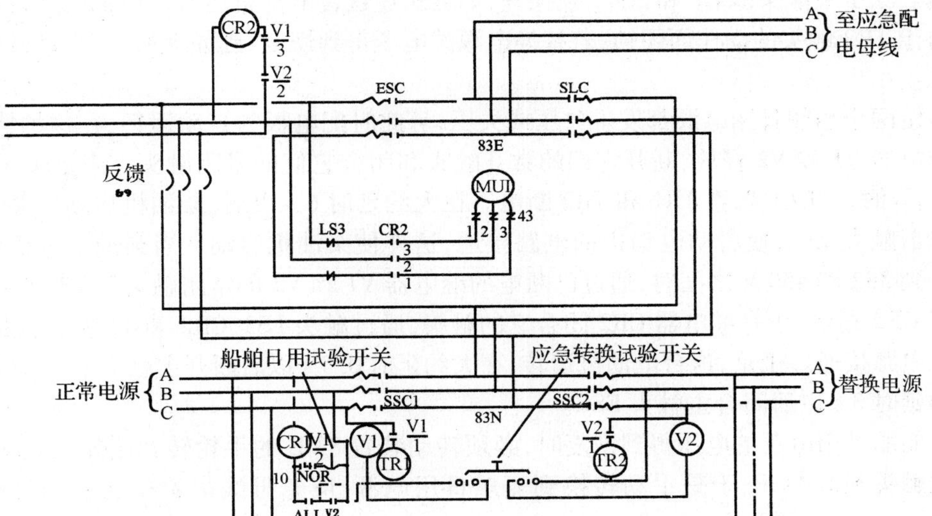

图 8－4　应急配电板的配置

当可以使用替换电源，且正常电源的电压低于 315 V 时，电压继电器 V1 释放，断开它的常开触头和闭合它的常闭触头，于是继电器 CR1 和时间继电器 TR1 的电路断电。与此同时，继电器 CR1 断开它的常开触头和闭合它的常闭触头，通过触头 LS2，CR1 和 43 装置 83N 的电动机电路接通，然后，这台电动机反方向运转。在延时接近 0.5 s 后，断开主触头 SSC1，在总的延时大约 3 s 后闭合主触头 SSC2。当替换电源有电时，电压继电器 V2 通电，在时间继电器电路中触头 V2/1 闭合，于是如 TR1 的功能一样，时间继电器断开柴油机启动电路中它的触头。

若正常电源的电压得到恢复，则自动转换到正常电源，因为选择开关 10 的位置决定了优先选择哪一个电压继电器。如果选择替换电源作为优选电源，那么选择开关 10 转到“替换位置”，于是断开触头 10（正常）和闭合触头 10（替换），正常电源作为备用电源。

在替换电源有适当电压时，装置 83N 电动机运转，在大约延时 3 s 后，闭合主触头 SSC2。通电时电压继电器 V2 断开它的触头 V2/3，于是使继电器 CR1 电路断电或断开。通过触头 LS2，CR1 和 43 使 83N 电动机电路接通。主母线通电后，通过触头 V2/1 使时间继电器的电路接通，于是时间继电器断开在柴油机启动电路中的触头，使应急柴油发电机无法启动。当选择开关 10 转到“替换位置”，并从替换电源得到电力时，触头 SSC1 和 ESC 既不闭合也不发生转换。触头 SSC1 的闭合程序用 CR1 的常开触头予以闭锁，触头 ESC 也用柴油机启动电路中 TR2 的常开触头予以闭锁。

当选择替换电源作为优选电源时，假定替换电源发生欠压或失压，那么可以从正常电源获得电力。若替换电源的电压低于 315 V，则电压继电器 V2 释放，断开它的常开触头和闭合它的常闭触头，于是通过触头 V2/3 和 10（替换）将继电器 CR1 电路接通，继电器 CR1 通电，它的常闭触头断开和常开触头闭合，通过触头 LS1，CR1 和 43 将装置 83N 的电动机电路接通。除了主触头 SSC1 和 SSC2 互换外，如上所述这台电动机运转。柴油机启动电路再一次由于 TR2 触头的动作而闭锁，若替换电源的电压得到恢复，则如上所述，自动转换到替换电源。

假定两个船舶日用电源都发生欠压或失压，且此时配电板为自动运行，在这种情况下，电压继电器 V1 和 V2 释放，断开它们的常开触头和闭合它们的常闭触头。当触头 V1/1 和 V2/1 断开时，时间继电器 TR1 和 TR2 断电。在大约延时 6 s 以后，柴油机启动电路中的时间继电器触头闭合，使启动电动机的电路接通，这样使柴油机启动。当柴油发电机的运行电压升到 382 和 450 V 之间时，通过已断电的继电器 V1 和 V2 的常闭触头 V1/3 和 V2/2 使继电器 CR2 通电，于是继电器 CR2 闭合它的触头，通过触头 LS3、CR2 和 43 将装置 83 E 的电动机电路接通。于是，这台电动机运转，在大约延时 0. 5 s 以后断开主触头 SLC，在经过大约总的延时 3 s 以后闭合主触头 ESC。

当船舶日用电源的电压得到恢复时，必须转动装置 83 E 的手轮转到船舶位置，这个位置使主触头 SLC 断开，于是手动转换到船舶日用电源，应急母线由希望的船舶日用电源供电。

8. 1. 3 故障配电系统

战时，由于船舶日用配电系统和应急配电系统的损坏，导致了故障配电系统的发展。该系统对重要的电路和设备提供临时的连接线，它只局限于供电给维持船舶漂浮以及使它离开危险区域所必要的设备，也供电给数量有限的武备，例如，在损坏的情况下保护船舶的高射炮及其指挥仪。

在备有船舶日用、应急和故障三种配电系统的舰船中，可以保证有最佳的供电连续性。若一个电站损坏，则可以采用母线连接线将远处的配电板接到未损坏的一台发电机或几台发电机的电源上。

如果电路或配电板发生故障,可以用接近负载的转换开关,将重要的负载转换到替换的馈电线上和船舶日用电源上。

若由于发电机、配电板和馈电线的故障使正常电源和替换电源都故障,则重要的辅助设备可以转移到应急馈电线,从应急配电板获得电力。

如果船舶日用电路和应急电路发生故障,那么可以将临时线路接到故障配电系统上。若任何一台船舶日用或应急发电机可以运行的话,则可以采用临时电路供电给重要的辅助设备。

故障电力系统包括贯穿船舶、装在支架上,有适当长度的可携式电缆。此电缆采用美海军 THOF－42 型的电缆,当这个电缆的正常载流量为 93 A 时,它的故障定额为 200 A。在通常情况下,这个电缆将承载 200 A,4 h(r)而不损坏。此电缆可以与其他的单根电缆过载的回路并行敷设。故障电力的舱壁接线柱是永久安装的,它用来将可携式电缆接到舱壁的对侧,使得电力可以通过隔舱传递而又不失去防水的性能,因此它是故障电力系统的一个重要组成部分。故障电力系统也包括甲板之间的永久安装的立式接线柱。所选择的接受故障电力的重要设备应具有接线盒或接线板,接线盒装在设备上或靠近设备,接线板与设备的正常馈电线相并接。

每组船舶日用发电机或应急发电机的配电板上设有故障电力系统的电源。故障电力的立式接线头装在配电板或开关设备组合的背后,并通过 225 A 或 250 A 的 AQB 型断路器接到母线上。这种断路器接在发电机断路器和发电机隔离开关之间,使得在断开隔离开关时,发电机可以与配电板相隔离,这样仅仅为故障电力而使用。

8.2　DLG 级导弹驱逐舰的配电系统

美海军 DLG－23 级导弹驱逐舰的交流配电系统见图 8－5。该图表明了有环形电力电路和应急连接的电气系统的简化形式。这种舰上所使用的全部船舶日用 60 Hz 电力是通过开关设备组合 1S 和 2S 以及应急配电板 1E 和 2E 提供的。

8.2.1　船舶日用电站

前电站是由位于前机舱(No1)的船舶日用发电机 1A 和 1B 以及船舶日用的开关设备组合 1 S 所组成。

后电站是由位于后机舱(No2)的船舶日用发电机 2A 和 2B 以及船舶日用的开关设备组合 2 S 所组成。

四台船舶日用发电机为 1 000 kW,450 V,1 604 A 的汽轮机驱动的全封闭机组。

8.2.2　应急电站

前应急电站是由应急发电机 1E 和应急配电板 1E 所组成的。应急发电机尽可能远离船舶日用发电机,以防止船舶电气系统由于一个原因而同时损坏。前应急发电机 1 E 和后应急发电机 2E 的定额为 300 kW,450 V,60 Hz,三相。前应急发电机是由燃气轮机驱动,后应急发电机是由柴油机驱动。图 8－5 中对应急配电板的正常电源和替换电源作出了标记,表明来自船舶日用开关设备组合的母线馈电线走向。在应急配电板为自动运行时,所示的

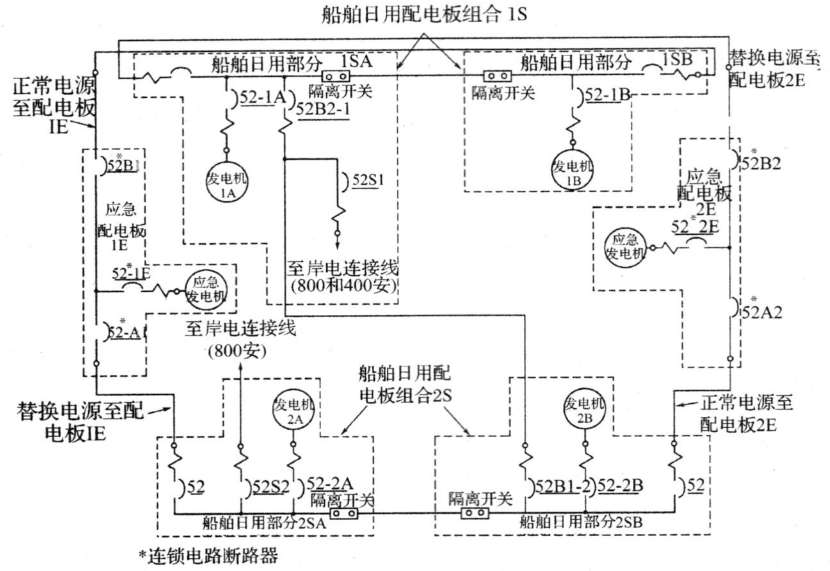

图 8-5　DLG-23 导弹驱逐舰上的 60 Hz 配电系统

1E 应急配电板上的三台断路器在电气上是连锁的。当 1E 或 2E 为自动转换时，若正常电源的电压低到 300 V 或以下和替换电源的电压为 400 V 或以上时，负载自动转换到替换电源。若正常电源的电压恢复到 400 V 或以上时，负载将自动转换到正常电源。如果两个船舶日用电源失压或电压低于 300 V，那么通过继电器自动转换，启动应急发电机，并将它接到应急配电板上。若应急发电机正供电给应急配电板和船舶日用电力同时得到恢复，则并不会发生重新转换，但可以手动脱扣应急发电机断路器来达到重新转换。1E 和 2E 的运行是相同的。

当船舶日用电站是安全的，且并未使用岸电来供应舰的电力时，应急发电机可以用应急配电板上的母线转换选择开关将其电力反馈到任何一个开关设备组合上。当母线转换选择开关在手动位置时，允许应急配电板上的断路器手动操作。当母线转换选择开关在正常的优选位置或替换的优选位置时，应急配电板上的三台断路器是连锁的，仅仅其中一台可以每次闭合。只有在特殊情况下，例如，为启动船舶日用电站供电给船舶日用母线，可以使用反馈电路。在使用反馈设备时，必须注意防止应急发电机过载。决不可使用反馈电路使应急发电机与船舶日用发电机或其他岸电并联。

8.2.3　系统运行

船舶日用发电机可以是单机运行或彼此并联运行。所有四台船舶日用发电机有可能并联（通过母线连接线使 1S 和 2S 并联），然而不可能三台以上的发电机安全地并联运行，因为这种情况下已超过了断路器的短路分断容量。

在图 8-5 中，船舶日用开关设备组合分 1SA 和 1SB 两部分，如果有一部分损坏，可以用隔离开关将它与未损坏的部分相隔离。

对于隔离装置，应做到在载流的母线上决不断开或闭合隔离装置。当操作隔离装置时，应该使其完全断开或完全闭合。扭紧弹簧将装置锁紧，以防止由于振动而引起偶然的断开或闭合。

8.2.4　岸电连接

DLG 导弹驱逐舰的甲板上有三个接线箱。岸电接线柱中的两个(一个为 800 A、另一个为 400 A)接到 1S 和 2S 之间的母线连接电路。另一个岸电连接线(800 A)通过 AQB——A800 型的断路器接到 2S 开关设备组合的 2SA 部分。

8.2.5　故障电力

每组应急配电板上的背后备有一个故障电力的接线板。每组船舶日用的开关设备组合的背后备有四个故障电力的接线板(每部分两个)，并通过 250 A 的 AQB 型断路器接到母线上。

8.2.6　400 Hz 配电系统

除了由船舶日用发电机和应急发电机供电的 60 Hz 电力以外，DLG 导弹驱逐舰上也有 400 Hz 配电系统。电动发电机组产生 400 Hz 电力，并通过专门的配电板供电给各种 400 Hz 设备。舰上具有三台 400 Hz，200 kW，三相，450 V 电动发电机组，在图 8－6 中，以 M/G1，M/G9 和 M/G13 表示它们分别供电给船舶日用的特殊配电板 1SF，5SF 和 6SF。电动发电机组 M/G9 是一台备用机组，它可以供电给 1SF 和 6SF，或者可以与 M/G13 并联运行。当转换负载时，MG9 或 M/G13 可以与 M/G1 瞬时并联。图 8－6 是 400 Hz 船舶日用母线连接互连的简化线路图。为了简化起见，图上删去了由 400 Hz 船舶日用配电板馈电的电路。配电板 1SF 供电给船头部分的导弹、射击指挥、反潜火箭和船内通信的电路。配电板 6SF 供电给船尾部分的武备电路。DLG 导弹驱逐舰上，还装备有六台 60 kW，450 V，三相，400 Hz 电动发电机组。它们供电给导弹射击控制雷达，其中三台(序号 5，7 和 8)供电给船头部分导弹照明体电力配电板(2SF)，另外三台(序号 10，11 和 12)供电给船尾部分导弹照明体电力

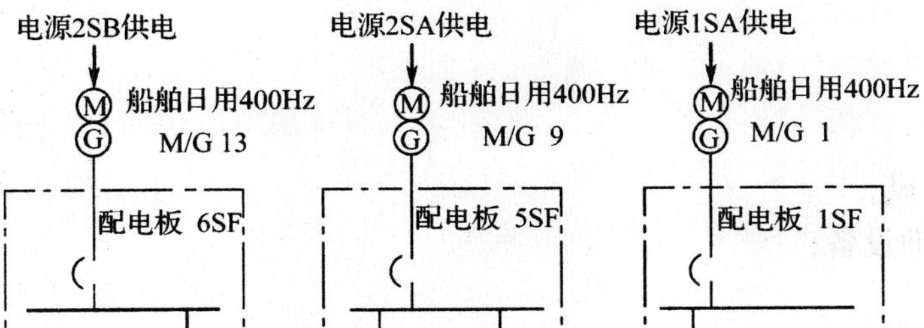

图 8－6　400 Hz 船舶日用系统母线连接互连的简化线路图

配电板(4SF)。序号 8 电动发电机组是船头部分的备用机组,序号 12 电动发电机组是船尾部分的备用机组。武备控制、船内通信配电板由一台单独的 60 kW 电动发电机组(M/G14)通过配电板 3SF 和自动母线转换设备接受其正常 400 Hz 电力。如果 M/G14 失电,武备、船内通信配电板电源由自动母线转换设备转换到来自 6SF 的替换电源上。

8.3 重要用电设备的供电

重要用电设备是指为确保航行、安全、战斗及特殊作业活动而设置的用电设备。配电系统至少设置两路供电电源供电给重要用电设备以保证供电的连续性。

8.3.1 重要用电设备的供电分类

美海军舰船重要用电设备的供电分类如下:

下列任何系统或设备所需的任何电气保障功能均应得到相同的供电可靠性,且应从同一电源供电。

I 类

在一般设有应急电源的情况下,应急配电板应向与“全舰应急控制”有关的负载供电,包括如下:

轻水泡沫(AFFF)泵;

应急发电机原动机的保障辅助设备,例如:

增压泵;

舱室通风电动机;

燃油输送泵;

启动空气泵;

近距离武器系统(CIWS);

集中保护系统 W 级通风;

应急通信;

应急照明;

消防泵;

内部通信;

导航;

机舱 W 级通风;

操舵装置辅助设备;

导航雷达;

桥楼间甚高频无线电设备;

要害的推进辅机系统对舰船装置进行冷态启动及机械保护所必需的设备,且至少应包括:

应急或备用润滑油供应泵;

供水输送泵;

强制通风鼓风机(低速);

日用燃油泵；
电动机控制的锅炉停止阀；
汽轮发电机泵。
Ⅱ类
包括下列负载：
电子设备舱或控制舱用的空调；
海面搜索雷达及复示器；
电子设备舱用的 W 级和 W 级再循环风机；
消磁；
消防灭火辅助设备和控制设备；
医疗设备；
小口径火炮装置和控制系统；
Ⅲ类
在装备导弹系统或火炮武器系统的舰船上，有下列负载：
空调装置的辅助设备；
导弹控制舱室用 W 级和 W 级再循环风机；
导弹系统部件；
导弹系统电力变换装置；
海军战术数据系统（NTDS）；
舰船日用 400 Hz 电力变换设备；
大口径火炮装置和控制系统。
在航空母舰和两栖支援舰船上，有下列负载：
航空系统电子设备；
飞机抽油泵；
飞机升降机；
飞机着舰保障设备；
空调装置辅助设备；
W 级和 W 级再循环风机；
机库隔壁门；
综合作战情报设备；
海军战术数据系统（NTDS）；
舰船日用 400 Hz 电力变换设备；
武器升降机；
在攻击型货船和登陆舰上：
保障卸载作业的绞车、升降机、首吊门和闸门。

8.3.2 推进装置的供电

美海军舰船配电系统具有在海上所有舰船日用电力损失后恢复推进装置的能力。后备辅助设备分开且由两个分开的独立的电力配电控制板供电。每一控制板有不同的正常和替换电源。下列推进装置辅助设备接至具有两路电源的电力配电控制板：

辅机冷却水泵；

励磁装置(电力推进)；

强制通风鼓风机；

日用燃油泵；

日用滑油泵；

主、辅真空泵；

主循环泵；

主凝水泵；

主给水增压泵；

汽轮发电机循环泵；

汽轮发电机凝水泵；

汽轮发电机润滑油泵。

此外，安装仅带电力驱动泵的多台推进装置时还有：

每个推进装置的一台日用燃油泵、一台日用滑油泵、一台主凝水泵和一台主给水增压泵，接至另一台无关的推进装置的两路电源的电力配电控制板上。

8.3.3 母线转换设备的应用

美海军舰船配电系统安装自动母线转换设备(ABT)，以供下列设备在两路电源之间的选择：

AFFF 泵；

集中保护系统 W 级通风；

应急照明；

消防灭火辅助设备和控制设备；

消防泵；

内部通信配电板和控制板；

与具有低电压释放(LVR)控制功能的主、辅机械装置有关的泵；

操舵装置电力控制板。

为需要两路电源的所有其他负载安装手动母线转换(MBT)设备。除了消防系统，具有低电压释放(LVR)或低电压保护(LVP)控制功能的负载可以组合起来，由自动母线转换设备供电。母线转换设备配置在由它们供电的控制板或设备附近。

自动母线转换设备供电力系统使用时，应是延时型，而供照明系统使用时可以是瞬时型，也可以是延时型。

8.3.4 故障配电系统的供电

美海军舰船为下列装置提供故障电力供电：

电子设备控制板；

消防泵电动机控制器；

负载中心(在故障电力系统设计中，这些负载中心应被视为故障电力电源)；

火炮装置电力控制板；

内部通信配电板；

照明系统变压器(当与故障电力供电的配电板装在一起时除外)；

机舱要害辅机设备电力控制板；

向可移式潜水泵或泡沫喷洒器系统阀电源插座供电的电力配电控制板；

向火炮装置的射击控制功能设备提供电源的电力控制板；

货船上的补给机械控制板；

操舵装置电力控制板；

为照明变压器设置的故障电力接线端,接到变压器的初级绕组,并位于变压器组的附近。

8.4　系统保护

8.4.1　定义

美海军标准规范中有关交流配电系统保护的定义如下。

(1)交流系统每个保护装置安装点的最大短路电流有效值

对于熔断器的熔断要求,此项短路电流是指发生短路后第一个半周波时具有最大不对称电流的一相短路电流的有效值。对于断路器的分断要求,此项电流是指发生短路后的第一个半周波时三相电流的最大平均有效值。在确定此项电流时,应假设下列条件:

(a)三相零阻抗故障位于所考虑的装置的线路终端；

(b)具有最大总容量且能并联运行的最多台数发电机被接入该系统；

(c)在故障发生之前,发电机以额定输出和额定功率因数运行；

(d)计入最大电动机负载影响。

(2)交流系统每个断路器安装点的最小短路电流有效值

此项电流是指在发生短路后的第一个半周波时在具有最大不对称电流的一相最小短路电流的有效值。在确定此项电流时,应假设下列条件:

(a)最小容量的一台发电机接入该系统；

(b)电动机负载影响可以忽略；

(c)线间故障位于所考虑的保护装置外至下一个保护装置的线路侧,或在该断路器供电电缆的负载端。

(3)每台交流发电机的最大短路电流

此项电流是指在发生短路后的第一个半周波时具有最大不对称电流的一相不对称短路电流的有效值。在确定此项电流时,应假设下列条件:

(a)发电机在额定负载、额定功率因数以及冷态磁场的情况下运行时被短路；

(b)短路是三相,且位于发电机断路器的线路终端；

(c)当一相的端电压为零时,发生短路。

(4)持续短路电流

持续短路电流是指稳态短路电流值。应根据假设发电机断路器线路端点处三相短路状态来确定,并应包括采用热态励磁电阻值的发电机电压调节器的影响。

(5)最大正常浪涌电流

最大正常浪涌电流是指在一个处于正常运行的电路中可能产生的最大浪涌电流。包括电动机启动电流和类似的浪涌电流,但忽略持续时间少于两周的瞬变电流。

(6)稳态电动机启动电流(适用于同步和感应电动机)

该电流是指处于启动状态时,紧跟着前两周波内出现的瞬变电流之后,在电动机支路内流动的电流。

(7)长延时

该整定值为防止被保护电路因过载或高阻抗故障造成过大电流提供保护。

(8)短延时

该整定值为被保护电路提供故障的高速切除和断路器的选择性动作。

(9)瞬时

该整定值为防止被保护电路中的低阻抗故障提供保护。

(10) 短时瞬动脱扣值

该整定值仅适用于 AQB - A 型断路器,以便实现故障的高速切除和断路器的选择性动作。

8.4.2 系统保护的基本要求

由于在战斗情况下配电系统对于舰船的生命力是十分重要的,必须考虑系统保护,每个电气设备和所有的电气回路均应对短路和过载予以保护。各保护装置的布置、选择和整定应构成完整和协调的保护系统。所以,美海军船舶局早在舰船交流化的初始阶段就对交流配电系统的系统保护提出下列的基本要求:

(1)应高速切除所有的低阻抗故障,以减小在大的故障电流情况下系统和设备的损坏;

(2)在故障状态下通过各种保护装置的选择性动作和故障隔离能有效地防止事故扩大并保持对非故障电路的连续供电;

(3)在故障状态下通过电路和设备的热特性以及保护装置分断特性的协调,使电气设备和电路得到最大限度的保护;

(4)所有电路的保护装置具有足够的分断能力;

(5)为了适应在正常负载、故障和异常等所有供电状态,所有的各种电路保护和开关装置应有适当的热容量;

(6)断路器和母线转换装置的短路电流承载能力应超过在电路断开时的最大极限时间内的最大短路电流有效值。

由此可见,系统保护的一个基本考虑是保证各种保护装置的选择性动作。由于在舰船配电系统中发电机与负载相当接近,也就是在舰船电力系统中重要部件之间阻抗是不足的,而且发电机短路电流迅速衰减,因此,不可能单单根据短路电流的数值确定短路的位置,只能通过协调保护装置的时间 - 电流特性以达到断路器的选择性脱扣,使得最接近故障位置的断路器首先断开,离故障位置最远和最接近发电机的断路器将最后断开。

按照下述准则确定保护装置的额定值:

(1)电压额定值应不小于该装置所在电路的交流线电压最大有效值;

(2)持续电流额定值应近似等于、但不小于该电路的总负载电流;

(3)分断额定值应等于或大于安装点的最大短路电流有效值。

美海军舰船交流配电系统保护分为需要 ACB 型框架式断路器的交流配电系统的保护和不需要 ACB 型断路器而采用 AQB 型塑壳式断路器的交流配电系统的保护。以下 8.4.3 ~8.4.11 分别描述美海军舰船交流配电系统对各种设备和电路的保护要求。

8.4.3　日用和应急发电机保护

美海军舰船上，船舶日用和应急发电机通过 ACB 型框架式断路器或 AQB 型塑壳式断路器接到船舶配电系统上。

8.4.3.1　保护装置型式——ACB 型断路器

ACB 型断路器带有长延时、短延时和瞬时过流保护以及逆功率保护。

长延时过流保护是防止过载情况下发电机和发电机电缆温度的过分升高。由于舰船发电机具有 150% 过电流历时 5 min 的过载能力，所以长延时始动电流的整定值接近但不小于发电机满载电流的 150%。这个装置的时间 - 电流特性不超过发电机提供的正常侵入电流。

短延时过流保护的功能是迅速排除配电板母线上的低阻抗故障，并对母线连接线断路器和母线馈线断路器以及馈线断路器之后的所有低阻抗故障提供与这些断路器之间的选择性保护。这种保护的始动电流整定值是接近但不大于发电机持续短路电流的 80%，短延时整定时间超过下一级断路器的短延时和分断时间之和，通常取为最长延时时间段。

瞬时过流保护是在被保护的发电机可能与两台或两台以上发电机并联运行时用来分断断路器发电机侧短路的短路电流。其始动电流的整定值接近但不小于被保护发电机最大不对称短路电流的 120%。在这种情况下保护装置分断的故障电流是由回路中其他发电机和电动机所提供。

对并联运行的每台发电机提供逆功率保护（电动发电机除外）。当逆功率值达到被保护发电机额定功率的 5% 时，延时不超过 10 s 分断被保护发电机的断路器。

8.4.3.2　保护装置型式——AQB 型断路器

AQB 型断路器带有长延时、瞬时过流保护和逆功率保护。

长延时始动电流整定值等于或稍大于发电机满载电流。

瞬时过流保护始动电流整定值和逆功率保护整定值与 ACB 型断路器时相同。

8.4.4　日用母线连接线电路的保护

日用母线连接线电路的保护是通过 ACB 型框架式断路器或 AQB 型塑壳式断路器接到日用母线连接电路的两端予以达到。

8.4.4.1　保护装置型式——ACB 型断路器

ACB 型断路器带有长延时和短延时过流保护，通常不要求瞬时过流保护功能。

长延时过流保护的功能为保护母线连接线电缆以及有关发电机免遭过载和高阻抗故障的损害。对于所连接的配电板只接有单台发电机的情况下，长延时过流保护的始动电流整定值接近但不小于流经该断路器发电机总负载电流的 150%，不大于发电机断路器长延时脱扣始动电流整定值的 80%，不小于下一级母线馈线断路器以及馈线断路器长延时脱扣始动电流整定值的 120%。对于所连接的配电板接有多台发电机的情况不作要求。

短延时过流保护的功能是迅速排除母线连接线电路以及有关母线上的所有低阻抗故

障，并对下一级母线馈线断路器以及馈线断路器之后的所有低阻抗故障提供与这些断路器之间的选择性保护。对于所连接的配电板只接有单台发电机的情况下，短延时保护装置的始动电流整定值接近但不大于发电机断路器短延时脱扣始动电流整定值的80%。对于所连接的配电板接有多台发电机的情况，短延时保护的始动电流整定值接近但不小于母线连接线断路器本身线圈额定值的150%。短延时保护的延时整定时间超过母线馈线或馈线断路器的短延时和分断时间之和，通常该延时时间段小于发电机断路器短延时脱扣的延时时间段。

通常不要求瞬时过流保护，但如所用断路器设有瞬时脱扣装置，则其始动电流整定值为最大有效值。

8.4.4.2 保护装置型式——AQB—A型断路器

AQB—A型断路器带有长延时过流和延时瞬动脱扣元件。长延时始动电流整定值等于或稍大于流经该断路器电路的总负载电流。延时瞬动脱扣整定值接近但不大于发电机持续短路电流的90%，延时整定时间超过任一馈线断路器的延时和分断时间之和。

8.4.5 应急母线连接线电路的保护

应急母线连接线电路保护是通过ACB型框架式断路器置于日用配电板母线与应急配电板母线之间的连接电路予以达到的。

ACB型断路器具有长延时和短延时的过流保护。通常不要求瞬时过流保护。

长延时过流保护的功能是保护应急母线连接电路以及有关日用发电机免遭过载和高阻抗故障的损害，其始动电流整定值接近但不小于流经该断路器的总负载电流的150%或应急母线连接线电路额定电流的150%，不大于日用发电机断路器长延时脱扣始动电流整定值的80%。

短延时过流保护的功能是迅速排除应急母线及其连接线电路上的所有低阻抗故障，并对应急配电板馈线断路器之后的所有低阻抗故障提供与这些断路器之间的选择性保护，其始动电流整定值接近但不小于应急配电板塑壳式断路器瞬时脱扣最大始动电流整定值的120%，不大于日用发电机断路器短延时脱扣始动电流整定值的80%，其延时整定时间小于日用发电机断路器短延时的延时时间段。

通常不要求瞬时过流保护，但如所用断路器设有瞬时脱扣装置，则其始动电流整定值为最大有效值。

8.4.6 母线馈线电路保护

母线馈线电路的保护是通过ACB型框架式断路器置于配电板母线与负载中心母线之间的连接电路的配电板侧予以达到的。

ACB型断路器带有长延时和短延时过流保护。通常不要求瞬时过流保护。

长延时过流保护是保护母线馈线电缆免遭过载和高阻抗故障的损害。长延时始动电流整定值接近但不小于流经该断路器的总负载电流的150%，不大于母线连接线断路器长延时脱扣始动电流整定值的80%，不小于馈线断路器长延时脱扣始动电流整定值的120%。

短延时过流保护功能是迅速排除母线馈线电路以及所接负载中心母线上的所有低阻抗故障，并对所接负载中心馈线断路器之后的所有低阻抗故障提供与这些断路器之间的选择性保护。这种保护的始动电流整定值接近但不大于母线连接线断路器短延时脱扣始动电流整定值的 80%，不小于任何串联馈线的 AQB 型断路器瞬时脱扣始动电流整定值的 120%。短延时过流保护的延时整定值超过所接负载中心内馈线 AQB 型塑壳式断路器分断时间以及馈线 ACB 框架式断路器的短延时和分断时间之和。通常该延时时间段小于母线连接线断路器短延时脱扣的延时时间段。

通常不要求瞬时过流保护，但如所用断路器设有瞬时脱扣装置，则其始动电流整定值为最大有效值。

8.4.7　馈线电路保护

馈线电路保护是通过 ACB 型框架式断路器、AQB 型塑壳式断路器或 ALB 型塑壳式断路器(120 V)置于配电板母线或负载中心母线至分配电板或单个重要负载的连接电路予以达到的。

8.4.7.1　保护装置型式——ACB 型断路器

当总负载电流超过 AQB 型塑壳式断路器最大额定电流的馈线电路采用 ACB 型断路器予以保护。

长延时过流保护的功能是保护馈线电缆免遭过载和高阻抗故障的损坏。其始动电流整定值接近但不小于流经该断路器总负载电流的 150%，不大于母线连接线电路或母线馈线电路断路器长延时脱扣元件始动电流整定值的 80%。

短延时过流保护的功能是迅速排除馈线电路上的低阻抗故障，并对下一级 AQB 型塑壳式断路器之后的所有低阻抗故障提供与这些断路器之间的选择性保护。短延时始动电流整定值接近但不小于下一级 AQB 型塑壳式断路器瞬时脱扣最大始动电流整定值的 120%，不大于母线连接线断路器或母线馈线断路器短延时脱扣始动电流整定值的 80%。短延时的延时整定值超过下一级 AQB 型塑壳式断路器的延时和分断时间之和，通常取最短延时时间段。

瞬时脱扣的始动电流整定值取最大有效值。

8.4.7.2　保护装置型式——AQB 型断路器

当电路电压为 450 V 或总负载电流超过 ALB 型塑壳式断路器的最大额定电流的馈线电路采用 AQB 型塑壳式断路器予以保护。

AQB 型断路器带有长延时和瞬时过流保护。

长延时始动电流整定值等于或稍大于流经该断路器的总负载电流。

瞬时脱扣的始动电流整定值接近但不小于容量最大电动机稳态启动电流的 1.6 倍与其余负载满载电流的算术和、接近但不大于最小短路电流的 80%，接近但不小于该断路器过电流脱扣线圈额定电流的 1 200%(如仅向一个变压器供电)，并超过下一级负载侧 AQB 型断路器的瞬时脱扣始动电流整定值。当向带有熔断器的电路供电时，整定值应足够高，以防止误脱扣。

当最大短路电流超过非熔断器型 AQB—A 断路器的分断容量时，应采用 AQB—LF 型带限流熔断器的断路器。在馈线至负载的每一条供电电路中串联的塑壳式断路器不多于 2 个。

8.4.7.3　保护装置型式——ALB 型断路器

ALB 型断路器仅带有长延时过流保护。

ALB 型断路器(120 V)用作小容量系统中馈线断路器,例如用于小型电动发电机供电系统中,该系统中最大短路电流不会超过断路器的额定值。

长延时始动电流整定值等于或稍大于流经该断路器的总负载电流。

8.4.8 单个负载电路保护

单个负载电路保护是通过 ACB 型框架式断路器、AQB 型塑壳式断路器、ALB 型塑壳式断路器(120 V)或熔断器置于分配电板至单个用电负载的连接电路予以达到的。

8.4.8.1 保护装置型式——ACB 型断路器

当负载电流超过 AQB 型塑壳式断路器最大额定电流时,单个负载电路采用 ACB 型断路器予以保护。

ACB 型断路器带有长延时和瞬时过流保护。

长延时过流保护的功能是保护电缆免遭过载和高阻抗故障的损害。其始动电流整定值接近但不小于负载电流的 150%。

瞬时过流保护的功能是保护电缆和设备免遭低阻抗故障的损害。其始动电流整定值不小于最大浪涌电流,通常为全电压对称堵转电流的两倍。

8.4.8.2 保护装置型式——AQB 型断路器

AQB 型断路器带有长延时和瞬时过流保护。

长延时过流保护的始动电流整定值等于或稍大于负载的满载电流。

瞬时过流保护的始动电流整定值不大于最小短路电流有效值的 80%,接近但不小于电动机全电压启动时额定电流的 1 200%(若采用降压启动,则按启动电流的减小成比例地减小),接近但不小于该断路器过电流脱扣线圈额定电流的1 200%(向单个变压器供电时)。

8.4.8.3 保护装置型式——ALB 型断路器

ALB 型断路器仅带有长延时过流保护

ALB 型断路器(120 V)用作小容量系统中单个负载电路的断路器,该系统中最大短路电流不会超过断路器的额定值。

长延时始动电流整定值等于或稍大于流经该断路器的负载满载电流。

8.4.8.4 保护装置型式——熔断器

对分断特性没有需求的负载供电电路可以用熔断器进行保护,但在 440 V、功率超过 7.5/2 HP(1 HP = 735 W)的电动机供电电路除外。

熔体额定值满足下列要求:

对变压器或非电感性负载等于或稍大于负载额定电流的 125%;

对电动机负载,取为额定负载电流的 250% ~400%。

8.4.9 负载组电路保护

负载组电路的保护是通过 AQB 型塑壳式断路器和 ALB 型塑壳式断路器(120 V)置于分配电板至某个用电负载组的连接电路予以达到的,每个用电负载组由多个小容量用电负载组成且共用一个配电保护装置。向类似负载供电的电路应分组配电,以便使失去一个电路的影响减至最小。

8.4.9.1 保护装置型式——AQB 型断路器

AQB 型断路器带有长延时和瞬时过流保护。

长延时过流保护的功能是防止高阻抗故障，其始动电流整定值等于或稍大于总负载电流。

瞬时过流保护的功能是防止低阻抗故障，其始动电流整定值不大于最小短路电流有效值的 80%、接近但不小于电动机全电压启动时额定电流的1 200%（若采用降压启动，则按启动电流的减小成比例的减小），接近但不小于该断路器过电流脱扣线圈额定电流的 1 200%（向单个变压器供电时）。

8.4.9.2　保护装置型式——ALB 型断路器

ALB 型断路器仅带有长延时过流保护，其始动电流整定值等于或稍大于流经该断路器的总负载电流。

8.4.10　岸电连接电路保护

岸电连接电路保护通过 AQB－LF400S 型带限流熔断器的塑壳式断路器置于岸电连接电路中予以达到的。

AQB－LF400S 型断路器具有长延时和瞬时过流保护。

长延时过流保护的功能是保护岸电馈线电缆免遭过载和高阻抗故障的损害，其长延时始动电流整定值采用标准 400 A。

瞬时过流脱扣保护的功能是迅速排除岸电馈线电路有关的母线、母线连接线电路及母线馈电线上的所有低阻抗故障，其始动电流整定值为最大有效值。

AQB－LF 型断路器所带限流熔断器为高分断能力的熔断器，以达到对塑壳式断路器的后备保护作用。熔断器和断路器的时间—电流特性能相互匹配，断路器能满意地分断熔断器熔断电流以下的所有故障电流，且在其正常分断时，熔断器不会熔断、损坏或改变其保护特性。熔断器在断路器的损坏之前切断故障电流，故障电流切断后，未熔断的熔断器保持其原来的特性。

8.4.11　故障电力电路的保护

故障电力电路是通过 AQB 型塑壳式断路器（250 A 框架尺寸）置于故障配电系统的电源侧予以达到的。

AQB 型断路器具有长延时和瞬时过流保护功能。

长延时过流保护的功能是保护故障电缆免遭损害，其长延时始动电流整定值采用标准 250 A。

瞬时过流保护的功能是迅速排除故障电力电缆上的低阻抗故障。其始动电流整定值为最大有效值。

8.5　主要配电电器

如上所述断路器在舰船配电系统的系统保护中起着重要的作用。为了提供保护，断路器本身应具有一定的特性。美海军舰船中采用三种类型的断路器，即 ACB 型、AQB 型和 ALB 型，见表 8－1 和表 8－2。

表 8－1 用于 60 Hz 配电系统美海军舰船用标准断路器

断路器型号	最大线电压有效值/V	额定持续电流/A	极数	额定分断电流有效值/A	额定短时电流/A	操作	时间带或延时/s
ACB－640R	500	640	3	40 000	25 000	手动或电动	1.2 和 3
－1 600R	500	1600	3	60 000	50 000	手动或电动	1.2 和 3
－1 600HR	500	1 600	3	100 000	100 000	电动	1.2 和 3
－3 200HR	500	3 200	3	100 000	10 000	电动	2.3 和 4
－4 000HR	500	4 000	3	100 000	100 000	电动	2.3 和 4
AQB－A50	500	50	3	5 000		手动	
－A100	500	100	2 和 3	15 000		手动	
－LF100	500	100	3	100 000		手动	
－A101	500	100	3	15 000		手动	
－A250	500	250	2 和 3	20 000		手动或电动	
－LF250	500	250	3	100 000		手动	
－A400	500	400	2 和 3	30 000		手动或电动	
－LF400	500	400	3	100 000		手动或电动	
－A600	500	600	2 和 3	30 000		手动	
－A800	500	800	3	50 000		手动或电动	
－A1600	500	1 600	3	75 000		手动或电动	
－A1601	500	1 600	3	75 000		手动或电动	
ALB－1	125	50	1	5 000			
ALB－5	125	50	3	5 000			
ALB－10	125	200	3	10 000			

表 8－2 用于 400 Hz 配电系统美海军舰船用标准断路器

断路器型号	最大线电压有效值/V	额定持续电流/A	极数	额定分断电流有效值/A	操作
AQB－A100	500	100	2 和 3	10 000	手动
－A101	500	100	3	10 000	手动
－A250	500	250	2 和 3	10 000	手动或电动
－A400	500	400	2 和 3	10 000	手动或电动
ALB－1	125	50	1	5 000	手动
－5	125	50	3	5 000	手动

按 MIL－C－17587 的规定，ACB 型断路器为美海军用低压开启型、插入式框架结构的断路器，框架大小表示最大持续电流值，由型号后面的数字表示，例如 ACB－640 型为有 640A 的最大持续电流值，接尾字母 R 表示断路器包括一个插入式框架，在维修时这种框架可以把断路器抽出来。接尾字母 H 表示断路器的交流分断能力为 100 000 A。ACB 型断路

器的过流保护可以是长延时、短延时或瞬时，或这三种保护的任意组合，欠电压脱扣和分励脱扣仅在有规定时才提供。对于给定数值和时间的故障电流，长延时脱扣元件使断路器脱扣；对于较短时间的更高故障电流时短延时脱扣元件动作；瞬时脱扣无延时，只要达到断路器的分断定额就动作。目前，美海军最大规格的 ACB 型断路器为 4000H 框架尺寸，最大持续电流为 4 000 A，具有 100 000 A 分断能力。用于美航母上保护 2 500 kW 的发电机。

AQB 型为塑料外壳式断路器，符合 MIL－C－17361 的要求。在大容量电力系统中，AQB 型断路器主要用于馈线电路、单个负载电路、岸电连接电路以及故障电力电路的保护。在小容量电力系统中，AQB 型也可用作发电机、母线连接电路的保护。AQB－LF 型带限流熔断器的塑壳式断路器是将限流熔断器装在标准的 AQB 型断路器的塑料外壳中，具有分断能力为 100 000 A，可以作为后备保护用。也就是负载电流在 AQB 型断路器的标准框架限度内，但短路电流有效值可以超过常规的 AQB 型断路器的最大分断能力。虽然，AQB－LF 型断路器有需要更换熔断路的缺点，但与 ACB 型框架式断路器相比。具有尺寸小和更经济的优点。

ALB 也为塑料外壳式断路器用于 125 V 以及低于 125 V 的配电系统中，符合 MIL－C－17 588 的要求。

第 9 章　交流短路电流的计算和保护装置的选择

本章按美海军设计资料篇 DDS300 - 2,DDS311 - 3 和 DDS314 - 1 予以编写的。设计资料篇规定了 60 Hz 和 400 Hz 交流系统短路电流的分析方法。所有公式都适用于这两种频率系统。

短路电流分析和计算用以确定电气设备中电路保护装置的型号、额定值和脱扣特性。事实上舰船电力系统的短路电流并不总是局限于一个较小的数值范围内,在发电机容量很大、配电系统复杂的舰船上,这种情况尤为明显。并且,在舰船配电系统的故障电流计算中,不仅要包含发电机及同步电动机所贡献的电流,而且亦应包含感应电动机所贡献的电流。尽管感应电动机所产生的短路电流衰减得非常迅速,但由于感应电动机是高速运行的,以及低压断路器的热容量有限,所以仍有必要加以考虑。

9.1　术语和定义

下列定义和术语适用于本章全部有关的公式:

E_g——发电机的额定相电压有效值,V。

I_L——发电机的额定线电流有效值,A。

X_d''——发电机直轴超瞬变电抗,Ω。

X_C——发电机出线端至发电机断路器之间的电缆电抗,Ω。

I_{fc}——发电机在空载额定电压时的励磁电流(由饱和曲线查得),A。

I_{fr}——带自动电压调节器的发电机在额定温度下运行时的最大励磁电流,A。

SCR(短路比)——额定频率、额定开路电枢电压时的励磁电流(I_{fc})与额定频率、持续对称短路时产生额定电枢电流所需的励磁电流之比。

X_d——发电机直轴同步电抗,Ω。

I_g''——发生在短路后 1/2 周波,具有最大不对称电流的那一相中发电机的可能最大短路电流有效值,A。

I_g——磁场为热态并有自动电压调节器控制情况下发电机的最小持续短路电流有效值,A。

I_{avg}——在 1/2 周波时最大三相不对称电流的平均有效值,A。

I_{max}——在 1/2 周波时具有最大不对称电流的一相中的最大短路电流有效值,A。

I_{min}——在 1/2 周波时具有最大不对称电流的一相中的最小短路电流有效值,A。

I_m——假定短路瞬间连接在系统中的感应电动机和同步电动机台数最多时其满载电流之总和,A。若此值不易确定,则可取为所有并网发电机总容量的 2/3。

$Z = R + \mathrm{j}X$——从短路点看电流源的等效系统阻抗,在 Z 的计算中,发电机与其配电板之间的全部电阻可以略去不计,因为这个电阻与电抗相比数值很小。此外,在计算区域配电板和分配电板的等效并联阻抗时,互连的母线连接电路电阻可以略去不计。但从区域配电板至短路点之间的电阻应该计入。电抗应包括发电机超瞬变电抗及在发电机与短路点之间的全部主要的线路电抗。

R——由等效阻抗求得等效电阻，Ω。

X——由等效阻抗求得等效电抗，Ω。

K_1 和 K_2——取决于至短路点的总电抗(X)与总电阻(R)比值的系数，取自图 9－4，对主配电板处的短路，K_1 和 K_2 分别为 1.25 和 1.5。

X_f——由配电板至短路点的线路电抗，Ω。

r_f——由配电板至短路点的线路电阻，Ω。

断路器、变压器及母线的典型参数列于表 9－1、9－2、和 9－3，以及图 9－1、9－2 和 9－3，图中所列均为对于 60 Hz 设备确定的电抗和电阻值，但可近似地应用于 400 Hz 设备。典型的发电机参数列入表 9－4。

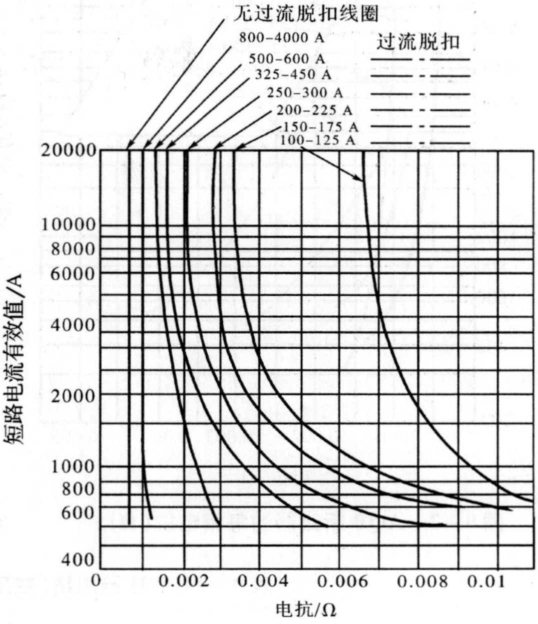

图 9－1　ACB 断路器的每相电抗(Ω)

表 9－1　ACB，AQB 及 ALB(50 A 框架)断路器的每相电阻近似值(Ω)

过电流线圈额定值 /A	型号 ACB	型号 AQB	型号 ALB－50A	
			左、右极	中间极
10			0.011 22	0.001 25
15		0.007 80		
25		0.006 00	0.005 01	0.001 25
35			0.002 81	0.000 79
50		0.001 57	0.001 61	0.000 79
75		0.000 94		
100	0.000 75	0.000 64		
125	0.000 58	0.000 50		
150	0.000 47	0.000 34		
175	0.000 39	0.000 30		
225	0.000 28	0.000 23		
250	0.000 24	0.000 18		
300	0.000 19	0.000 14		
350	0.000 16			
400	0.000 13	0.000 11		
500	0.000 10	0.000 10		
600	0.000 08	0.000 09		
800～1 200	0.000 05			
1 200～1 400	0.000 04			

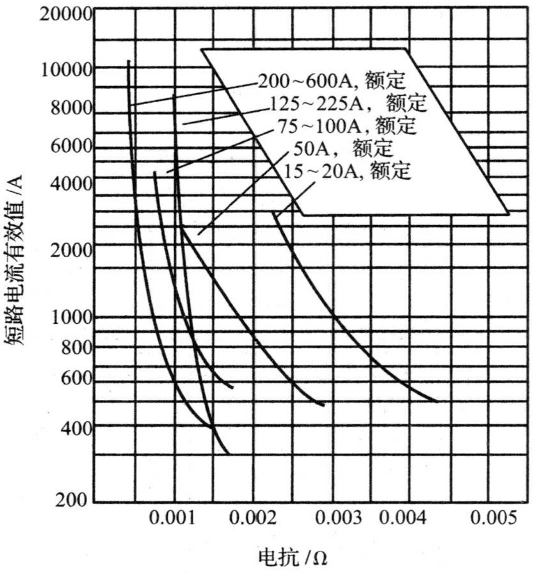

图 9－2　AQB 断路器的每相电抗(Ω)

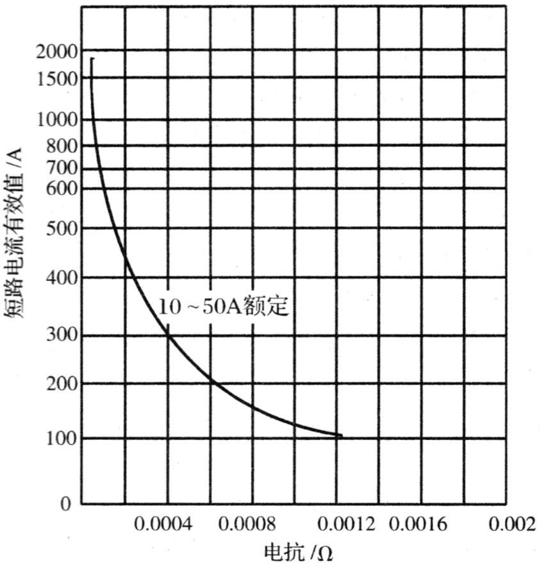

图 9－3　50A 框架的 ALB 断路器的每相电抗(Ω)

表 9－2　变压器阻抗(变压器每相阻抗近似值)

三相额定值 /kVA	初级电压 /V	次级电压 /V	60 Hz 变压器		Z/%	400 Hz 变压器		Z/%
			R/%	X/%		R/%	X/%	
3	450	120				0.761	1.31	1.51
9	450	120				0.491	0.753	0.90
15	450	120	0.733	0.66	0.983	0.903	1.13	1.45
22.5	450	120	0.667	0.69	0.96	0.248	1.31	1.34
30	450	120	0.617	0.717	0.947	0.325	1.46	1.50
45	450	120	0.543	0.780	0.953	0.324	0.803	0.868
60	450	120	0.497	0.840	0.977			
75	450	120	0.463	0.893	1.01	0.165	1.11	1.13
90	450	120	0.44	0.95	1.05			
112.5	450	120	0.41	1.02	1.11	0.125	1.06	1.07
112.5	1000	450				0.123	1.19	1.20
150	450	120	0.373	1.13	1.19			
150	1000	450				0.099	1.10	1.11
180	450	120	0.357	1.23	1.28			
225	450	120	0.347	1.28	1.33			
225	1000	450				0.093	1.17	1.17
300	450	120	0.333	1.38	1.42			

说明:①这些数值是三角形接法的变压器组等效星形接法阻抗。

②为了将表格中百分数值转换为按规定基值电压的欧姆值可用如下公式:

$$Z(\Omega) = Z(\%)\ \frac{(\text{线电压}/1000)^2 \times 1000}{\text{千伏安(单相变压器额定值)}}$$

③若发电机或电动机与短路点之间的线路电压不是发电机电压时,则电阻和电抗值应乘上比值(发电机电压/线路电压)。

表 9－3　母线阻抗(三相母线的每相阻抗近似值)

60 Hz 电抗 =0. 000 042 Ω/ft	电阻:额定电流在 300 A 以上时忽略不计
400 Hz 电抗 =0. 00 028 Ω/ft	

注:1ft = 3 m

表 9－4　为计算标准衰减曲线美海军 60 Hz 舰船日用发电机的参数

序号	参数	发电机额定值/kW					注
		30 ~ 100	101 ~ 500	501 ~ 850	851 ~ 1 250	1 500	
1	X''_d	0. 08	0. 10	0. 12	0. 126	0. 132	不小于
2	X'_d	0. 16	0. 19	0. 19	0. 20	0. 21	平均值
3	x_d	1. 15	1. 15	1. 15	1. 15	1. 15	同上
4	X_2	0. 12	0. 17	0. 19	0. 19	0. 19	同上
5	T''_d	0. 015	0. 015	0. 02	0. 022	0. 022	同上
6	T'_{do}	1. 0	1. 8	2. 5	3. 0	3. 25	同上
7	T_a	0. 02	0. 035	0. 05	0. 06	0. 07	同上
8	e_{no}	1. 2	1. 2	1. 2	1. 2	1. 2	同上
9	e_n	2. 4	2. 4	2. 4	2. 4	2. 4	同上
10	e_r	4. 0	4. 0	4. 0	4. 0	4. 0	不小于
11	T_e	0. 30	0. 30	0. 30	0. 30	0. 30	平均值

①所有电抗和电压都是标幺值,时间常数的单位都为 s,将电抗的标幺值转换为 Ω,使用下面公式:

$$x(\Omega) = \frac{x(\text{标幺值})(\text{线电压}/1\,000)^2\ 1\,000}{\text{发电机的千伏安}}$$

9. 2　短路电流的确定

为了确定短路电流的数值,需要考虑的仅仅是阻抗为零的短路。下面公式的推导见附录 A。

(1)I''_g——发电机的最大不对称短路电流有效值

为了确定发电机断路器上瞬时过电流脱扣装置的始动电流整定值,根据发电机在额定功率因数、额定负载下短路的情况予以确定的,并假定短路发生在发电机断路器的出线端上。这个电流可用下列公式计算:

$$I''_g = \frac{1.5E_g}{X''_d + X_c}$$

(2)I_g——发电机的最小持续短路电流有效值

这个数值是确定发电机断路器上短延时过电流脱扣装置的始动电流整定值所需要的。它是根据发电机断路器出线端短路的情况予以确定的,并考虑励磁电阻处于热态时发电机自动电压调节器的影响。这个电流可用下列公式计算:

$$I_g=\frac{\frac{I_{fr}}{I_{fc}}(SCR)X_dI_L}{X_d+X_c}$$

(3)施加在断路器、熔断器及开关位置的最大短路电流

为确定断路器、熔断器的分断要求和母线转换设备的短路容量，必须计算可能的最大短路电流。对于串联保护装置，仅在需要确定所有的串联装置用得是否合理时才进行这些计算。根据预期并联的发电机的最大容量，并加上假想会接入系统的、预期中感应电动机和同步电动机的最大负载所贡献的电流来确定这个电流。假定是在所讨论的装置的出线端处呈三相零阻抗短接。这项分析根据使用情况有下列两种电流：

(a)I_{avg}——1/2 周波时的三相最大不对称电流的平均有效值

此电流用以确定断路器的分断容量及母线转换开关的短路容量的依据，可用下列公式进行计算：

对于主配电板短路（发电机母线连接线路断路器及馈线电路断路器的分断容量）：

$$I_{avg}=3.5I_m+\frac{1.25E_g}{X}$$

对于动力或照明电路短路：

$$I_{avg}=\frac{0.71E_g}{\sqrt{\left(\frac{0.07E_g}{I_m}+r_f\right)^2+\left(\frac{0.19E_g}{I_m}+X_f\right)^2}}+\frac{K_1E_g}{\sqrt{R^2+X^2}}$$

式中 K_1——1/2 周波时三相平均电流有效值与对称电流有效值的比率（图 9－4）。

(b)I_{max}——1/2 周波时具有最大不对称电流那一相中的最大短路电流有效值，A

此电流用以确定熔断器的分断容量及开关、电缆和母线的短时电流定额与机械强度的依据。可用下列公式进行计算：

对于主配电板短路：

$$I_{max}=4I_m+\frac{1.5E_g}{X}$$

对于动力或照明电路短路：

$$I_{max}=\frac{0.81E_g}{\sqrt{\left(\frac{0.07E_g}{I_m}+r_f\right)^2+\left(\frac{0.19E_g}{I_m}+X_f\right)^2}}+\frac{K_2E_g}{\sqrt{R^2+X^2}}$$

式中 K_2——1/2 周波时最大不对称电流有效值与对称电流有效值的比率。

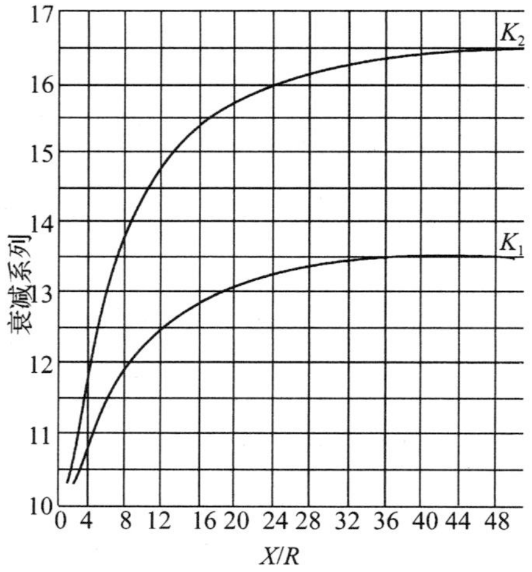

图 9－4 将对称电流有效值转换为三相最大不对称电流有效值和平均电流有效值时用的系数

(4) I_{min}——施加在断路器位置的不对称短路电流的最小有效值，A

这是在各种运行条件下确定所有保护装置的脱扣整定值是否都能落在确定短路电流范围之内所需的值。此电流是根据只有一台额定功率最小的发电机（船舶日用或应急用）

接入系统的工况来确定的，并假定感应电动机和同步电动机所贡献的电流忽略不计。短路假定发生在所讨论的断路器的下一级那一只断路器的进线侧，所以到短路点的总阻抗应包括所讨论的断路器的电阻或电抗。相应地，可能的最小短路电流由下式计算：

$$I_{\min} = \frac{K_2 E_g}{\sqrt{R^2 + X^2}}$$

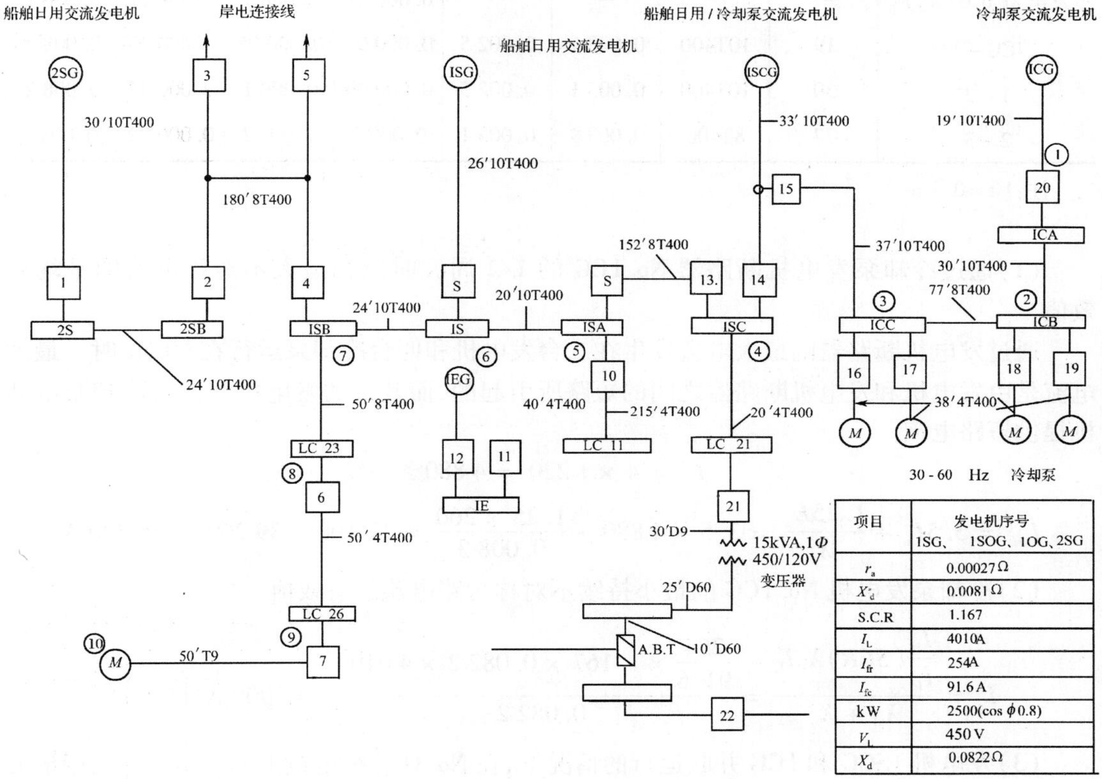

项目	发电机序号 1SG、1SOG、1OG、2SG
r_a	0.00027Ω
X''_d	0.0081Ω
S.C.R	1.167
I_L	4010A
I_{fr}	254A
I_{fc}	91.6A
kW	2500(cos φ0.8)
V_L	450V
X_d	0.0822Ω

图 9 - 5　美海军核动力航母的日用和反应堆冷却泵用电力系统

9.3　核动力航空母舰的日用和反应堆冷却泵用电力系统的短路电流计算以及保护装置的应用与协调

9.3.1　冷却泵系统的短路电流计算

由于最大短路电流发生在 60 Hz 时，计算以 60 Hz 为基础，所需阻抗值见表 9 - 5。

表 9－5 由冷却泵发电机至配电板 ICC 的阻抗(450V 为基值)

部位	距离/ft	电缆规格	每 1 000 ft/Ω		部分/Ω		累计	
			R	X	R	X	R	X
发电机 ISCG(X''_d)	—	—	—	—	0.000 27	0.008 1	0.000 27	0.008 1
ISCG－3	37	10T400	0.003 1	0.002 5	0.000 11	0.000 1	0.000 38	0.008 2
发电机 ICG(X''_d)	—	—	—	—	0.000 27	0.008 1	0.000 27	0.008 1
ICG－1	19	10T400	0.003 1	0.002 5	0.000 06	0.000 05	0.000 33	0.008 1
1－2	30	10T400	0.003 1	0.002 5	0.000 09	0.000 1	0.000 42	0.008 2
2－3	77	8T400	0.003 9	0.003 1	0.000 3	0.000 2	0.000 72	0.0084

注:1ft＝0.3 m

(1)通过冷却泵发电机断路器 No. 1CG 的 1/2 周波时三相最大不对称电流的平均有效值

通过发电机断路器的最大电流发生在二台发电机和四台冷却泵运行在 60 Hz 时。最大电流是由发电机和发电机断路器之间的短路所引起的,而其余的发电机和四台冷却泵电动机提供短路电流。

$$I_m = 4 \times 1\,220 = 4\,880\ \text{A}$$

$$I_{arg} = 3.5I_m + \frac{1.25E_g}{X} = 3.5 \times 4\,880 + \frac{1.25 \times 260}{0.008\,3} = 17\,100 + 39\,200 = 56\,300\ \text{A}$$

(2)冷却泵发电机 No. 1CG 的最小持续不对称短路电流的有效值

$$I_g = \frac{\frac{I_{ft}}{I_{fc}}(SCR)X_d I_L}{X_d + X_c} = \frac{\frac{254}{91.6} \times 1.167 \times 0.082\,2 \times 4\,010}{0.082\,2} = 12\,900\ \text{A(60 Hz)}$$

(3)发电机 1SCG 和 1CG 并联运行的情况下,在 No. 1CC 配电板上 1/2 周波时三相最大不对称电流的平均有效值

通过冷却泵断路器的最大电流是由电动机和电动机断路器之间的短路所引起的,二台发电机和三台电动机通过断路器提供电流。

$$I_m = 3 \times 1220 = 3\,660\ \text{A}$$

$$\frac{1}{X_{并联}} = \frac{1}{X_{ISCG}} + \frac{1}{X_{ICG}} = \frac{1}{0.008\,2} + \frac{1}{0.008\,4} = 241$$

$$X_{并联} = \frac{1}{241} = 0.004\,15\ \Omega$$

$$I_{arg} = 3.5I_m + \frac{1.25E_g}{X} = 3.5 \times 3\,660 + \frac{1.25 \times 260}{0.004\,15} = 91\,100\text{A}$$

9.3.2 船舶日用系统的短路电流计算

计算中所需阻抗值见表 9－6 和表 9－7。

表 9-6　由配电板 1S 至位置 10 的阻抗(450 V 为基值)

部位	距离/ft	电缆规格	每 1 000 ft/Ω		部分/Ω		累计/Ω	
			R	X	R	X	R	X
6-7	24	10T 400	0.003 1	0.002 5	0.000 1	0.000 1	0.000 1	0.000 1
7-8	50	8T 400	0.003 9	0.003 1	0.000 2	0.000 2	0.000 3	0.000 3
8-9	50	4T 400	0.007 8	0.006 2	0.000 4	0.000 3	0.000 7	0.000 6
9-10	50	T9	1.4	0.037	0.070 0	0.001 9	0.070 7	0.002 5

表 9-7　由船舶日用发电机至配电板 1S 的阻抗

部位	距离/ft	电缆规格	每 1 000 ft/Ω		部分/Ω		累计/Ω	
			R	X	R	X	R	X
发电机 1SG(X''_d)	—	—	—	—	0.000 27	0.008 1	0.000 3	0.008 1
1SG-6	26	10T400	0.003 1	0.002 5	0.000 1	0.000 1	0.000 4	0.008 2
发电机 1SCG(X''_d)	—	—	—	—	0.000 27	0.0081	0.000 3	0.008 1
1SCG-4	33	10T400	0.003 1	0.002 5	0.000 1	0.000 1	0.000 4	0.008 2
4-5	152	8T400	0.003 9	0.003 1	0.000 6	0.000 5	0.001 0	0.008 7
5-6	20	10T400	0.003 1	0.002 5	0.000 1	0.000 1	0.001 1	0.008 8

(1)在配电板 No1S 处 1/2 周波时三相最大不对称电流的平均有效值

$$I_m = \frac{2}{3} \times 40\ 10 = 2\ 670\ \text{A}$$

$$\frac{1}{X} = \frac{1}{X_{1SG-6}} + \frac{1}{X_{1SG-6}} = \frac{1}{0.008\ 2} + \frac{1}{0.008\ 8} = 122 + 114 = 236$$

$$X = \frac{1}{236} = 0.004\ 24\ \Omega$$

$$I_{avg} = 3.5I_m + \frac{1.25E_g}{X} = 3.5 \times 2\ 670 + \frac{1.25 \times 260}{0.002\ 42} = 9\ 340 + 76\ 700 = 86\ 040\ \text{A}$$

(2)在位置 10 处的不对称短路电流的最小有效值

假定仅仅发电机 1SCG 在运行:

$$R = R_{1SCG-6} + R_{6-10} = 0.001\ 1 + 0.070\ 7 = 0.071\ 8\ \Omega$$

$$X = X_{ISCG-6} + X_{6-10} = 0.008\ 8 + 0.0025 = 0.011\ 3\ \Omega$$

$$\sqrt{R^2 + X^2} = 0.072\ 5\ \Omega$$

$$I_{min} = \frac{E_g}{\sqrt{R^2 + X^2}} = \frac{260}{0.072\ 5} = 3\ 600\ \text{A}$$

9.3.3　保护装置的选择

(1)船舶日用和冷却泵发电机 1SG,1SCG,1CG,2SG,2SCG 和 2CG

(a)线电压:450 V

发电机的满载电流:4 010 A

通过断路器的最大短路电流有效值:56 300 A

采用线圈定额 4 000 A 的 ACB—4 000 H 断路器

(b)长延时整定

150% 满载电流:1. 5 ×4 010 =6 015 A

长延时整定:6 000 A

(c)短延时整定

80% 持续短路电流:0. 8 ×12 900 =10 320 A

短延时整定:10 000 A,时间带 No4

(d)瞬时脱扣整定:80 000 A(最大值)

(2)冷却泵断路器

(a)满载电流:1 220 A

最大短路电流有效值:91 100 A

采用线圈定额 1 200 A 的 ACB—1 600 H 断路器

(b)长延时整定

150% 满载电流:1. 5 ×1220 =1 830 A

长延时整定:1 800 A(并非为保护冷却泵而整定)

(c)短延时:不要求

(d)瞬时整定值:

二倍堵转电流:2 ×5 800 =11 600 A

瞬时整定值:12 000 A

(3)母线连接电路断路器 No. 2,4,9 和 13

(a)在配电板处 I_{avg} =86 040 A

合成电流:3 200 A

采用线圈定额 3 200 A 的 ACB—3 200 H 断路器

(b)长延时整定

150% 合成电流 =1. 5 ×3 200 =4 800 A

80% 发电机长延时整定值:0. 8 ×6 000 =4 800 A

长延时整定:4 800 A

(c)短延时整定

80% 发电机短延时整定值 =0. 8 ×10 000 =8 000 A

短延时整定值:8 000 A,No3 时间带

(d)瞬时整定值:80 000 A(最大值)

(4)岸电连接线电路断路器 No3 和 5

(a)容量:1 600 A

I_{avg} =86 000 A

采用线圈定额 1 600 A 的 ACB—1600 H 断路器

(b)长延时整定

150% 定额 =1. 5 ×1 600 =2 400 A

长延时整定:2 400 A

(c)短延时整定

发电机短延时整定值:10 000 A,时间带 No4

短延时整定值:8 000 A,时间带 No3(最大值)

(d)瞬时脱扣整定值:80 000 A(最大值)

(5)断路器 No6

(a)最大短路电流有效值:74 000 A

合成电流:1 300 A

采用线圈定额 1 400 A 的 ACB—1 600 H 型断路器

(b)长延时整定

80% 母线连接线路断路器的长延时整定 =0. 8 ×4 800 =3 840 A

150% 合成电流 =1. 5 ×1 300 =1 950 A

长延时整定:2 100 A

(c)短延时整定

80% 母线连接线路断路器的短延时整定值 =0. 8 ×8 000 =6 400 A

1 200% AQB 的最高瞬时值 =1. 2 ×3 900 =4 680 A

短延时整定值:4 800 A,时间带 No2

(d)瞬时整定值:80 000 A(最大值)

(6)断路器 No7

(a)最大短路电流有效值:72 000 A

满载电流:26 A

采用 50D 线圈的 AQB - LF100 断路器

(b)瞬时整定值

80% 最小电流 =0. 8 ×3110 =2 488 A

瞬时整定值: 600 ~700 A

9.4　静止变频器为电源的 400 Hz 系统的短路电流计算以及保护装置的应用与协调

9.4.1　定义

(1)电流时间传感和信号装置(CTS)

由传感电路的电流互感器和提供过载和延时信号的电子信号处理器(控制模块)组成。信号驱动 AQB 型断路器的分励脱扣元件。

(2)带有 CTS 的 AQB

用分励脱扣元件操纵 AQB 型断路器时必须采用电流时间传感和信号装置(CTS),CTS 提供脱扣信号,AQB 是断开电路的开关。

(3)公共母线

由一台或几台静止变频器供电的母线。

(4)分裂式母线

二根或二根以上母线,每根母线由一台或几台静止变频器供电,通过母线连接线路连接母线。

(5)X'_{FC}

静止变频器每相的瞬变电抗,Ω。

(6)X''_{FC}

静止变频器每相的超瞬变电抗,Ω。

(7)I_{max}最大持续短路电流

在母线连接线路保护装置闭合和所有的静止变频器在运行情况下确定的。

(8)I_{min}最小持续短路电流

在母线连接线路保护装置断开和仅仅一台静止变频器在所研究的母线上运行时确定的。这个电流用来选择保护系统中采用的最大断路器(AQB 和 ALB)定额和熔断器的规格。

(9)E_g

静止变频器系统中发生的线对中点电压的有效值,V。

9.4.2 概述

400 Hz 电力系统的整个保护是由系统短路保护和过载保护所组成的。当采用电流时间传感和信号装置(CTS)时,过载保护是电子型的。CTS 装置传感信号驱动分励脱扣 AQB 型断路器。当采用 AQB 型断路器而无 CTS 装置并在负载电路中采用 ALB 型断路器和熔断器时,提供热过载保护。对短路的电力线路应用保护装置,使对系统其余部分扰动最小而自动地达到短路保护的目的。保护装置包括 CTS 装置、AQB 型和 ALB 型断路器以及熔断器。带有 CTS 保护装置的 AQB 型断路器和所有三极带脱扣元件的 AQB 型断路器用于四线接地系统。

9.4.3 系统保护

9.4.3.1 静止变频器和 400 Hz 主配电板的保护

如果在400 Hz 主配电板上或静止变频器至400 Hz 配电板上的连接电缆发生短路,则短路电流限制在静止变频器额定电流的 135%、历时 1 min。然后,静止变频器的输出接触器将断开,静止变频器将停止工作。美海军舰船用静止变频器完全是自保护型。可以采用 NQB 型断路器来互连400 Hz 主配电板上的电缆,作为静止变频器维修的隔离开关。NQB 型断路器的框架规格等于或稍大于静止变频器的额定输出电流值。

9.4.3.2 母线连接线电路保护

在电路的每一端通过带有 CTS 装置的 AQB 型断路器来保护母线连接电缆。根据母线连接线电路的额定电流选择 AQB 型断路器的框架规格和 CTS 的电流互感器的定额。CTS 控制模块元件的定额应等于或稍大于母线连接线电路的额定电流。控制模块的延时超过任何馈线控制的延时总和,以保证系统选择性。

AQB 型断路器脱扣元件的定额为框架规格的最大有效值。其瞬时脱扣整定值为最高值(高点)。AQB 型断路器的分励脱扣信号来自 CTS 装置。由应急照明系统(60 Hz)提供的脱扣电力通过 CTS 装置馈电给分励脱扣元件。

9.4.3.3 配电电路保护

配电电路的电缆应采用带 CTS 装置的 AQB 型断路器、AQB 型和 ALB 型断路器以及熔断器予以保护。在 450 V 和 120 V 电路中采用带 CTS 装置的 AQB 型断路器、AQB 型断路器和熔断器来保护。在 120 V 电路中采用 ALB 型断路器。带有 CTS 装置的 AQB 型断路器仅用于要求系统费用最小的场合。

(1)仅采用带 CTS 装置的 AQB 型断路器的配电电路保护

根据配电电路的额定电流选择 AQB 型断路器的框架规格和 CTS 电流互感器的定额。AQB 型断路器的脱扣元件定额为框架规格的最大有效值。瞬时脱扣整定应是最大有效值(高点)。CTS 控制模块元件定额等于或稍大于电路的额定电流。延时整定值小于上一级保护装置延时时间带,且大于下一级保护装置延时时间带。

(2)采用带有 CTS 的 AQB 型断路器、AQB 型和 ALB 型断路器以及熔断器的配电电路保护

(a)直接由公共母线供电的 450 V 电路,其电缆由带有 CTS 的 AQB 型断路器和 AQB 型断路器予以保护。表 9-8 用来确定可使用的最大的 AQB—A101 型断路器的元件定额。如果公共母线由几台静止变频器供电,则使用最小短路电流 I_{min}(母线连接线断开,仅一台静止变频器运行)。若 I_{min} 不足以脱扣保护装置,则由配电板或接近电源的分配电板供电给所研究的负载。这就减小了电路阻抗、增大了短路电流。如果电路要求保护装置大于表 9-8 所示的定额,则采用带 CTS 装置的 AQB 型断路器。当带有 CTS 装置的 AQB 型断路器在其负载侧有另一个保护装置时,可以按表 9-9 确定最大的 AQB-A101 断路器的元件定额和熔断器规格。若电路要求大于表 9-9 所示的保护装置,则采用带 CTS 的 AQB 型断路器。表 9-11 用来确定由一公共母线馈电给变压器的最大的 AQB-A101 元件定额。如果电路要求大于表 9-11 所示的保护装置,应采用带 CTS 装置的 AQB 型断路器。CTS 装置的延时应适应变压器的侵入电流。当单独采用 AQB 型断路器时,瞬时整定值必须大于 12 倍的元件定额以防止因变压器的侵入电流造成脱扣。表 9-12 用来确定供电给变压器的带有 CTS 装置 AQB 型断路器负载侧的最大 AQB-A101 型的元件定额。若电路要求大于表 9-12 所示的保护装置,则应采用带 CTS 装置的 AQB 型断路器。

表 9-8 最大的 AQB-A101 型断路器元件定额用作为公共母线第一层的断路器

I_{min} 最小持续短路电流/A(见注 1)	最大 AQB-A101 型元件定额/A(见注 2 和 3)
小于 110	*
110	15
185	25
370	50
540	75

* 这个电流数值不予使用。

注:1. I_{min} 由短路电流计算确定。

2. 脱扣元件定额等于或稍大于电路的额定电流。

3. 瞬时脱扣整定值应为最小的有效值(低点)。

表 9 –9 与 CTS 装置一起使用的最大断路器元件定额和熔断器规格

当带 CTS 的 AQB 型断路器位于变压器原边时应按表 9 –9

带 CTS 的 AQB 型断路器(120 V 和 450 V)见注 1		最大 AQB – A101 元件定额(120 V 和 450 V)见注 2 和 3	最大 ALB 元件定额(120 V)见注 1 和 3	最大熔断器(120 V)见注 1	
框架	CTS 元件		1 和 5	F15	F16
100	15	*	*	6	*
	25	*	*	10	*
	50	*	10	15	*
	75	15	15	15	*
	100	15	20	30	*
250	125	25	25	* *	35
	150	25	30	* *	35
	175	25	35	* *	35
	200	25	40	* *	60
	225	25	40	* *	60
	250	50	50	* *	60
400	300	50	* *	* *	* *
	350	50	* *	* *	* *
	400	75	* *	* *	* *
800	450	75	* *	* *	* *
	500	100	* *	* *	* *
	600	100	* *	* *	* *
	700	100	* *	* *	* *
	800	100	* *	* *	* *

* 对于这个 CTS 定额不予使用。 * * 所有定额将工作。

注:1. 所有元件定额单位为 A。

2. 元件定额等于或稍大于电路的额定电流。

3. 瞬时脱扣整定值为最小有效值(低点)。

(b)120 V 电路用带有 CTS 装置的 AQB 型断路器、AQB 和 ALB 型断路器以及熔断器予以保护。表 9 – 10 用来确定变压器副边第一层次断路器的最大规格。如果电路需要大于表 9 – 10 所示的保护装置,那么采用带 CTS 装置的 AQB 型断路器。若变压器副边的第一台保护装置为带 CTS 装置的 AQB 型断路器,则按表 9 – 9 的规定确定其负载侧的最大 AQB 型、ALB 型断路器或熔断器的定额。当电路需要一个大于表 9 – 9 的保护装置予以保护时,采用带 CTS 装置的 AQB 型断路器,根据所保护的配电电路的额定电流选择其 AQB 断路器的框架规格和 CTS 电流互感器的定额,CTS 控制模块的元件定额等于或稍大于总负载电流。延时整定值应小于上一级保护的延时整定值且大于下一级保护装置的延时整定值。带有 CTS 装置的 AQB 型断路器元件定额为所采用框架规格的最大有效电流。瞬时脱扣整定值为最大有效值(高点)。无 CTS 装置的 AQB 型断路器其元件定额等于或稍大于总的负载电流,瞬时脱扣整定值为最小有效值(低点)。ALB 型断路器元件定额等于或稍大于总的电路电流。熔断器定额等于或大于 125% 电路额定电流。

表 9-10　当系统中使用变压器(带 CTS 的 AQB 型断路器位于原边，AQB 型和 ALB 型断路器位于副边第一层次)时应用表 9-9

变压器原边为带 CTS 的 AQB 型断路器(450V)		变压器副边的最大 AQB 元件定额见注 1,2 和 3	变压器副边的最大 ALB 元件定额见注 1
框架	CTS 元件	A101	1—5
100	15	*	10
	25	15	15
	50	25	40
	75	50	* *
	100	50	* *
250	125	75	* *
	150	75	* *
	175	100	* *
	200	* *	* *
	225	* *	* *
	250	* *	* *
400	300 ↓ 400	* *	* *
800	450 ↓ 800	* *	* *

* 对于这个 CTS 定额不予使用。　　* * 所有元件定额将工作。

注:1. 脱扣元件定额等于或稍大于电路的额定电流。

2. 瞬时脱扣整定值为最小有效值(低点)。

3. 当带有 CTS 的 AQB 型断路器元件定额等于或大于 250A 时,可以应用 AQB-A250 断路器。

4. 所有元件定额单位为 A。

表 9-11　用作为供电给变压器的公共母线第一层次断路器的最大 AQB-A101 型断路器的元件定额

I_{min}(最小持续短路电流)/A 见注 1	最大 AQB-A101 元件定额/A 见注 2 和 3
小于 220	*
220	15
365	25

* 对于这个电流数值不予使用。

注:1. 由短路电流计算确定 I_{min}。

2. 元件定额等于或稍大于电路额定电流。

3. 瞬时脱扣整定值等于最大有效值(高点)。

表 9-12 位于带 CTS 的 AQB 型断路器负载侧供电给变压器的最大 AQB-A101 断路器元件定额

供电给 AQB-A101 的带 CTS 的 AQB 型断路器(450V)见注 1 和 4		变压器原边的最大 AQB-A101 元件定额(450V)见注 2,3 和 4
框架规格	元件	
250	125	*
	150	*
	175	15
	200	15
	225	15
	250	15
400	300	25
	350	25
	400	25

* 对于这个 CTS 定额不予使用。

注:1. 15-100A 的 CTS 装置不予使用。

2. 脱扣元件定额等于或稍大于电路的额定电流。
3. 瞬时脱扣整定值为最大有效值(高点)。
4. 所有元件定额单位为 A。

9.4.4 仅采用带 CTS 的 AQB 型断路器的系统保护设计

以图 9-6 为例,说明仅采用带 CTS 的 AQB 型断路器的系统保护设计。系统参数见表 9-13。

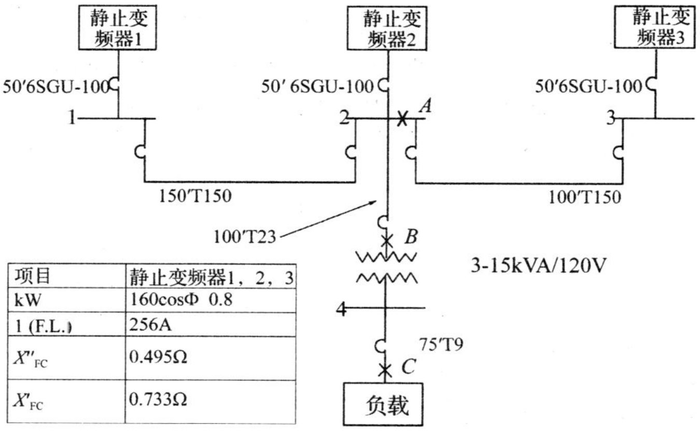

图 9-6 三台静止变频器在公共母线上供电的系统图

表 9-13　系统阻抗和额定电流

	部位	距离/ft	电缆规格	每 1 000 ft/Ω		部分/Ω		额定电流/A
				R	X	R	X	
1	静止变频器 1X'_{FC}	—	—	—	—	—	0.733	256
2	静止变频器 1—母线 1	50	6SGU100	0.066	0.078	0.003	0.004	256
3	母线 1—母线 2	150	T150	0.090	0.17	0.014	0.026	256
4	静止变频器 2X'_{FC}	—	—	—	—	—	0.733	256
5	静止变频器 2—母线 2	50	6SGU100	0.066	0.078	0.003	0.004	256
6	母线 2—母线 3	100	T150	0.090	0.17	0.009	0.017	256
7	静止变频器 3X'_{FC}	—	—	—	—	—	0.733	256
8	静止变频器 3—母线 3	50	6SGU100	0.066	0.078	0.003	0.004	256
9	母线 2—变压器	100	T23	0.56	0.18	0.056	0.018	57
10	变压器	—	—	—	—	0.044	0.109	
11	变压器—负载	75	T9	19.688	3.376	1.477	0.253	25(120V 为基准) 94(450 V 为基准)

9.4.4.1　短路电流计算(见附录 B)

(1)母线 2 短路位置 A 时(母线连接线闭合)的 I_{max}

假定静止变频器 1,2 和 3 并联运行,计算从静止变频器 1 至母线 2、静止变频器 2 至母线 2 和静止变频器 3 至母线 2 的阻抗,序号 1,2 和 3 阻抗相加,即

Z_{12} = j 0.733 + 0.003 + j 0.004 + 0.014 + j 0.026 = 0.017 + j 0.763

序号 4,5 阻抗相加,即

Z_2 = j 0.733 + 0.003 + j 0.004 = 0.003 + j 0.737

序号 6,7 和 8 阻抗相加,即

Z_{23} = j 0.733 + 0.009 + j 0.017 + 0.003 + j 0.004 = 0.012 + j 0.754

由于与电抗相比电阻数值很小,因此在 Z_{12},Z_2和 Z_{23}中忽略电阻,则得到

$$X_{12} = \mathrm{j}\,0.763\ \Omega,\ X_2 = \mathrm{j}\,0.737\ \Omega,\ X_{23} = \mathrm{j}\,0.754\ \Omega$$

并联电抗确定如下:

$$\frac{1}{X_{并联}} = \frac{1}{X_{12}} + \frac{1}{X_2} + \frac{1}{X_{23}}$$

$$\frac{1}{X_{并联}} = \frac{1}{0.763} + \frac{1}{0.737} + \frac{1}{0.754} = 3.994$$

$$I_{max} = \frac{E_g}{X_{至短路点}} = \frac{440/\sqrt{3}}{0.250} = 1\,015\ \mathrm{A}$$

(2)变压器输入端(短路位置 B)的 I_{max}

将电缆阻抗(部位 9)加至 1 的阻抗

$$Z_{系统} = j\,0.25 + 0.056 + j\,0.018 = 0.056 + j\,0.268 = 0.275\angle 78.3°$$

$$I_{max} = \frac{440/\sqrt{3}}{Z_{系统}} = \frac{440/\sqrt{3}}{0.275} = 924\ \text{A}$$

(3)负载输入端(短路位置 C)的 I_{max}

将变压器和电缆阻抗(部位 10 和 11)与上面(2)的阻抗相加

$$\begin{aligned} Z_{系统} &= 0.056 + j\,0.268 + 0.044 + j\,0.109 + 1.477 + j\,0.253 \\ &= 1.577 + j\,0.0631 = 1.697\angle 21.8° \end{aligned}$$

$$I_{max} = \frac{E_g}{Z_{系统}}$$

$$I_{max\,450} = \frac{440/\sqrt{3}}{1.697} = 150\ \text{A}(以\ 450\ \text{V}\ 为基值)$$

将电流转换至 120 V 基值

$$I_{max\,120} = I_{max\,450}\left(\frac{450}{120}\right) = 150\left(\frac{450}{120}\right) = 563\ \text{A}(以\ 120\ \text{V}\ 为基值)$$

(4)变压器输入端(短路位置 B)的 I_{min}

将连接母线 1 和 2 以及母线 2 和 3 的母线连接保护装置断开,将静止变频器 2 阻抗与至短路点电缆阻抗(部位 4,5 和 9)相加,

$$\begin{aligned} Z_{系统} &= j\,0.733 + 0.003 + j\,0.004 + 0.056 + j\,0.018 \\ &= 0.059 + j\,0.755 = 0.758\angle 85.6° \end{aligned}$$

$$I_{min} = \frac{E_g}{Z_{系统}} = \frac{440/\sqrt{3}}{0.758} = 335\ \text{A}$$

(5)负载输入端(短路位置 C)的 I_{min}

将变压器和电缆阻抗(部位 10 和 11)与(4)的阻抗相加。

$$\begin{aligned} Z_{系统} &= 0.44 + j\,0.109 + 1.477 + j\,0.253 + 0.059 + j\,0.755 \\ &= 1.58 + j\,1.117 = 1.953\angle 33° \end{aligned}$$

$$I_{min} = \frac{E_g}{Z_{系统}} = \frac{440/\sqrt{3}}{1.935} = 131\ \text{A}\ (450\ \text{V}\ 为基值)$$

将电流换算至 120 V 基值

$$I_{min\,120} = I_{min\,450}\left(\frac{450}{120}\right) = 131\left(\frac{450}{120}\right) = 491\ \text{A}(120\ \text{V}\ 为基值)$$

9.4.4.2 保护装置选择

(1)静止变频器 1,2 和 3

静止变频器包含有输出接触器,作用为静止变频器本身保护。为维修目的在线路上装有 NQB 开关。

每台静止变频器的满载电流:256 A

在主配电板使用 NQB – A250 型断路器。

母线连接电路保护装置(母线 1 –2 和 2 –3)

额定电流:250 A

采用带 CTS 装置的 AQB 型断路器；
AQB－A250，250 A 脱扣元件，瞬时整定在高点；
800A 的 CTS 电流互感器；
CTS 控制模块元件整定在 200 A。
（b）采用延时带 3。
（2）变压器保护装置（母线 2—变压器）
（a）额定电流：57 A
AQB－A101，100 A 脱扣元件，瞬时整定在高点；
100A 的 CTS 电流互感器；
CTS 控制模块元件整定在 75 A。
（b）采用时间带 2。
（c）I_{min}为 335 A，保护装置将脱扣。
（3）单个负载保护装置（变压器负载）
（a）额定电流：25 A
AQB－A101，100 A 脱扣元件，瞬时整定在高点；
100A 的 CTS 电流互感器；
CTS 控制模块元件整定在 25 A。
（b）采用延时带 1。
（c）I_{min}为 491 A，保护装置将脱扣。
保护装置选择汇总见表 9－14。

表 9－14　本例的保护装置和短路电流有效值

部位	型式	框架规格	脱扣元件定额	时间带	瞬时	I_{max}/A	I_{min}（母线连接电路断开）/A
静止变频器 1—母线 1	NQB	250	不用	不用	不用	344	344
母线 1—母线 2	AQB－CTS	250	250	3	高点	344	—
静止变频器 2—母线 2	NQB	250	不用	不用	不用	344	344
静止变频器 3—母线 3	NQB	250	不用	不用	不用	344	344
母线 2—母线 3	AQB－CTS	250	250	3	高点	344	—
母线 2—变压器	AQB－CTS	100	75	2	高点	924	335
母线 4—负载	AQB－CTS	100	25	1	高点	563	491

9.4.5 采用带 CTS 的 AQB 型断路器和传统保护装置的系统保护设计

以图 9－7 为例,说明采用带 CTS 的 AQB 型断路器和传统保护装置的系统保护设计。系统参数见表 9－15。

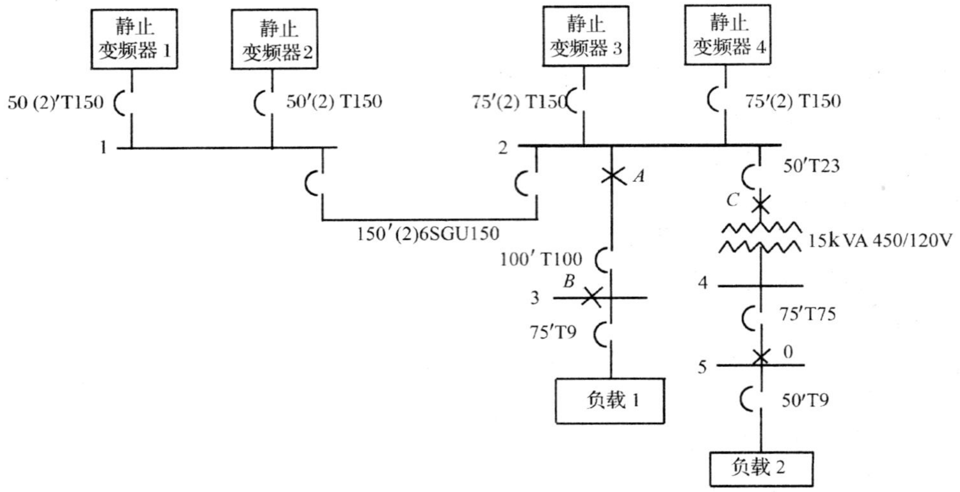

图 9－7 四台静止变频器在母线上供电的系统图

表 9－15 系统阻抗和额定电流

部位		距离/ft	电缆规格	每 1 000 ft/Ω		部分/Ω		额定电流/A
				R	X	R	X	
1	静止变频器 1X'_{FC}	—	—	—	—	—	0.469	401
2	静止变频器 1—母线 1	50	2T150	0.045	0.085	0.002	0.004	401
3	静止变频器 2X'_{FC}	—	—	—	—	—	0.469	401
4	静止变频器 2—母线 1	50	2T150	0.045	0.085	0.002	0.004	401
5	静止变频器 3X'_{FC}	—	—	—	—	—	0.469	401
6	静止变频器 3—母线 2	75	2T150	0.045	0.085	0.003	0.006	401
7	静止变频器 4X'_{FC}	—	—	—	—	—	0.469	401
8	静止变频器 4—母线 2	75	2T150	0.045	0.085	0.003	0.006	401
9	母线 1—母线 2	150	(2)6SGU150	0.023	0.038	0.003	0.006	600
10	母线 2—母线 3	100	T100	0.140	0.170	0.014	0.017	125
11	母线 3—负载 1	75	T9	1.400	0.240	0.105	0.018	25
12	母线 2—变压器	50	T23	0.550	0.190	0.028	0.01	58
13	变压器	—	—	—	—	0.044	0.108	58
14	变压器—分配电板 5	75	T75	2.531	2.391	0.190	0.179	100
15	分配电板 5—负载 2	50	T9	19.688	3.375	0.984	0.169	20

注:1 ft = 0.3 m

9.4.5.1　短路电流计算(见附录B)

(1)母线2短路位置A时(母线连接线闭合)的I_{max}

静止变频器1和静止变频器2并联,计算静止变频器1至母线1和静止变频器2至母线1的阻抗,序号1和2的阻抗相加,即

$$Z_{11} = j\,0.469 + 0.002 + j\,0.004 = 0.002 + j\,0.473$$

将序号3和4阻抗相加,即

$$Z_{21} = j\,0.469 + 0.002 + j\,0.004 = 0.002 + j\,0.473$$

由于与电抗相比电阻数值很小,予以忽略,得到

$$\frac{1}{X_1} = \frac{1}{X_{11}} + \frac{1}{X_{21}} = \frac{1}{0.473} + \frac{1}{0.473} = 4.228, X_1 = 0.233\,7\ \Omega$$

将母线连接线阻抗与X_1相加,即

$$Z_{12} = j\,0.237 + 0.003 + j\,0.006 = 0.003 + j\,0.243$$

静止变频器3和静止变频器4并联,计算静止变频器3至母线2和静止变频器4至母线2的阻抗,将序号5和6的阻抗相加,即

$$Z_{32} = j\,0.469 + 0.003 + j\,0.006 = 0.003 + j\,0.475$$

将序号7和8阻抗相加,即

$$Z_{42} = j\,0.469 + 0.003 + j\,0.003 = 0.006 + j\,0.475$$

由于与电抗相比电阻数值很小,予以忽略,得到

$$\frac{1}{X_{34}} = \frac{1}{X_{32}} + \frac{1}{X_{42}} = \frac{1}{0.475} + \frac{1}{0.475} = 4.211, X_{34} = 0.238\ \Omega$$

X_{12}和X_{34}并联,即

$$\frac{1}{X_{系统}} = \frac{1}{X_{12}} + \frac{1}{X_{34}} = \frac{1}{0.243} + \frac{1}{0.238} = 8.317, X_{系统} = 0.120\ \Omega$$

计算短路电流

$$I_{max} = \frac{E_g}{X_{系统}} = \frac{440/\sqrt{3}}{0.120} = 2\,117\ \text{A}$$

(2)母线3短路位置B时的I_{max}

将电缆阻抗与上述系统电抗相加

$$Z_{系统} = j\,0.120 + 0.014 + j\,0.017 = 0.014 + j\,0.137 = 0.137\,7\angle 84.2°$$

$$I_{max} = \frac{E_g}{Z_{系统}} = \frac{440/\sqrt{3}}{0.1377} = 1\,850\ \text{A}$$

(3)变压器输入端(短路位置C)的I_{max}

将电缆阻抗与静止变频器阻抗相加,即

$$Z_{系统} = j\,0.120 + 0.028 + j\,0.010 = 0.028 + j\,0.130 = 0.133\angle 77.8°$$

$$I_{max} = \frac{E_g}{Z_{系统}} = \frac{440/\sqrt{3}}{0.133} = 1\,910\ \text{A}$$

(4)母线5(短路位置D)的I_{max}

将电缆和变压器阻抗加至静止变频器阻抗,即

$$\begin{aligned} Z_{系统} &= j\,0.120 + 0.028 + j\,0.01 + 0.044 + j\,0.108 + 0.190 + j\,0.179 \\ &= 0.262 + j\,0.417 = 0.492\angle 87.9° \end{aligned}$$

$$I_{\max 450} = \frac{E_g}{Z_{系统}} = \frac{440\sqrt{3}}{0.492} = 516\ \text{A}(以 450\ \text{V} 为基值)$$

将电流换算至 120 V 基值

$$I_{\max 120} = I_{\max 450}\left(\frac{450}{120}\right) = 516\left(\frac{450}{120}\right) = 1\ 936\ \text{A}(以 120\ \text{V} 为基值)$$

(5)母线 3(母线连接线断开、短路位置 B,静止变频器 3 在线和静止变频器 4 离线)的 $I_{\min}$

$$Z_{系统} = \text{j}\,0.469 + 0.003 + \text{j}\,0.006 + 0.014 + \text{j}\,0.017 = 0.017 + \text{j}\,0.49 = 0.492\angle 68^{\circ}$$

$$I_{\min} = \frac{E_g}{Z_{系统}} = \frac{440/\sqrt{3}}{0.492} = 516\ \text{A}$$

(6)母线 5(母线连接线断开、短路位置 D、静止变频器 3 在线和静止变频器 4 离线)的 $I_{\min}$

$$\begin{aligned}Z_{系统} &= \text{j}\,0.469 + 0.003 + \text{j}\,0.006 + 0.028 + \text{j}\,0.010 + 0.044 + \text{j}\,0.108 \\ &\quad + 0.019 + \text{j}\,0.179 = 0.265 + \text{j}\,0.772 = 0.816\angle 71.1^{\circ}\end{aligned}$$

$$I_{\min 450} = \frac{E_g}{Z_{系统}} = \frac{440/\sqrt{3}}{0.816} = 311\ \text{A}(450\ \text{V} 为基值)$$

将电流换算至 120 V 基值

$$I_{\min 120} = I_{\min 450}\left(\frac{450}{120}\right) = 311\left(\frac{450}{120}\right) = 1\ 167\ \text{A}(120\ \text{V} 为基值)$$

9.4.5.2 保护装置选择

(1)静止变频器 1,2,3 和 4

静止变频器满载电流:401 A;

在主配电板上采用一台 NQB - A400 断路器。

(2)母线连接线保护装置(静止变频器 1—静止变频器 2)

(a)额定电流:600 A

采用带 CTS 的 AQB 型断路器;

AQB - A800,800A 脱扣元件,瞬时整定高点;

800A 的 CTS 电流互感器;

CTS 控制模块元件整定在 600 A。

(b)采用时间带 3。

(3)馈线保护装置(母线 2—母线 3)

母线 3 短路的 $I_{\min}$ =516 A。

参照表 9 - 8,可以采用的最大 AQB 型断路器为带有 50 A 脱扣元件的 AQB - A101 型,由于电路满载电流是 125 A,必须采用带 CTS 装置的 AQB 型断路器。

(a)额定电流:125 A

采用带 CTS 装置的 AQB 型断路器;

AQB - A250,250 A 脱扣元件,瞬时脱扣整定在高点;

800 A 的 CTS 电流互感器;

CTS 控制模块元件整定 125 A。

(b)采用时间带 2。

(4)负载电路保护装置(母线 3—负载 1)

负载 1 输入端短路时 $I_{\min}=516$ A。

参照表 9－9 可见,可以采用最大的 AQB 型断路器为带 25A 脱扣元件的 AQB－A101 型,因为电路的满载电流为 25 A。如果满载定额更大,必须采用带 CTS 装置的 AQB 型断路器。

额定电流:25 A

采用带 25 A 脱扣元件的 AQB－A101 断路器。瞬时整定在低点(125～175 A 范围)。

这种安排确保了带 CTS 的 AQB－A250 断路器和 AQB－A101 断路器之间的选择性。

(5)变压器保护装置(母线 2—变压器)

变压器的满载电流

$$I_{变压器}=\frac{45}{3\times 0.45}=57.7\ \mathrm{A}$$

变压器副边 $I_{\min}=450$ A。

参照表 9－11 可见,在这个 $I_{\min}$ 值下可以采用的最大 AQB－A101 断路器其脱扣元件为 25 A,因为电路的满载电流为 58 A,必须采用带 CTS 的 AQB 型断路器。

(a)AQB－A101,100 A 脱扣元件,瞬时整定值高点;

100 A 的 CTS 电流互感器;

CTS 控制模块整定在 75 A。

(b)采用时间带 2。

(6)馈线保护装置(母线 4—母线 5)

变压器保护装置为带 CTS100,75 A 元件的 AQB 型断路器。参照表 9－10 可见,可以采用的最大 AQB 型断路器为带 50 A 元件的 AQB－A101 型。由于电路的额定电流为 100 A,必须采用带 CTS 的 AQB 型断路器。如果额定电流为 50 A 及以下,则就可以采用 AQB－A101 型。

(a)额定电流:100 A(120 V 为基准)

AQB－A101,100A 脱扣元件,瞬时整定在高点;

100A CTS 的电流互感器;

CTS 控制模块整定在 100 A。

(b)采用时间带 1。

$I_{\min}$ 为 311 A,所以保护装置将脱扣。

(7)负载保护装置(分配电板 5—负载 2)

负载 2 输入端短路 $I_{\min}=609$ A。

参照表 9－9 可见,可以采用最大的 AQB 型断路器为带 CTS 的 AQB 型,负载侧是 15 A 脱扣元件的 AQB－A101 型。由于电路的满载电流为 20 A,不能采用此断路器。然而,可以采用 20 A 脱扣元件的 ALB－5 型。ALB 型断路器与 AQB－A101 相比,具有价格低、质量轻和体积小的优点,因此可以采用。

(a)额定电流:20 A

采用脱扣元件 20A 的 ALB－5 型。

(b)保护装置选择汇总见表 9－16。

表 9－16 保护装置和短路电流

部位	型式	AQB 框架规格和 CTS	脱扣元件定额			时间带	瞬时	I_{max}/A	I_{min}(母线连接线断开)/A
			AQB	ALB	CTS				
静止变频器 1—母线 1	NQB	400	未用	未用	未用	未用	未用	536	536
静止变频器 2—母线 1	NQB	400	未用	未用	未用	未用	未用	536	536
静止变频器 3—母线 2	NQB	400	未用	未用	未用	未用	未用	536	636
静止变频器 4—母线 2	NQB	400	未用	未用	未用	未用	未用	536	636
母线 1—母线 2	AQB－CTS	800	800	未用	600	3	高点	1 073	—
母线 2—母线 3	AQB－CTS	250	250	未用	125	2	高点	1 045	430
母线 3—负载 1	AQB	101	25	未用	未用	未用	低点	1 303	484
母线 2—变压器	AQB－CTS	100	100	未用	75	2	高点	1 910	523
母线 4—母线 5	AQB－CTS	100	100	未用	100	1	高点	516(450 V) 1 936(120 V)	311(450 V) 1167(120 V)
母线 5—负载 2	ALB	5	未用	20	未用	未用	未用	185(450 V) 693(120 V)	162(450 V) 609(120 V)

第 10 章　舰船综合电力系统

随着固体半导体技术的迅速发展，集成电路、微处理器和计算机已应用到电力半导体设备中，电机新材料，如高磁场永磁体和高温超导体技术的进展表明，有可能使电机的功率和效率方面得到实质性提高，直接电能变换技术，如燃料电池，使得高燃料效率、低辐射和低噪声的电源成为可能。在这些技术发展的基础上，美海军在 2000～2035 年的计划中全面推行采用综合电力系统（IPS）的全电气舰船，使发电和配电系统与电力推进装置综合成为一整体，这样将使船上电力和推进系统的性能和运行特性发生重大变化。舰船电气化的优点如下。

（1）提高舰船的作战效能

综合电力系统采用电力推进，取消了船上长轴系，使总体设计更灵活，得到最大限度的优化。同时电力推进和日用负载由统一的中心电站供电，电站容量大大提高，适应了高新武器上舰的需要，显著地提高了舰船的作战效能。

（2）增强生命力

由于不需要齿轮和推进轴，而且还由于电力系统的灵活性和模块化，使系统能方便地重新组合，发电模块的布置不考虑推进电机的位置，并可以将机械设备独立布置在小的无人管理模块上，就不需要大机舱，船上能进行更大的隔离和分舱，提高了安全性，也增强了生命力。

（3）降低热、声和电磁特征信号，提高舰船隐蔽性

综合电力系统可以采取低辐射设计，减小系统和设备工作时发射的各种热、声和电磁特征信号，例如由于动力装置和推进器之间没有机械连接以及发电机组采用隔声装置，电力推进降低了噪声和振动。

（4）提高运行的灵活性和可靠性

统一的中心电站向推进、日用负载和其他专用负载提供电力，减少了原动机数量，能灵活地转移各种负载之间的功率，使得改进转速控制和提高航行效率不必采用低效率的变距桨，而采用定距桨。

（5）节省空间

由于电力推进系统省去齿轮和长轴，这样可以得到更多空间供它用。另外，原动机不再与螺旋桨直接连接，动力源根据需要可以全船配置。

（6）减少操作人员

数字控制和自动化减小了对操作人员的需求。

（7）简化后勤服务

可以在舰船间使用通用的电力和推进模块。

（8）降低成本

很多系统的设备可以采用民用技术。

（9）节省寿命周期费用和燃料消耗

电力推进实现变速推进，总的燃料效率可以得到提高。

10.1 舰船综合电力系统的基本网络

10.1.1 水面舰船综合电力系统

美国海军水面舰船的综合电力系统由图 10-1、图 10-2 所示结构和一系列模块组成（表 10-1 和表 10-2），IPS 的结构综合了舰上日用负载与电力推进负载所需的发电、配电、蓄电和电力变换的功能，将其分为七个部分：发电、能量储存、电力变换、电力分配、推进动力、平台负载和电力管理。每个部分都有模块相对应，可以从舰船具体要求出发，从这七类模块中予以选择，组成电力系统结构。

模块应用于舰船上时，可以设置在四个子系统中（图 10-1）：发电和推进系统、舰上日用电配电系统、区域配电系统和系统监视控制系统。

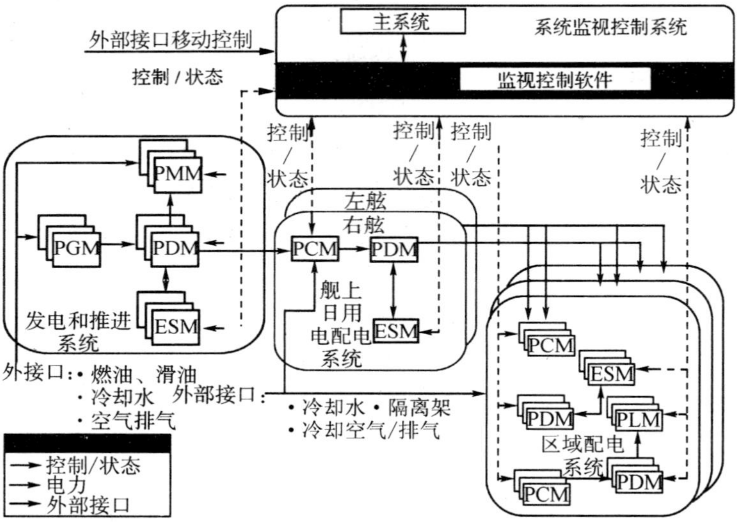

图 10-1 综合电力系统的结构与模块

PGM：发电模块；PMM：推进电动机模块；PDM：配电模块；ESM：能量储存模块；

PCM：电力变换模块；PLM：平台负载模块；PCOM：监视控制模块。

发电和推进系统以一个专门的配电模块（PDM-1）为中心。PDM-1 由 4 160 VAC，60Hz 的三相配电电缆和有关设备构成。舰上所有原动机包含在向 PDM-1 供电的发电机模块（PGM）中，是发电和推进系统的一部分。该子系统中还有推进电动机模块（PMM），可能还含有能量储存模块（ESM）。

舰上日用配电系统以 PDM-2 为核心。PDM-2 由 1 000 VDC 配电电缆及有关设备组成。电力变换模块（PCM-4）将 PDM-1 中 4 160 VAC 变换成 1 000 VDC 供给 PDM-2。能量储存模块也可以连接在 PDM-2 上。

区域配电系统由若干配电模块、能量储存模块、电力变换模块和电力负载组成。通过

PCM－1 将 PDM－2 中的 1 000 VDC 变换成 800 VDC 输入 PDM－5 向该系统供电。PCM－1 还起着故障隔离和限流等作用，提高区域的生命力。舰上日用负载接受直接来自 PCM－1 的电能，同时也接受来自电力变换模块的电能，即将 775 VDC 变换成需要的电能(440 VAC, 60 Hz;440 VAC;400 Hz;270 VDC 或 155 VDC)。

表 10－1　综合电力系统模块系列

模块类型	模块名称	标准定额参数
发电模块	PGM－1	22 MW,416 0VAC,3 相,60 Hz 中冷回热燃气轮机发电机组
	PGM－2	3. 75 MW,4 160 VAC,3 相,60 Hz 柴油发电机组
	PGM－3	3 MW,4 160 VAC,3 相,60 Hz501－K34 燃气轮机发电机组
	PGM－4	8 MW,4 160 VAC,3 相,60 Hz 柴油发电机组
	PGM－5	XxMW,燃料电池
推进电动机模块	PMM－1	19 MW,150 r/min 有电力变换器的鼠笼式电动机
	PMM－2	38 MW,150 r/min 有电力变换器的鼠笼式电动机
	PMM－3	38 MW, ±150 r/min 有电力变换器的鼠笼式电动机
	PMM－4	800 MW,360 r/min 可伸缩和方位辅助推进器用电动机
	PMM－5	53 MW,150 r/min 有电力变换器的鼠笼式电动机
	PMM－6	12 MW,150 r/min 有电力变换器的鼠笼式电动机
	PMM－7	28 MW,150 r/min 有电力变换器的鼠笼式电动机
	PMM－8	1 400 MW,360 r/min 可伸缩和方位辅助推进器用电动机
配电模块	PDM－1	4 160 VAC,3 相,60 Hz 开关和电缆,推进配电系统
	PDM－2	1 000 VDC 区域直流日用配电系统
	PDM－3	1 000 VDC 区域交流日用配电系统
	PDM－4	脉冲功率配电系统
电力变换模块	PCM－1	舰用日用电变换器模块,1 000 VDC 转换为 775 VDC
	PCM－2	舰用日用电变换器模块,775 VDC 转换为 450 VAC,3 相,60 Hz 或 400 Hz
	PCM－3	舰用日用电变换器模块,775 VDC 转换为 155 VDC 或 270 VDC
	PCM－4	舰用日用电变换器模块,4 160 VAC,3 相,60 Hz 转换为 1 000 VDC
电力控制模块	PCOM－1	综合电力系统监控软件
	PCOM－2	区域级监控软件
能量储存模块	ESM－1	舰用日用电,1 000 VDC
	ESM－2	舰用日用电,775 VDC
平台负载模块	PLM－1	不可控 450 VAC 舰用日用电负载
	PLM－2	可控 450 VAC 舰用日用电负载
	PLM－3	不可控 155 VDC 或 270 VDC 舰用日用电负载
	PLM－4	可控 115 VDC 或 270 VDC 舰用日用电负载

最后一项是系统监视控制系统。它包括进行电力管理、故障响应和系统人－机接口的各种必要的软件，即系统级的控制软件(PCON－1)和区域级的控制软件(PCON－2)。系统监控系统假定放在综合电力系统外面的一个计算机和网络化的外部设施中。目前，这个外

部设施称为标准监控系统(Standard Monitoring and Control System)(SMCS)。尽可能地将综合电力系统控制软件设计成主软件以外的独立部分,以待将来能够发挥计算机和网络的优势。

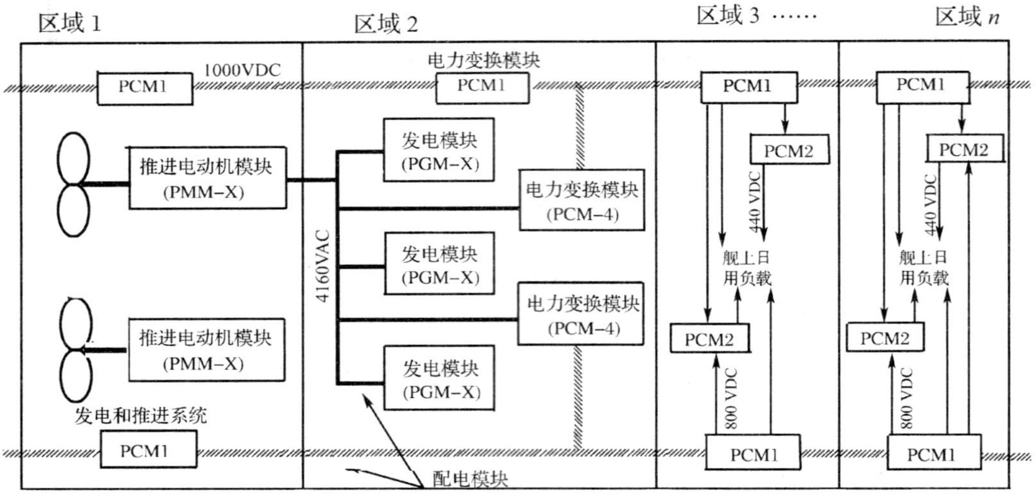

图 10-2　美水面舰船综合电力系统的基本网络

表 10-2　各类舰船计划供电要求及综合电力系统模块配置

各类舰型		水面战舰	两栖战舰	航空母舰	军用货舰	巡航舰
计划供电要求	满载排水量/t	9 200	25 800	26 500	41 500	18 000
	推进轴数	2	2	2	2	2
	推进轴转速/(r/min)	168	165	180	91	150
	总功率/SHP(注)	72 500	40 000	135 000	60 000	27 750
	航用日用负载/kW	4 250	6 500	10 700	2 400	9 000
模块配置	发电模块	PGM-1 PGM-3	PGM-2 PGM-4	PGM-1 PGM-2	PGM-2 PGM-5	PGM-4
	推进电机模块	PMM-7 PMM-4	PMM-1 PMM-8	PMM-5 PMM-8	PMM-1	PMM-6
	配电模块	PDM-1 PDM-2	PDM-1 PDM-2	PDM-1 PDM-2	PDM-1 PDM-2	PDM-1 PDM-2
	电力变换模块	PCM-1 PCM-2 PCM-4	PCM-1 PCM-2 PCM-4	PCM-1 PCM-2 PCM-4	PCM-1 PCM-2 PCM-4	PCM-1 PCM-2 PCM-4

注:1 HP = 735 W

10.1.2　核潜艇综合电力系统

20 世纪 90 年代初美国海军开始了一项关于核潜艇的先进的电力推进、发电和配电的综合电力系统课题。该系统的基本网络见图 10-3。

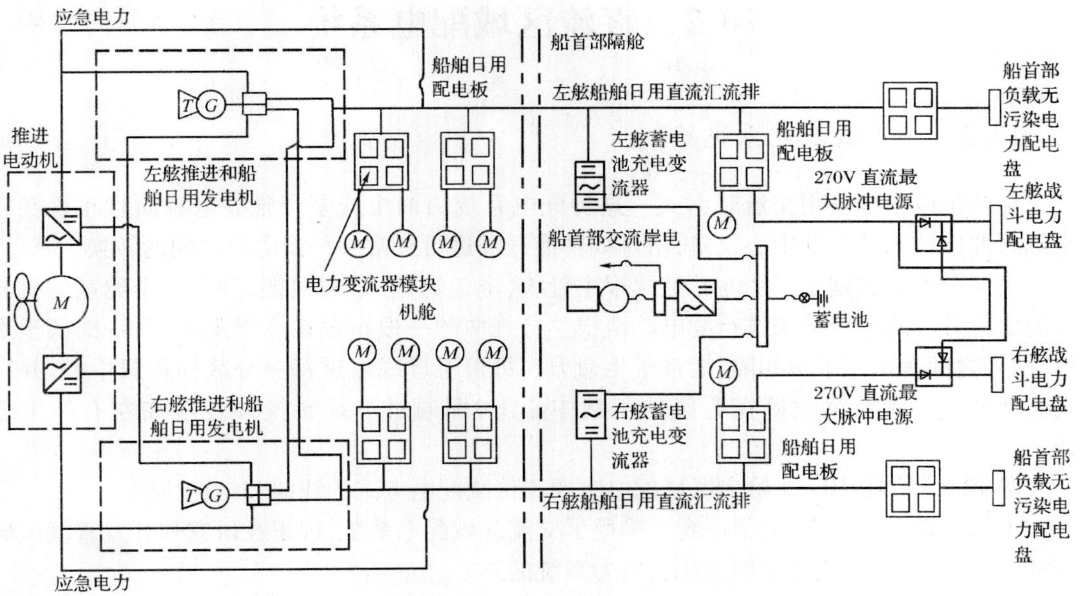

图 10－3　美核潜艇综合电力系统的基本网络

该系统包括的主要设备为：

(1)两台 15 MW,5 300 r/min,满载电压 890 V,1767 Hz 永磁结构的推进汽轮发电机,通过装在发电机内的四组可控整流模块输出 750 V 直流电力,分别给推进电动机和船舶日用系统供电。

(2)发电机二组推进直流模块通过由大功率绝缘栅极二极晶体管 IGBT 组成脉宽调制 PWM 逆变器,供电给一台 25 000 SHP,100 r/min 六相 72 极轴向气隙的永磁推进双绕组电动机。

(3)发电机的二组日用整流模块通过舰船日用配电板向沿着直流汇流排各个船体分段内的带逆变模块的负载中心供电。负载中心的 IGBT 元件组成的 PWM 逆变模块可以提供各船体分段内负载所需的不同类型电力,如 450 V,3 相,60 Hz;120 V,单相,60 Hz 或 400 Hz 及其他电压等级的直流电力。

(4)艇上蓄电池通过直流日用汇流排可以向推进电动机提供应急电力。

(5)艏部隔舱内尚有 270 V 直流最大脉冲电源向战斗负载提供电力,并设有艏部负载无污染电力配电盘。

从上述可见,美海军水面舰船与核潜艇综合电力系统有一个共同点就是都采用交－直流混合电制。10 000 t 以下的美水面舰船其发电模块的电制为 4 160 V,60 Hz;发出的交流电力供给推进模块(带电力变流器的鼠笼式电动机),同时通过电力变换模块将 4 160 V,60 Hz 交流电力变换成 1 000 V 直流电力,直流输电至各个区域,在各个区域通过电力变换模块将 1 000 V 直流电力变换成 775 V 直流电,再通过电力变换模块将 775 V 直流电力变换成 450 VAC,3 相,60 Hz 或 400 Hz。核潜艇的差别是发电机本身交流 890 V,1 767 Hz,但发电模块输出 750 V 直流电力,通过直流输电至艇的各个分段,再通过变流器变换成各种负载所需要的类型电力。

10.2 直流区域配电系统

10.2.1 区域配电系统的概念

传统配电系统采用交流辐射式。这种配电系统由两个或多个独立电源而且布置在完全隔开的区域内的负载中心供电，由母线转换开关进行正常和替换电源之间的转换。

区域配电方式则是采用左右舷两根主母线（电流通道）输送电能，并把各个舱室的负载按配电量分成几个区域来进行配电。两根主母线中的一根布置在高于水线，另一根低于水线，两者之间有两层甲板相隔，增强了生命力。每根主母线经过每一分区的负载中心，并穿越全部分区。重要负载接在分区的负载中心上，即通过母线转换装置接在左右舷主母线上。

图 10－4 和图 10－5 给出区域配电方式和传统配电方式的线路和结构比较。

美海军在 DDG－51 级驱逐舰上采用了交流区域配电系统，现正在研究和开发直流区域配电系统，作为下一代水面舰船综合电力系统的核心。

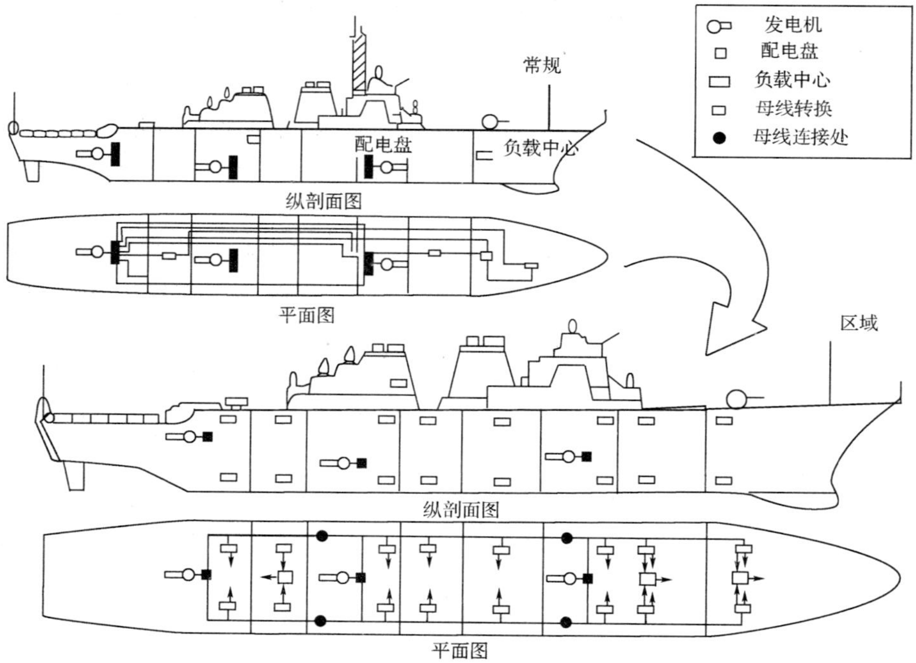

图 10－4　区域配电和传统配电方式线路的比较

对 DDG－51 舰上作战系统直流电源所作的研究表明，有可能使内部的电源总质量减少 17 t，体积减小 400 ft^3（1 ft＝0.3 m）。有部分负载的直流区域系统（直流馈线仅到某些辅助设备）与 DDG－51 舰的交流区域配电系统比较表明，质量可能减少 35 t，节省费用 115 万美元。除了节省费用和减少质量外，直流区域配电系统能提高生命力，因为变电模块可防止在一个分区内发生的损坏或故障扩大到其他区域。

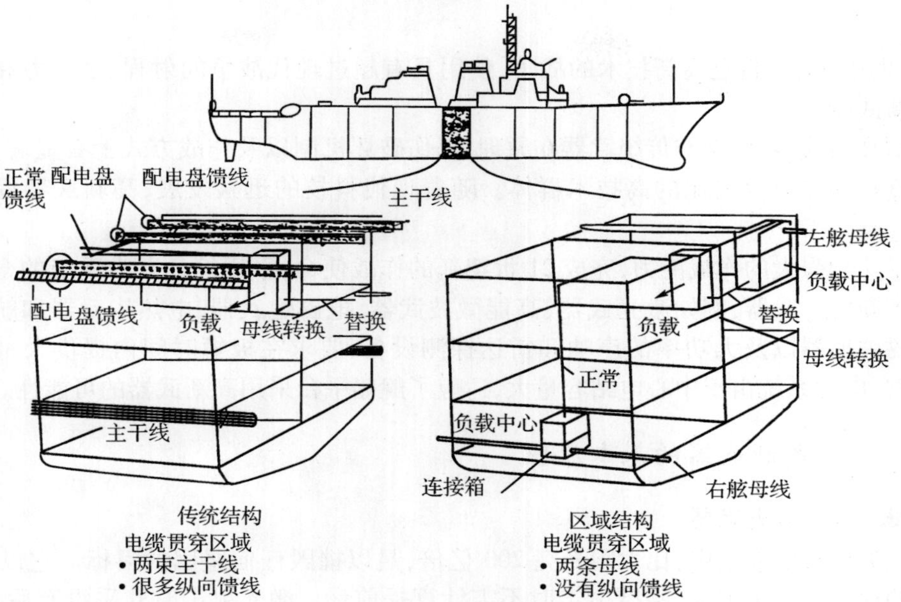

图 10－5　区域配电和传统配电方式结构的比较

10.2.2　区域配电系统采用直流电制的优越性

(1)直流区域配电系统各个分区含有 PCM1,PCM2 和 PCM3 变电模块,这些模块均由电力电子器件组成,具有固有的快速开关特性,因而有故障隔离和保护作用,这样就免去了交流配电系统中大型机电式开关装置(空气断路器)。

(2)直流区域配电系统中泵和风机等辅机可以采用逆变器实现调频调速,保证辅机的高效率运行。另外,大型电动机启动产生的冲击电流可以得到限制,有助于母线电压稳定。

(3)直流区域配电系统减少了多级电力变换的级数。舰船上观导武备系统需要 400 Hz 交流电力和直流电力。在美海军交流配电系统中往往需要将 60 Hz 交流电力,通过变频装置变换成 400 Hz 电力,再用变压器变到一个合适的电压等级,然后再经过整流提供所要求的直流电力,至少需要三级变换。在直流区域配电系统中可以利用变电模块得到负载所需要的各种电力,减少了电力变换的级数,显现了减小质量和空间的优势。

(4)直流区域配电系统使发电机组功率密度得到提高。采用直流电制后,发电机组经整流装置输出直流电力,输出与频率无关。这样高速的原动机如燃气轮机和汽轮机可以取消减速齿轮,直接与发电机连接,使得发电机组的质量与尺寸明显减小,提高了发电机组的功率密度。

(5)直流区域配电系统中,由于发电机直流输出,原动机可以变速运行,它的速率特性按螺旋桨要求进行调速,降低了燃油消耗。

10.3 高新武器的脉冲供电系统

21世纪的战争将是高新技术的战争，使用具有超过现代战争的射程、杀伤力和探测能力的高新武器。

所谓高新武器，就是与传统武器在原理、杀伤破坏机制以及作战方式上有显著不同的，可大幅度提高作战效费比的高技术群体。随着现代科技的迅猛发展，高新武器逐步走向现实。

为了达到强大的作战能力，完成21世纪新的作战使命，采用综合电力系统的全电气舰船将使用新概念武器，例如激光武器、高能微波武器、电磁炮武器、电热炮武器和航母上飞机的电磁弹射器以及大功率的声呐和雷达探测设备，要求在极短时间内提供大量的电功率，而综合电力系统由于中心电站容量大，适应了舰船平台采用高新武器的可能性。

10.3.1 高新武器的基本原理

10.3.1.1 激光武器

激光的能量高度集中，比太阳光亮200亿倍，足以摧毁任何坚固的目标。它以每秒30万公里的速度在空中传播，瞄准射击时不需计算提前量。激光射击时几乎没有后坐力，可随意变换射击方向，精确打击目标的要害部位。激光可以用来干扰、破坏和摧毁目标。激光束的发散角很小，因此，作用在目标上的能量密度就很高。激光的作战距离很远，遗憾的是恶劣的天气条件会大大地减小激光束的能量密度。

舰船激光武器可能填补常规防御和现存防御系统的空白。舰船会受到亚音速和超音速掠行艇和垂直高速俯冲飞机的威胁。导弹和火炮的常规防御是很难的，在饱和攻击的情况下可能会失败。诸如诱敌烟火、箔条以及电子干扰之类的常规对抗措施，将被更强大、更智能化的自导弹头所削弱。

反舰巡航导弹的出现对水面舰船自卫提出了最大的挑战。这种导弹能够以几马赫的速度贴近海面掠海飞行，在终端飞入阶段执行规避机动飞行，使舰炮失去了防卫作用，现有导弹系统的效能也大大降低。经过了20年的研制开发，证明高能化学激光武器系统是舰船自卫的一个可行的解决办法。它能有效地作战使用。因为它以光速运行，故与被跟踪的任何目标作战，不要求普通射击的控制手段，而且系统不受威胁目标规避机动飞行的影响。按照威胁目标调整激光发射周期后，有效率基本上是100%。这种武器利用化学能作为主要能源，除了用电功率较大外，在舰上没有增加额外安装费用，每次杀伤的费用仅仅为一次齐射双枚导弹的几分之一。美国海军已经完成了在舰船上部署由中红外先进化学激光器（MIRACL）和射束指挥装置（SLBD）组成的高能激光武器系统论证。1989年成功地击落2.2马赫的“破坏者”导弹，证明了这种系统的效能。目前的研究表明，这个系统可以装入相当一座MK45炮装置及其附属弹库所占容积的箱装体内。它取代炮装置后可以减轻质量15%，并由此而改善舰船的稳性达5%。此外，激光武器不但可以拦截敌方来袭导弹，还可以用于雷达定位、火力控制和电子对抗系统，担负探测、监视、定位、瞄准、干扰和伪装、欺骗等广泛的任务。

10.3.1.2 高能微波武器

在防御领域，大功率微波系统主要有两种用途：脉冲雷达和定向能武器。

大功率微波武器电源峰值可高达数百兆瓦，用作脉冲雷达系统的微波脉冲波的周期小于 5μs，它们能达到数十厘米分辨距离。如此高的分辨距离，使目标识别和目标图像得到显著改善。此外，由于良好的分辨率，地面反射干扰得到更好的抑制。这种能力对战胜掠海式导弹很重要。

大功率微波武器仅寻找电子设备（如雷达、控制器、通信和光电系统）目标地址。根据大功率微波系统输出功率的大小，上述设备可能遭受致命的破坏。

基于高能微波器（HPM）的定向能武器也可以作为未来的战术武器系统，从理论上讲，该武器可以摧毁弹头信管的电子部件，并使制导导弹导引头难以识别目标。

高能微波武器将可用于产生电子干扰，使得来袭的制导导弹失败。发散能量束要求武器不必精确地对准目标，缩短了反应时间。但另一方面，如果交战距离很远，发散能量束所需的能量相应于驱动武器的必备能量要更多一些。因为，一要保证相同的能量密度，二要尽可能地保证摧毁目标的概率。

10.3.1.3 电能炮武器

现在绝大多数火炮都是利用火药产生的化学能推动射弹前进。世界各国为增大武器射程进行了不懈的努力。增大射程的重要措施之一是提高初速。目前榴弹炮的初速不足 900 m/s，最先进的坦克炮初速 2 km/s 已接近极限。用电能代替化学能制成电能炮将从根本上改变这种状况。电能炮的初速大，动能高，射程远，反应快，耗费小，有良好的隐蔽性。它摆脱了传统火炮的设计，在推进原理、武器结构、弹药设计等方面有重大创新。

有下列三种电能炮。

（1）电热化学炮

电热化学炮其原理是采用分子质量比固体燃料更轻的材料，将足够大的电能输入该材料中使之产生一种等离子气体来驱动炮弹。早期的工作是使用水和过氧化氢在小口径发射装置中进行的。很明显对于任何一种规格的火炮，要产生等离子气体则需要很大的能量。此时，重点移到使用带等离子气体起爆剂的标准固体推进剂和塑胶推进剂上，结果就产生了电热化学炮。美国防部高级研究计划局已经出资进行这方面的研究，并且已在比用普通的点火剂从推进剂获取的能量多得多的研究领域内取得丰硕的成果。于是电热化学法提供了获得高装药比的一种手段。试验的结果表明美海军的 5 in/62 炮的炮口能量可达 25 MJ（不采用电热化学炮的该炮炮口能量仅为 18 MJ）射程提高 25%。美国海军速射 60 mm 电热化学炮的演示表明，它的炮口初速可以达到 2 100 m/s 以上，发射 2 000 次以上没有炮管磨损的异常现象和剥蚀趋势，性能大大超过先进的常规火炮。水面舰船有较大的空间，是使用电热化学炮的理想平台。电热化学炮系统的主要问题是需要较大的瞬时电功率，并形成 10 kV 以上的直流脉冲。

（2）电磁轨道炮

电磁推进是一种熟悉的概念，是在电磁场中用一滑动导线触点相连的两根固定的导线，当电流沿固定导线并流经滑动导线触点时，就产生了一种加速该触点的洛伦兹力，使它沿固定导线运动。这就是电磁发射器的最简单的例子。

轨道炮是最适合于低质量，高速度的应用场合。美国海军一直在进行电磁炮的研究开发，尽管 1991 ~ 1995 财政年度美国军费削减，但仍然对电磁炮投资了五亿多美元。由于炮弹在电磁场中加速，可以使其初速增加一倍多，射程也有较大的增加。127 mm 标准口径试验型舰炮试验，其发射率达每分钟 500 发。76 mm 电磁舰炮的发射率达每分钟 200 ~ 300

发,炮弹初速为 3 km/s。早期电磁炮系统的质量重、体积大、装舰尚有困难,然而近期试验型电磁炮的尺寸、质量已大幅度下降。

(3)电磁线圈炮

线圈炮是一种同轴加速器,这种炮依靠磁体对磁体的相互作用,最适合于用大质量、低速度的各种场合。虽然驱动炮弹的磁压力比普通火炮的热动压力要低,但是炮弹始终保持恒力克服了这种缺点,且能获得更高的平均压力。

10.3.2 高新武器的脉冲功率需求

上述武器系统每次发射所需的电子能量大约在 1~50 MJ 的范围之内,每次发射输出功率在 kMW 的范围内。利用将能源存储在武器系统附近的脉冲电源,可将这种功率需求降低到武器系统所需的平均功率水平(大约 MW 级)。以下说明各种武器系统及其脉冲电源需求。

10.3.2.1 激光武器

激光武器是一种能够破坏目标结构的潜在的摧毁性武器。由于在战场上光电系统的广泛应用,也给激光武器带来了机遇。激光武器不仅可以干扰、破坏、摧毁各种传感器,还可以破坏或遮暗光电系统的光学窗口。

在实际的距离内和各种作战状态下,为了保证激光武器的有效性,就需要很大的能量。当距离超过数百米时,散射和大气的影响在计算光束辐射度时就成为主要因素。

在距以波长 λ 工作的激光器的距离 z 处,光束半径 ω 由于散射引起的增加可以按下式计算:

$$\omega(z) = \omega_0 \sqrt{1 + \frac{\lambda z}{\pi \omega_0^2}}$$

可以认为大气层由 3 个影响激光束传播的部分组成,它们是:

(1)大气,如二氧化碳、氮;

(2)以悬浮微粒形式存在的悬浮物质;

(3)水滴,如雨、雾等。

这些因素不仅随着地理位置的改变而变化,还随着时间的改变而改变。大气层是一种特殊的媒体,激光必须通过它来传播,主要的现象有:发散、扰动、吸收、热流和冷流。

激光的衰减主要是大气的发散和吸收。如果开始密度为 I_0,距离为 z,则

$$I(z) = I_0 e^{-\gamma Z}$$

衰减因子 γ 是吸收和发散的综合因子。

脉冲激光束作用在目标上的效果,很大程度上取决于起决定作用的现象。在密度相对低的条件下,主要就是热效果。当射线在空气中超过或接近 1~3 MW/cm^2 的极限值时,目标表面的薄层就会蒸发并电离。由于物质排斥力而产生的反作用力,将吸收的光通量转化为机械脉冲能量施加到目标上,感应出很大的内应力,从而达到毁坏目标元件的目的。一般毁坏飞机和导弹需要数十个 kJ/cm^2。

如果给出天气环境,就可以算出所需变量和脉冲时间、离目标的距离和激光系统的效率所需的电能。对于一个实际系统来说,对发电机电力需求量将为 10~100 MW 之间。

10.3.2.2 高能微波武器

高能微波武器与定向能武器相比的优点是微波并不存在严重的传播问题,而电子束和

激光在大气中传播有困难。另外，后两者都是精确定位武器，具有很小的命中点，要求精确瞄准射击目标。而定向天线发射微波通过绕射传播，命中点足够大，以致不需要精确地瞄准和跟踪目标。

以作用在目标上的能量密度的降低为序，高能微波的定向能效果的层次如下：

(1)烧毁或致命摧毁敌人的电子系统；

(2)暂时破坏或扰乱敌人的电子系统；

(3)干扰敌人的微波系统、射频接收器或雷达设备，破坏敌人的探测、通信和控制系统；

(4)迷惑或电子欺骗敌人的系统，使之误入失败陷阱。

为了产生高能微波，许多专用器件已经正在研制。有望选用的器件有振动陀螺仪、速调电子管、磁控电子管、回波振荡器(BWO)、相对衍射发生器(RDG)和行波管(TWT)等。

各种高能微波系统在相应频率下的峰值功率见图 10-6。随着微波在大气中传播，就必然会发生基于天气条件、频率和距离的衰减。但在 10 GHz 以下，衰减量很小，可以忽略不计。

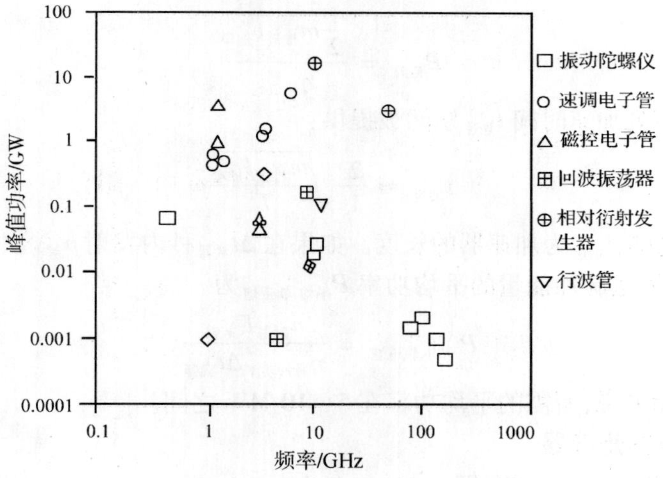

图 10-6　高能微波系统的峰值功率

为毁坏距离 R 处目标所需的高能微波武器输出功率 $P_{脉冲}$，可以用下式算出：

$$P_{脉冲} = R^2 \frac{P_{毁坏}\lambda^2}{A\varepsilon\alpha}$$

式中　$P_{毁坏}$——毁坏目标所需的功率密度，W/m^2；

A——天线面积，m^2；

λ——波长，m；

ε——天线效率；

α——路径衰减。

高能微波武器所需的平均功率 $P_{平均}$ 与脉冲重复频率 P_{rf}、脉冲时间 T 和高能微波系统的总效率 η 有关，其计算式如下：

$$P_{平均} = \frac{TP_{rf}P_{脉冲}}{\eta}$$

用上式算出的输出功率在很大程度上与目标的抗冲击量度及与高能微波武器之间的距离有关。为了能够在 5 000 m 以外打击目标，一般需要数十兆瓦的平均功率。

10.3.2.3 电磁轨道炮武器

这里将只介绍电磁炮武器中的轨道炮。轨道炮加速器的原理如图 10－7 所示。

轨道加速器是流经轨道上的电流在轨道之间产生的磁场 B 与在电枢中流动的密度 J 的电流相互作用，产生的洛伦兹力使得电枢沿着轨道加速。电枢可以是等离子体或固体。一个推动质量 $m_{推进}$、出膛速度 $v_{炮口}$、用效率为 $\eta_{轨道炮}$ 的轨道火炮发射需要的能量为：

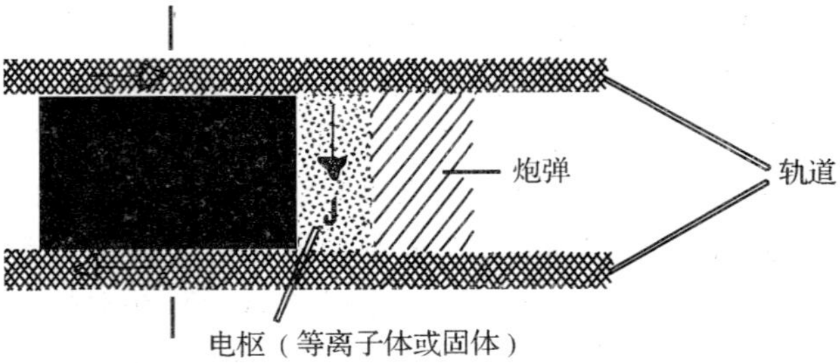

图 10－7 轨道加速器

$$P_{后膛} = \frac{\frac{1}{2}m_{推进}v_{炮口}^2}{\eta_{轨道炮}}$$

这一能量在下列加速时间 $t_{加速}$ 期间被提供：

$$t_{加速} \approx \frac{2}{1}\sqrt{\frac{m_{推进}l_{加速}}{L'}}$$

L' 为每米的电感，$l_{加速}$ 为加速器的长度。如果在 $\Delta t_{武器}$ 秒内发射 $n_{射击}$ 次，在效率为 $\eta_{脉冲功率}$ 的情况下，加速器输送脉冲能量的平均功率 $P_{平均、轨道炮}$ 为

$$P_{平均、轨道炮} = \frac{n_{射击}E_{后膛}}{\eta_{脉冲功率}\Delta t_{武器}}$$

对于防空用途来说，所需的平均功率在 5 ~ 10 MW 之间。

10.3.2.4 电热炮武器

电热炮如图 10－8 所示。在细管中，输送到炮后膛的电能以等离子气体的形式转化成热能。该气体与储存在混合腔室的物质相互反应产生工作流体。工作流体实际上是轻质量分子，并夹带着固体颗粒和（或）流体小滴。该气体推动炮弹底部并使之在炮管中加速。

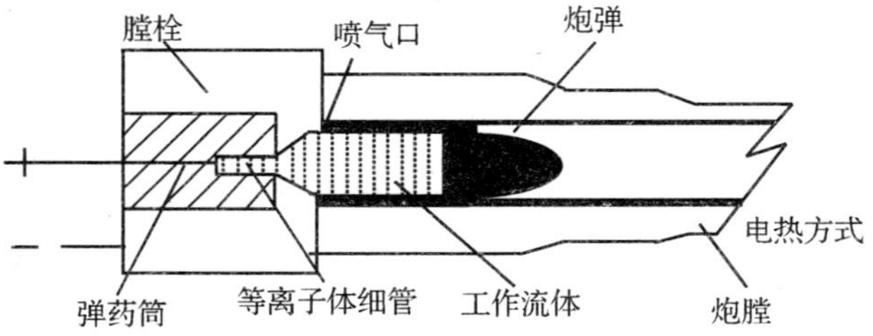

图 10－8 电热炮

推进剂可以是惰性气体（电热炮），此时只有采用电能加速炮弹；也可以是活性气体（电热化学炮），此时就能使用化学能。因为要用高电压来启动等离子气体，这类武器大多数由电容器组供电。电热炮所需的功率在 5 到数十兆瓦之间，而电热化学炮则需 10 MW 以上。所需功率与炮弹的质量和出膛速度以及武器的发射原理有关。

10.3.3　脉冲功率技术

综合电力系统是舰船设计和使用中的一种新概念,电力推进设备和辅机以及特殊的高新武器统一由中心电站或者专用的发电设备供电。电力推进和辅机需要连续供电,如上所述,高新武器、大功率的先进电子设备以及飞机弹射和回收系统需要脉冲发电系统提供脉冲功率。

脉冲发电系统可以分成两个主要的分系统。

能量储存或原发电装置和功率调节。目前,美国海军考虑五种脉冲发电方法。

(1)开环燃气轮机发电机

这些系统在过量空气中烧燃油,产生热的燃烧气体,然后经燃气轮机膨胀驱动发电机,产生主电力。这种发动机有很高的功率密度,特别是高功率机组,是未来脉冲发电电源很好的选择方案。

(2)由固体或液体推进剂驱动的磁流体发电机

磁流体通道由矩形管道内两侧直线电极阵组成。磁场由永磁体或电磁体产生,其方位与电极面平行。离子化的气体被迫通过通道,气体与磁场相互作用的速度在电极建立电压差。在这些系统中为了产生离子化气体,固体推进剂颗粒或双质推进剂液体混合物在高压和极高温下燃烧,推进剂加入可离子化材料(如钾),然后通过磁流体通道,离子化气体的部分能量直接转换成电能。

(3)炸药驱动的磁流体发电机

在这种系统中传爆药用于驱动单射磁流体发电机,这种系统的优点是能产生高功率脉冲,避免了其他系统所需的功率调节。

(4)飞轮储能和发电

当飞轮旋转起来时大量能量储存在飞轮中,将飞轮与发电机连接,就可以将电力迅速地发生和输送出来。新的复合材料已经大大地提高了飞轮系统的效率(惯量)。

(5)超导磁能储存和发电

超导磁能储存(SMES)系统可以直接储存电能,几乎没有什么损失(除冷却超导体所需电力外)。直流电馈送到超导线圈,建立很强储存电能的磁场。然后,这种磁场通过逆变器释放产生所需脉冲电力。放电周期间的开关转换时间可能是几毫秒,充电和放电周期可能相差几个数量级。新的材料和制造技术将使未来超导设备得到迅速发展。

美国海军认为,上述五类储能或发电方法中有五种对于 2020 年美海军用高能脉冲电力具有广泛的适用性。它们是:开环燃烧驱动的燃气轮机系统;飞轮储能和发电系统;燃料电池;其他直接转换技术;超导磁体储能和发电。美海军预测这些系统将会有重大改进。

①开环燃烧

预计开环燃烧驱动的燃气轮机系统将会继续发展和改进,包括可能使用多种燃料,这样可减轻后勤供应工作。这些新系统将比目前的燃气轮机发电机组更耐用,因为将采用先进的材料和处理方法。同时还将会采用减小排气目标特征的新方法,这样将增强生命力。

②飞轮装置

飞轮有可能在功能、可移动性、支持能力、人力和成本等方面得到改善。飞轮的主要改进将是高强度/质量比的复合材料的进展。这些材料将使储能密度比高强度钢增加一个数量级,因为它们能承受更高的角速度。随着在军事和工业方面的更多应用,制造有最佳设计结构特性的复合材料飞轮的成本将会在今后30年内明显下降。

③燃料电池

不同于燃气轮机发电机技术，目前还没有采用液体碳氢化合物为燃料的燃料电池。但这种电池是有可能出现的，特别是鉴于在碳氢化合物催化剂重整技术上取得的进展。在以特殊目标开发的燃料电池的研究是值得支持的，这种燃料电池采用液态碳氢化合物（海军蒸馏燃料）和空气作为燃料，如果在这方面出现技术上突破，那么对于未来海军是有着重大意义的。

④其他直接转换技术

除了燃料电池外，还有其他直接电能转换技术，包括热离子技术和热光电技术。热离子转换中的热用来产生两电极间的电流。在热光电转换器中，采用两级转换，利用热能使发射体产生光子，光子被光电池收集产生电能。这些技术将可能引入同一代系统中，例如燃气轮机的初循环或直接热源，如核反应堆或热电核设备。

⑤超导磁体储能和发电

超导磁体储能（SMES）是一种容量可大可小的技术，储存容量从不到0.001 MW/h到大于10 000 MW/h的范围内是合理的。20世纪80年代中以来，这种技术已经得到美政府的支持，例如美空军已经执行一个计划，该计划验证用于不间断电源和电源品质管理的小而经济的超导体磁体储能装置。洛斯.阿拉莫斯（Los Alamos）国家实验室已经执行高效电容量储存装置的民用计划，主要是研究大容量储能装置（例如，在华盛顿州塔科马的Bonneville动力研究院进行的运行负载平衡装置）。为了达到海军应用所要求的高容量、小而轻的这类装置，要求继续开发超导磁体储能系统的材料和制造方法。

10.3.4 舰船综合电力系统的脉冲供电

这种供电用于产生、变换和输送高能脉冲负载（如电热化学炮、电磁发射装置和电磁装甲）所需的一次电源。一般来说，一次电源系指将从燃料转换为能输送到使用地点的电能的第一步能量转换。在用户端，这种电能按要求转换成适于应用的一种脉冲或一系列脉冲。对于水面舰船最有希望的应用是电热化学炮，它采用在用户端靠近炮塔的脉冲形成电路（PFN），使非常大的脉冲电流在电缆内的阻抗减到最小。这种脉冲成形电路在每次发出脉冲前储存电能，然后以特定炮型所要求的特性放出脉冲。假定采用电容器式脉冲成形电路，各种电热化学炮所用的炮口能量和重复率的各种组合都要求大致相同的一次电源（2 MW）。因此，不管选用哪种炮，都需要研制标定的2 MW一次电源模块或成组的模块。

设想的系统由13.8 kVAC发电机、整流器和15 kV直流电缆组成。如果有一次电源的主发动机，发电机就可以接到输出轴，或经功率输出（PTO）齿轮箱接到主减速齿轮。若采用综合电力系统，PTO、发电机和整流器可能是发电模块内的分模块。如果因某种原因没有合适的主发动机，则可能要研制独立的脉冲主电源发电模块，它包括发动机、齿轮箱、发电机和整流器。可能要增加一个接到功率输出齿轮的储能飞轮。若由综合电力系统供电，还可选用变压器－整流器方案，在发电模块中或者作为分模块，或者作为单独的电力变换模块。由燃料电池供电的发电模块无需发动机、发电机、齿轮箱和整流器，但需要一个升高电压的变换器，提供15 kV直流电。

美海军综合电力系统计划以系统工程方法解决脉冲电源负载要求，通过计算机模拟评估4 160 V直流配电分系统（PDM－1）的输出能力。

附录 A　交流系统短路电流计算公式的推导

A1. 交流系统的短路电流有效值是与系统相连的所有发电机和电动机在短路瞬刻所提供的短路电流之和。业已证明，本附录方程式也适用于 400 Hz 系统，只要采用适当的 400 Hz 电路阻抗和时间常数即可。将每台电动机看作为发电机，计算所有电机在同一时间的短路电抗，可以求得短路电流。然而，这种方法的工作量很大，因为涉及电动机的台数很多。因而，根据分别计算电动机和发电机提供的短路电流并将它们相加，然后推导出总的短路电流。实际上，这仅对配电板母线的短路是精确的，因为这个假定使得电流略高于用更精确方法获得的结果。为了简化计算将证实上述的假定。

A2. 发电机提供的短路电流

在额定负载和额定功率因数下，交流发电机出线端三相零阻抗短路所提供的总短路电流，其精确的方程式用标幺值表示如下：

交流分量

$$i_{ac} = \left(\frac{e_0''}{x_d''} - \frac{e_0'}{x_d'}\right)e^{-\frac{t}{T_d''}} + \left(\frac{e_0'}{x_d'} - \frac{e_n}{x_d}\right)e^{\frac{-t}{T_d'}} + \frac{e_n}{x_d} \tag{1}$$

直流分量

$$i_{dc} = -\sqrt{2}\left(\frac{e_0''}{x_d''} - I_t \sin\theta\right)e^{\frac{-t}{T_a}} \tag{2}$$

总电流

$$i_t = -\sqrt{i_{ac}^2 + i_{dc}^2} \tag{3}$$

式中　$e_0'' = e_g + jI_t x_d''(\cos\theta - j\sin\theta)$——超瞬变电抗后的起始电压标幺值；

$e_0' = e_g + jI_t x_d'(\cos\theta - j\sin\theta)$——瞬变电抗后的起始电压标幺值；

$e_n = \frac{I_{ft}}{I_{fc}}(SCR)(x_d)$——在正常电压和额定功率因数下，额定负载时的气隙电压（磁场电流）标幺值；

I_{ft}——在正常电压和额定功率因数下，额定负载时的励磁电流；

I_{fc}——空载饱和曲线上对应于额定电压的励磁电流；

e_r——发电机励磁绕组在额定温升下运行时从气隙线上得到的顶值励磁电压的标幺值（励磁绕组在额定温升下运行时顶值励磁的励磁电流与气隙线上额定电压的励磁电流之比）；

e_{no}——空载饱和曲线上正常电压的励磁电压标幺值，标幺值为 1 的励磁电流是气隙线上给出正常电压的励磁电流；

T_{do}——直轴磁场绕组的开路瞬变时间常数（饱和值）；

r_a——电枢电路的直流电阻；

$x_2 = \frac{x_d'' + x_q''}{2}$——负序电抗，$x_d''$ 和 x_q'' 分别为直轴和交轴的超瞬变电抗，Ω；

$$T_a = \frac{x_2}{2\pi f r_a};$$

I_t——发电机额定负载电流，标幺值为1；

θ——发电机额定功率因数角；

t——时间，s。

对于具有自动电压调节器的美舰用发电机来说，方程(1)仅适用于短路的最初几周，此时调压器还不能对发电机的励磁变化作出反应。然而，由于在这个时间间隔内空气断路器断开了触头，因而方程用来确定这些装置的分断定额以及母线、电缆和开关所承受的机械应力。

解方程(1)，(2)和(3)有点麻烦，但幸运的是应用这些方程所得到的精度一般并不需要，因此希望作些简化假定，使方程更实用些。

若将表9-4中的1 500 kW发电机的典型参数代入方程(1)，则在1/2周波的交流分量为

$$i_{ac} = \left[\frac{1.1}{0.132} - \frac{1.13}{0.21}\right] e^{\frac{-1}{120(0.022)}} + \left[\frac{1.13}{0.21} - \frac{2.4}{1.15}\right] e^{\frac{-1}{120(0.59)}} + \frac{2.4}{1.15} \tag{4}$$

$$= (8.33 - 5.38)0.69 + (5.38 - 2.09)0.99 + 2.09 \tag{5}$$

$$= 2.04 + 3.26 + 2.09 = 7.39 \tag{6}$$

显然，在近似的范围内用总电压除以超瞬变电抗可获得相同的结果

$$i_{ac} = \frac{1.0}{x''_d} = \frac{1.0}{0.132} = 7.57 \tag{7}$$

用类似的方法处理直流分量，从方程(2)得到

$$i_{dc} = -\sqrt{2}[8.33 - 1.0(0.6)] e^{\frac{-1}{120Ta}}$$

$$= -\sqrt{2}(7.73) e^{\frac{-1}{120Ta}}$$

也可以将该式近似为

$$i_{dc} \approx \sqrt{2} i_{ac} e^{\frac{-1}{120Ta}} \tag{8}$$

所以，在上述的计算基础上可确定一台典型的交流发电机在出线端短路时的总的不对称短路电流，它的简化公式如下：

$$i_t = \sqrt{i_{ac}^2 + i_{dc}^2} = \frac{1.0}{x''_d} \sqrt{1 + k^2} \tag{9}$$

式中

$$k = -\sqrt{2} e^{-\frac{1}{120Ta}}$$

为了计算在发电机和短路点之间存有显著阻抗的外短路，现在必须确定公式(9)的有效性。关于零时刻的起始电流值，可以将外电抗和外电阻与发电机的电抗和电阻相加，并将适当的电抗代入方程(1)，(2)和(3)。于是：

$$Z''_{dt} = (r_a + r_e) + j(x''_d + x_e) \tag{10}$$

$$Z'_{dt} = (r_a + r_e) + j(x'_d + x_e) \tag{11}$$

$$Z_{dt} = (r_a + r_e) + j(x_d + x_e) \tag{12}$$

此外，有必要修正超瞬变、瞬变和直流分量的时间常数，这样

$$T''_d = \frac{(r_a + r_e)^2 + (x''_d + x_e)}{(r_a + r_e)^2 + (x'_d + x_e)} T''_{d0} \tag{13}$$

$$T'_d = \frac{(r_a + r_e)^2 + (x'_d + x_e)}{(r_a + r_e)^2 + (x_d + x_e)} T'_{d0} \tag{14}$$

$$T'_a = \frac{x_2 + x_e}{2\pi f(r_a + r_e)} \tag{15}$$

方程(13)和(14)表明,外阻抗的影响是增加瞬变和超瞬变的短路时间常数。然而,瞬变短路时间常数对在 1/2 周波时电流的总交流分量的影响可以忽略不计。于是,T''_d的增加将不影响简化计算的精度。而且,当确定短路电流时超瞬变短路时间常数 T''_d有某种程度的影响时,由于外阻抗存在而引起的 T''_d的增加不能使它超过开路值 T''_{d0}(这种情况下为0.035 s)。所以,在 1/2 周波时带有外阻抗的最大超瞬变衰减系数为 0.78,并非为 0.69,对总的交流分量的影响忽略不计。

于是,就短路电流的交流分量来说,对方程(9)所采用的简化仍然适用于有外阻抗的情况。

从方程(15)可见,外阻抗对直流分量的影响很大,特别在低压系统中电路电抗对电阻之比一般等于或小于 1,由于这个理由在方程(9)中必须保持系数 k。

因而,在 1/2 周波时发电机对总的不对称短路电流的贡献可以从下列的简化方程予以获得:

$$i_t = \frac{1.0}{Z''_{dt}} \sqrt{1 + k^2} \tag{16}$$

式中

$$Z''_{dt} = \sqrt{(r_a + r_e)^2 + (x''_d + x_e)^2}$$

$$k = -\sqrt{2}\,\mathrm{e}^{\frac{-1}{120Ta}}$$

$$T_a = \frac{x_2 + x_e}{2\pi f(r_a + r_e)}$$

应注意到,直流时间常数 T_a 取决于发电机的负序电抗 x_2。当短路计算时可以进一步简单地将 x_2等于 x''_d。虽然,这对美海军舰用发电机并不是始终准确的,但是为了在对发电机的信息掌握最少的情况下顺利地进行计算,认为采取这种假定是合理的。

因此,显然在 T_a 表达式中用 x''_d来代替 x_2。重要的是,$\sqrt{1 + k^2}$可以表示成发电机至短路点之间的总电抗对总电阻之比的函数,已指定为曲线 K_2如图 9－4 所示。在此基础上将方程(16)简化为

$$i_t = \frac{1.0}{Z''_{dt}} K_2 (\text{标幺值}) \tag{17}$$

将标幺值变换成安培值,方程(17)简化成 9.2 节 3)中对于动力或照明电路短路的 1/2 周波时具有最大不对称电流—相中最大短路电流有效值 $I_{\max}$ 公式的第二项,于是

$$I_{\max} = \frac{K_2 I_t}{Z''_{dt}} (\text{式中 } Z''_{dt} \text{ 为标幺值})$$

$$\text{或 } I_{\max} = \frac{K_2 E_g}{Z''_{dt}} (\text{式中 } Z''_{dt} \text{ 为 } \Omega) \tag{18}$$

为了获得 1/2 周波时三相电流的平均值,只要考虑各相直流分量的差别。因此,假定 A 相有最大的不对称电流,也就是从方程(8)在零时刻 $i_{dc} = \sqrt{2} i_{ac}$,于是 B 和 C 相将有相等的直流分量,并为 A 相值的二分之一,或

$$i_{dc}(A\text{ 相}) = -\sqrt{2}i_{ac}e^{\frac{-1}{120Ta}}$$

$$i_{dc}(B\text{ 相}) = \frac{\sqrt{2}}{2}i_{ac}e^{\frac{-1}{120Ta}}$$

$$i_{dc}(C\text{ 相}) = \frac{\sqrt{2}}{2}i_{ac}e^{\frac{-1}{120Ta}}$$

所以,各相中总的电流有效值为

$$i_A = i_{ac}\sqrt{1+k^2}$$

$$i_B = i_{ac}\sqrt{1+\frac{k^2}{4}}$$

$$i_C = i_{ac}\sqrt{1+\frac{k^2}{4}}$$

于是平均电流为

$$i_{\text{avg}} = \frac{i_A+i_B+i_C}{3} = \frac{i_{ac}}{3}\left(\sqrt{1+k^2}+2\sqrt{1+\frac{k^2}{4}}\right)$$

$$= \frac{1.0}{Z''_{dt}}\left(\frac{\sqrt{1+k^2}+2\sqrt{1+\frac{k^2}{4}}}{3}\right) \tag{19}$$

显然,方程(19)括弧内的表达式可以表示成至短路点的总电抗对总电阻之比的函数,如图 9-4 指定为曲线 K_1。因此,方程(19)简化成

$$i_{\text{avg}} = \frac{1.0}{Z''_{dt}}K_1(\text{标幺值}) \tag{20}$$

再将标幺值转换成安培值,方程(20)成为 9.2 节 3)中对于动力电路或照明电路短路的 1/2 周时三相最大不对称电流的平均有效值 I_{avg} 公式的第二项,于是

$$i_{\text{avg}} = \frac{K_1 I_t}{Z''_{dt}}\ (\text{式中 } Z''_{dt}\text{ 为标幺值})$$

或

$$i_{\text{avg}} = \frac{K_1 E_g}{Z''_{dt}}\ (\text{式中 } Z''_{dt}\text{ 为 }\Omega) \tag{21}$$

对于主配电板上的短路可以忽略电阻,上述的方程将进一步简化。因为,在该点的 X/R 之比处于 10 至 15 的数量级内。这就简化了阻抗计算,误差可以忽略不计。假定 X/R 为 12,一般很少会超过该比值。这对应于短路后 1/2 周波时的不对称电流的平均有效值为 1.25 倍的对称电流。

类似,X/R 为 12 对应于最大不对称电流等于 1.5 的对称电流。所以,对于配电板上的短路最大的有效电流可以用下列的公式:

$$i_{\text{avg}} = \frac{1.25E_g}{x''_{dt}}\ (\text{式中 } x''_{dt}\text{ 为 }\Omega)$$

$$i_{\max} = \frac{1.5E_g}{x''_{dt}}\ (\text{式中 } x''_{dt}\text{ 为 }\Omega)$$

因为在计算远离配电板的电路中的短路电流时计及电阻且计算又并不复杂,因此方程(18)和(21)用来计算动力和照明系统的短路电流。

A3. 电动机提供的短路电流

同步电动机对于系统所提供的短路电流可以用与同步发电机相同的方法予以计算。感应电动机用类似的方法来处理，例外的是没有持续短路电流。于是，对于电动机出线端的短路，其短路电流的交流分量为

$$i_{ac} = \frac{E_t}{Z_{LR}} e^{\frac{-t}{T'_d}} \tag{22}$$

直流分量

$$i_{dc} = -\sqrt{2} i_{ac} e^{\frac{-t}{Ta}} \tag{23}$$

式中　E_t——电动机端电压；

Z_{LR}——电动机堵转转子阻抗；

$T'_d = \dfrac{x_{LR}}{2\pi f r_r}$——短路时间常数，C，周；

x_{LR}——电动机堵转转子电抗；

r_r——电动机转子电阻；

$T_a = \dfrac{x_{la}}{2\pi f r_a}$——直流时间常数，C，周；

r_a——电动机定子电阻。

一般情况下，预期感应电动机提供短路电流的短路位置与电动机有某些距离，也就是短路点在主配电板上或其他馈电电路上。因此，根据外阻抗的情况有必要修正方程(22)和(23)；修正的主要困难在于时间常数。

为了简化问题和获得通常形式的方程式，假定在美舰船上的所有电动机能够简化成一个单独的等效电动机，它的参数与 25 马力(1 马力 = 735 W)电动机的参数相对应，这些参数的标幺值如下：

$x_{LR} = 0.16$　　$T'_d = 32C$

$Z_{LR} = 0.17$　　$T_a = 1.25C$

$r_r = 0.02$　　$x_d = 4.0$(励磁电抗)

$r_a = 0.02$

此外，假定从配电板至电动机的馈电电路的平均压降为 3%，若电动机端电压的标幺值为 1.0，它等效于 6%，采用电缆中电抗对电阻之比的标准值，于是

$x_e = 0.03$

$r_e = 0.05$

为了修正由于受外阻抗影响的时间常数，采用发电机的同样方法，即

$$T'_d = \frac{(x_{LR} + x_e)(x_d + x_e) + (r_a + r_e)^2}{(x_d + x_e)^2 + (r_a + r_e)^2} T'_{d0} \tag{24}$$

$$T_d = \frac{x_{LR} + x_e}{2\pi f(r_a + r_e)} \tag{25}$$

相类似地将方程(22)中的 Z_{LR} 用短路阻抗 Z_m 予以替代，即

$$Z_m = \sqrt{(r_a + r_e)^2 + (x_{LR} + x_e)^2} \tag{26}$$

于是，在每一方程式中代入电动机和馈电线的参数，解 1/2 周波时的电流，得到

$$I_{ac} = 4.75 e^{\frac{-1}{2T'_d}} = 4.75(0.65) = 3.1 \tag{27}$$

$$i_{dc} = -\sqrt{2}(4.75)e^{\frac{-1}{2T_a}} = -\sqrt{2}(4.75)(0.35) = -2.35 \tag{28}$$

采用如发电机中的同样的程序,可以将这些电流分成最大的不对称电流(有效值)和三相平均电流,结果是

$$i_{\max} = 4.0(\text{标幺值}) \tag{29}$$

$$i_{\text{avg}} = 3.5(\text{标幺值}) \tag{30}$$

将方程(29)和(30)转换成安培,得到

$$i_{\max} = 4.0I_{\text{m}} \tag{31}$$

$$i_{\text{avg}} = 3.5I_{\text{m}} \tag{32}$$

式中 I_{m}——相连感应电动机的满载电流之和。

方程(31)和(32)给出感应电动机对于主配电板上短路所提供的短路电流。对于馈电电路的故障有必要将馈电阻抗与已列出的计算参数相加。然而,在计算时首先必须把前者以发电机为基值的标幺量转换到以电动机为基值的标幺量,这可以将每个馈电参数乘以 I_{m}/I_t,于是得到在电动机和馈电电路短路点之间的总阻抗 Z_{m},即

$$Z_{\text{m}} = \sqrt{\left(0.07 + \frac{r_t I_{\text{m}}}{I_t}\right)^2 + \left(0.19 + \frac{x_t I_{\text{m}}}{I_t}\right)^2} \tag{33}$$

式中 r_t——发生短路的馈电电路的每相电阻(以发电机为基值的标幺量);

x_t——发生短路的馈电电路的每相电抗(以发电机为基值的标幺量)。

再参看方程(29)和(30),显然有可能将对称交流分量的起始值乘上一个适当的系数而获得同样的解答。对于不对称电流这个系数为0.81,对于平均电流系数为0.71。采用方程(33),也可以将这些系数用来获得馈电电路的短路电流,同时转换成安培值,于是

$$I_{\max} = \frac{0.81I_{\text{m}}}{Z_{\text{m}}} = \frac{0.81I_{\text{m}}}{\sqrt{\left(0.07 + \frac{r_t I_{\text{m}}}{I_t}\right)^2 + \left(0.19 + \frac{x_t I_{\text{m}}}{I_t}\right)^2}} \tag{34}$$

$$I_{\text{avg}} = \frac{0.71I_{\text{m}}}{Z_{\text{m}}} = \frac{0.71I_{\text{m}}}{\sqrt{\left(0.07 + \frac{r_t I_{\text{m}}}{I_t}\right)^2 + \left(0.19 + \frac{x_t I_{\text{m}}}{I_t}\right)^2}} \tag{35}$$

式中, r_t 和 x_t 为标幺值,或者

$$I_{\max} = \frac{0.81E_{\text{g}}}{\sqrt{\left(\frac{0.07E_{\text{g}}}{I_{\text{m}}} + r_t\right)^2 + \left(\frac{0.19E_{\text{g}}}{I_{\text{m}}} + x_t\right)^2}} \tag{36}$$

$$I_{\text{avg}} = \frac{0.71E_g}{\sqrt{\left(\frac{0.07E_g}{I_m} + r_t\right)^2 + \left(\frac{0.19E_g}{I_m} + x_t\right)^2}} \tag{37}$$

式中 r_t 和 x_t 为欧姆值。

方程(34)和(35)是感应电动机在舰船上提供短路电流的一般方程式。若 r_t 和 x_t 为零,将发现这些方程式简化成配电板短路的方程(31)和(32)的形式。

附录 B　带静止变频器的 400 Hz 交流系统的短路电流计算

短路电流计算是确定电力系统不同部位流过的预期短路电流的数值。主要用途是确定所选用的脱扣保护装置是否满足使用要求。静止变频器可以变换成一个等效电抗和电压源,将这种表示方式插入到电力系统的单线图中,电力系统短路简化成一个等效电抗和电压源,由此确定系统短路电流。假定平衡的三相短路,可以采用对中性点的单相电路来表示,静止变频器必须变换成一个等效形式以同系统阻抗的表示相适应。这样就可以用一个等效电抗与电压源相串联来表示静止变频器,电压源是供电给静止变频器的 440 V 线电压的母线。假定,在短路情况下母线电压为恒定。静止变频器的等效电抗由下式确定:

$$X = V_{母线}/I_{短路}$$

式中　$V_{母线}$——母线相电压,等于 $440/\sqrt{3}$ 或 254 V;

$I_{短路}$——来自静止变频器的短路电流。

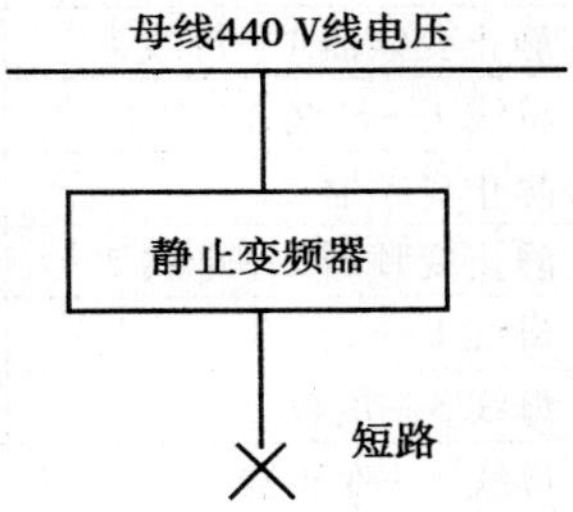

可以确定两个电抗:超瞬变和瞬变电抗。当希望确定 1/2 周波时的最大短路电流时将采用超瞬变电抗,当希望确定持续短路电流时将采用瞬变电抗。超瞬变电流是静止变频器额定电流的二倍,瞬变电流是额定电流的 1.35 倍,它是静止变频器传递历时 1 min 及以下的最大电流。然而对于短路保护计算来说是采用最小短路电流(1.35 倍额定电流)。附表 B－1 列出美海军用静止变频器的瞬变电抗和超瞬变电抗。

附表 B－1　美海军用静止变频器等效电抗

静止变频器额定功率/kW	额定满载电流 I_{FL}/A	电抗/Ω	
		瞬变 X'_{FC}	超瞬变 X''_{FC}
10	16	11.733	7.920
18	26	7.333	4.950
26	40	4.693	3.108
40	64	2.333	1.980
63	101	1.862	1.257
100	160	1.173	0.752
160	257	0.733	0.495
250	401	0.409	0.317

说明:

1. 满载电流

$$I_{FC} = \frac{P \times 10^3}{\sqrt{3} V \cos \phi}$$

式中 P——额定功率，kW；

V——静止变频器输出电压，450 V；

$\cos\phi$——功率因数为 0.8。

2. $X'_{FC}=\dfrac{V_{母线}}{I_{静变(1.35)}}$

式中 $V_{母线}=440/\sqrt{3}=254$ V（静止变频器输入电压）；

$I_{静变(1.35)}=1.35I_{FL}$。

3. $X''_{FC}=\dfrac{V_{母线}}{I_{静变(2.0)}}$

式中 $I_{静变(2.0)}=2I_{FL}$。

下面举例（附图 B－1）说明在单线图（如附图 B－2）中静止变频器等效电抗和短路电流的分析方法，并提供瞬变（持续短路电流）分析。所需阻抗如附表 B－2 所示。

附表 B－2

部位	距离/ft	电缆规格	每 1 000 ft/Ω		部分/Ω	
			R	X	R	X
1. 静止变频器 1	—	—	—	—	—	0.469
2. 静止变频器 1—母线 1	25	2T150	0.045	0.085	0.001	0.002
3. 母线 1—母线 2	100	2T100	0.070	0.090	0.007	0.009
4. 静止变频器 2	—	—	—	—	—	0.469
5. 静止变频器 2—母线 2	25	2T150	0.045	0.085	0.001	0.002
6. 母线 1—母线 3	150	T50	0.260	0.180	0.039	0.027
7. 母线 3—负载 1	50	T14	0.880	0.200	0.044	0.010
8. 母线 2—变压器	50	T9	1.400	0.240	0.070	0.012
9. 变压器	—	—	—	—	0.366	0.458
10. 变压器—负载 2[(1)]	75	T9	19.688	3.375	1.477	0.253

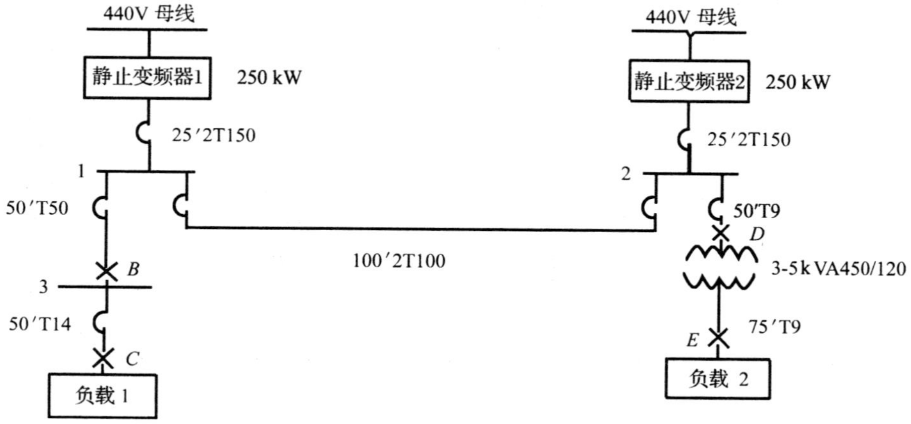

附图 B－1 电力系统实例

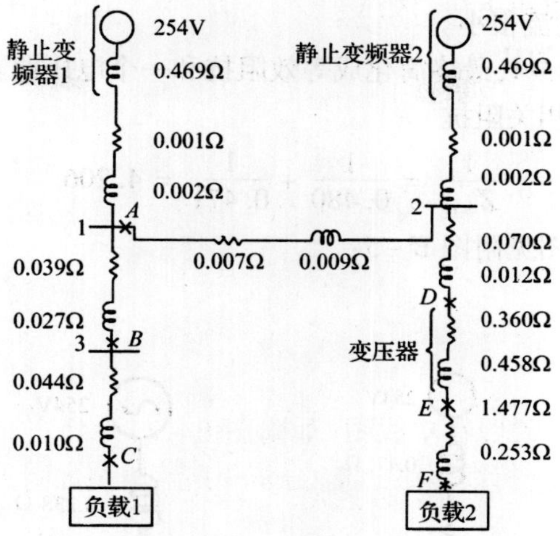

附图 B－2　电力系统等效单线图

(1)阻抗计算以 450 V 为基值。将一个 120 V 为基值的阻抗换算至 450 V 为基值的阻抗,其典型计算如下:

部位:变压器—负载 2

$$R_{120} = 1.4\ \Omega/1\,000\ \text{ft}$$

$$R_{450} = R_{120}\left(\frac{450}{120}\right)^2 = 1.4\left(\frac{450}{120}\right)^2 = 19.688\ \Omega/1\,000\ \text{ft}$$

$$X_{120} = 0.24\ \Omega/1\,000\ \text{ft}$$

$$X_{450} = X_{120}\left(\frac{450}{120}\right)^2 = 0.24\left(\frac{450}{120}\right)^2 = 3.375\ \Omega/1\,000\ \text{ft}$$

假定短路点位于变压器原边(位置 D),这种情况的等效电路图见附图 B－3:

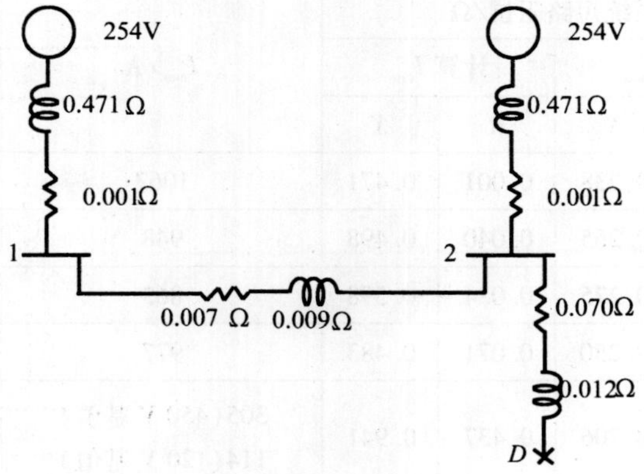

附图 B－3

图 B－3 中母线 1 和母线 3 之间以及母线 3 和负载 1 之间电缆予以忽略，因为在短路情况下这些电缆中流过的电流很小。

将电路简化成附图 B－4，最终简化成等效阻抗和一个电压源。

电压源并联，它们的相关阻抗

$$\frac{1}{Z_{系统}}=\frac{1}{0.480}+\frac{1}{0.471}=4.206$$

加上馈线阻抗，简化图见附图 B－5：

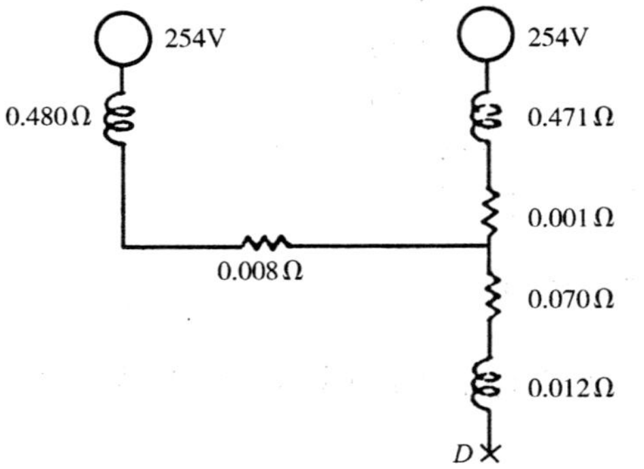

附图 B－4

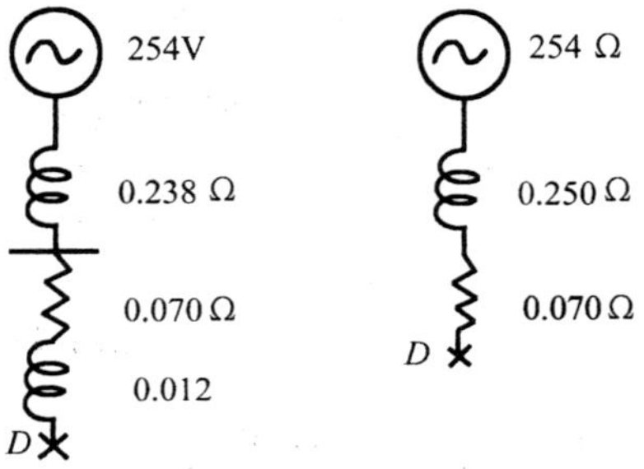

附图 B－5

变压器输入端短路电流有效值可以用下式计算

$$I_{max}=\frac{E_g}{Z_{系统}}=\frac{440/\sqrt{3}}{0.260}=977\ \text{A}$$

系统不同部位短路时的短路电流如附表 B－3 所示。

附表 B－3 给出系统不同部位短路时的短路电流

短路点位置	系统短路阻抗/Ω				I_{max}/A	I_{min}（母线断开）/A
	计算 I_{max}		计算 I_{min}			
	R	*X*	*R*	*X*		
A	0.001	0.238	0.001	0.471	1067	533
B	0.040	0.265	0.040	0.498	948	508
C	0.084	0.275	0.084	0.598	863	493
D	0.070	0.250	0.071	0.483	977	520
E	0.437	0.706	0.437	0.941	305（450 V 基值） 114（120 V 基值）	245（450 V 基值） 918（120 V 基值）
F	1.914	0.981	1.914	1.194	115（450 V 基值） 445（120 V 基值）	113（450 V 基值） 422（100 V 基值）

可以要求12～250 kW且并联运行的静止变频器在第一个半周波时产生的短路电流不超过AQB型断路器的分断定额(10 000 A)。ALB－1和ALB－5将用于120 V系统馈线电缆的末端,附加的电缆和变压器阻抗将增加短路阻抗和减小了短路系统的X/R的比例,这种附加阻抗限制静止变频器短路电流达到二倍标幺电流,因此,将不会超过这些断路器的分断定额(5 000 A),这样不需要进行短路电流分析来确定用于分断定额的最大短路电流。然而要求短路电流分析确定是否有足够的短路电流可用来脱扣所考虑的保护装置,短路电流分析应确定I_{min}。

参考文献

[1] DDS310 -1 Electrical System Load And Power Analysis For Surface Ships.

[2] DDS311 -2 Voltage Regulation of A. C. Ship Service Electric Power System.

[3] DDS6101 -3 Frequency Regulation of A. C. Ship Service Electric Power System.

[4] DDS300 -2 A. C. Fault Current Calculation power system.

[5] DDS311 -3 Ship Service Electric Power System , Application And Coordination of Protective Devices.

[6] DDS314 -1 Fault Current Analysis, Application And Coordination of Protective Devices For 400 Hz Electric Power System Using Solid State Frequency Changers (SSFC) As Power Sources.

[7] MIL - STD - 1399A Interface Standard For Shipboard Systems Section 300A Electrical Power, Alternating Current.

[8] MIL -G -3124D Generator, Alternating Current, 60 Hz (Naval Shipboard Use).

[9] MIL -R -2729D Regulator - Exciter Systems, Voltage, A. C. Generator, Naval Shipboard Use.

[10] MIL -STD -178 Definitions Applicable to Speed -Governing of Electric Generator Sets.

[11] MIL -G -21410A Coverning Systems, Speed 8 Load -Sensing, Naval Shipboard Use.

[12] MIL -G -3087C Generator Sets, Steam Turbine (Direct And Alternating Current), Naval Shipboard Use.

[13] MIL -G -21296 B Generator Sets, Diesel Engine, Direct And Alternating Current(Naval Shipboard Use).

[14] MIL - G -22077C Generator Sets, Gas Turbine, Direct And Alternating Current, Naval Shipboard Use.

[15] MIL -M -19097 Motor -Generators, DC to AC, shipboard Use.

[16] MIL -M -19160B Motor -Generator, 60Cycle, AC to 400 Cycle AC, Shipboard Use.

[17] MIL - M - 19633B Motor - Generator, 60 Cycle, AC to 400 Cycle AC (Voltage and Frequency Regulations), Shipboard Use.

[18] MIL -F -24638 Frequency Changer, Solid State, Air Cooled(Naval Shipboard)

[19] MIL - R - 23098A Regulator, Line Voltage, Single Phase, 400 Hertz A. C. , Naval Shipboard Use.

[20] MIL -STD -2189 Design Methods For Naval Shipboard Systems.

[21] Advantages of Ungrounded Marine Electric Systems, A. C. Bruning, E. W. Lusby, AIEE, 1960. II, PP. 348 -362.

[22] ADA022309 The Future of 400 Hz Power Systems (Present Interface Problems and Solutions).

[23] The 400 Hertz Dilemma, CAPT. JAMES V. JOLLIFF, Naval Engineers Journal,

October 1981.
[24] Shipboard Use of 400 Cycle Electric Power, AIEE Wintes General Meeting. 1956.
[25] Reduction of Shipboard 400 Hz Power Requirements NOSC Technical Document 16 May 1977.
[26] Integrated Power System for Marine Applications, Naval Engineers Journal, May 1994 P77 - 89.